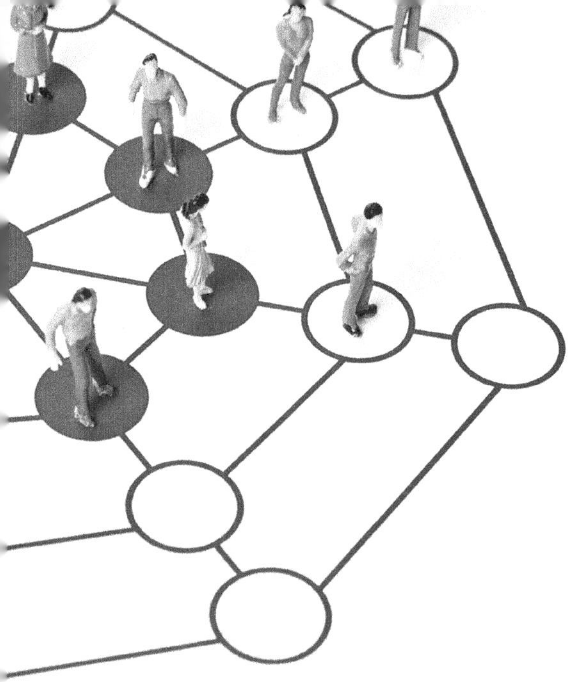

아무도 가르쳐주지 않는

대학 사용 상세 설명서

이천효 지음

기문사
www.kimoonsa.co.kr

서 문

〈대학 사용 상세 설명서〉를 출판하는 까닭

한국에서는 누구든지 마음만 먹으면 대학에 들어간다. 다만 본인이 원하는 대학에 들어가느냐는 개인적인 역량에 달려 있다. 한국 대학 진학률은 세계 1위다. 이것은 한국 사회에서 대학의 대중화 즉 대학의 보편성을 의미한다. 전 국민이 대학 교육의 혜택을 받는 것은 다행이지만, 막상 이들이 대학을 졸업한 후 모두가 희망하는 좋은 일자리나 정규직을 구하기가 상당히 어려운 현실에 직면한다.

지금 대학생들은 컴퓨터 알고리즘이 지배하는 인공지능 사회에 적응하기 위해서 모든 사물에 대하여 항상 왜란 질문이나 의심을 던지면서, 스스로 창의적 대안을 찾는 노력이 절실하다. 공부나 창의력은 바로 의심에서 출발하기 때문이다. 우리가 주요한 문제에 대하여 크게 의심한다면, 미래 사회에 적응하는 능력이 그만큼 성장할 수 있다. 달리 말하면 크게 의심하면 크게 성공할 수 있다는 말이다. 근원적으로 맞춤 직업 시대, 젊은 대학생들이 다음과 같은 의심을 하면서 스스로 답하는 자세가 필요한 것이다.

의심 1 대학에서 무엇을 공부할 것인가?
의심 2 대학에서 공부는 어떻게 할 것인가?
의심 3 사유하는 방법을 어떻게 터득할 것인가?

또한 진정한 의미에서 우리나라 대학의 존재적 가치에 대한 강력한 비판은 30년 전부터 끊임없이 제기되고 있는 바이다. 필자는 대학과 관련된 다양한 비판을 2가지로 정리하고자 한다.

비판 1 한국 대학에서는 무엇을 하고 있는가?
비판 2 한국 대학 교수들은 도대체 무엇을 가르치고 있는가?

한국 대학들은 기업체가 바로 써먹을 수 있는 학생들을 교육하고 있는가? 대학 교육과 산업 현장 사이에서의 괴리 현상은 어제 오늘의 일이 아니다. 엄밀히 말하자면 학생들이 대학에서 배우는 학문적 내용이 무엇이든지 간에 산업이나 사회 현장에서 정상적으로 써먹지 못한다는 얘기다. 기업에서는 학생들을 채용하더라도 당장 기업 실무를 맡길 수 없으므로, 부득이 신입사원을 교육하는 데 시간과 돈을 투자한다는 뜻이다.

대학생은 전공이나 교양 교과목을 통하여 배우는 내용을 이해한 다음, 사회나 기업 현장에 나가서 자유롭게 현장 적용이나 응용 능력을 최대한 높이는 것이 중요하다. 근본적으로 교수들은 자신이 강의하는 전공 교과목의 용도와 활용 방안을 학생들에게 설명 · 설득해야 할 책임이 있다고 본다. 전공 지식 탐구는 학생들에게는 좋은 경험이 될 수 있다. 자신의 전공을 열심히 하면, 졸업 후 다른 분야에 가서 일하더라도 적응하기가 훨씬 쉬워지기 때문이다.

정리하자면, AI 시대 교수들은 학생들이 미래 사회에 적응할 수 있는 능력을 향상시키는데 주력하지 않으면 안 된다. 부득이 교수들은 학문 지도, 전공 지도, 진로 지도, 인생 지도 및 미래 사회까지 그 영역을 확대하는 것이 바람직하다. 미래는 예측하는 것이 아니라,

창조적으로 만들어가는 것이기 때문이다. 대학이란 학생들이 미래 사회 진출에 대비, 도전적으로 준비하는 곳이다. 따라서 능동적 사고 활동이 중요한 까닭이다. 대학생들은 스스로 공부할 수 있도록 합리적 생각의 도구를 독자적으로 확립하는 것이 필요하다.

〈대학 사용 상세 설명서〉는 대학에서 학생들이 주체적으로 공부할 수 있는 생각의 도구를 제공하는 데 근본적 의의가 있다. 이 책에서는 학생들이 대학이나 사회에서 자기 공부와 이성적 판단을 하는데 중요한 10가지 키워드, 즉 10가지 개념을 제시한다. 구체적으로 열거하자면, 학문론, 공부론, 수업론, 주체성, 개념, 독서론, 글쓰기, 뇌 과학, 시간관리 · 공간관리, 새로운 라이프 스타일 등이다.

여기서 제시하는 10가지 개념은 평생 교육 혹은 가다머(Gadamer)가 말하는 '자기교육'과 관련, 중요한 내용이다. "자기 주도적으로 일하라." 이것은 네이버, 카카오, 쿠팡 등과 같은 대형 플랫폼 회사들의 젊은 인재 영입 상이다. 궁극적으로 대학생들이 "자기 주도적으로 공부해야 한다."라는 의미다. 가다머는 『교육은 자기교육이다』라는 저서를 통하여, "교육은 자기 스스로를 교육하는 것이다."라고 말하는 까닭이다. 자기교육에서 가장 중요한 것이 바로 독창적으로 사고할 수 있는 능력이다.

필자는 〈대학 사용 상세 설명서〉가 필요한 이유를 다음과 같이 정리하고자 한다.

첫째, '세상 수업'의 창시자인 후지하라 가즈히로는 21세기를 성숙사회라고 규정한다. 20세기 성장 사회의 정답 주의와는 달리, 성숙사회에서는 새로운 정답을 만들어가는 수정주의라는 성향을 보인다. 정답 주의에서는 오직 고정관념에 근거하지만, 수정주의에서는 변화무상한 새로운 상황에 즉각적으로 대처하는 유연한 사고에 기반하는 것이다.

둘째, 우리는 지금 그야말로 밀물처럼 도도히 밀려오는 종말의 시대, 즉 노동의 종말 · 평생직장의 소멸 · 평생직업의 소멸 등이 동시에 나타나고 있는 시대적 상황에서 각자 생존하는 방법을 터득하는 것이 현명하다. 테일러 피어슨은 『직업의 종말』이란 저서를 통하여 '앙트레프레너'(창업)와 '앙트레프레너십'(창업정신)을 강조한다. 최근에는 맞춤직업이라는 새로운 단어가 나타났다. 인공지능 시대, 자신에게 딱 맞는 직장을 구하기가 쉽지 않으므로, 창의적 정신으로 자신에게 필요한 새로운 직업을 주체적으로 만들어보라는 얘기다.

셋째, 미래 사회에서는 어떤 문제를 해결하기 위하여 논리적으로 사고 혹은 사유하는 방법이 중요하다. 근본적으로 철학적 사고가 필요하다는 얘기다. 그런데 우리나라 대학에서는 학생들의 합리적 사유를 위한 체계적 교육 시스템을 때에 맞게 제공하지 못하고 있다. 그래서 필자는 철학의 본질과 더불어 철학의 유용성을 강조하는 까닭이다.

구 성

〈대학 사용 상세 설명서〉의 내용 구성

과거는 이미 없다. 미래는 아직 없다. 현재만이 온전하다. 이 현재도 현재라고 하는 순간 과거로 변한다. 특히 인공지능 시대에서는 세상의 변화는 문자 그대로 순간(瞬間), 즉 눈 깜짝할 사이에 일어난다. 미래란 순간이 목전에 와 있으므로, 우리가 능동적으로 준비하지 않으면 안 된다.

정답이 존재하지 않는 미래 사회에 적응하기 위해서는 유연한 사고 능력이 필요하다. 현재의 시점에서는 미래를 온전히 예측할 수 없기 때문이다. 사고를 어떻게 합리적으로 하느냐가 관건이다. 대학에서 전공 공부는 물론이거니와 미래 사회에 진출하기 위한 기본적 사유 토대로서 〈대학 사용 상세 설명서〉의 존재적 가치가 있는 까닭이다.

이 책은 3부분으로 구성된다.

첫째 부분은 미래학, 즉 미래 직업이나 미래 사회 및 미래 교육에 관한 얘기다. 여기서는 미래 예측과 미래 대응, 인공지능 시대의 도래를 말한다. 특히 앨런 케이, 역사학자인 유발 하라리, 미슬토 회장인 손태장, 토마스 프레이 박사 등이 주창하는 미래 교육을 정밀하게 살펴봄으로써, 현실로 나타나고 있는 4차 산업혁명 시대에 적응할 수 있는 기본적 역량을 제시하고자 한다.

둘째 부분에서는, 세대 차이와 세대 불평등에 관한 문제를 다룬다. 세대 구분에서는 산업화 세대와 386세대, 포스트 386세대인 소위 MZ 세대 등의 특징을 살펴본다. 한국 사회에서 산업화 세대는 말할 것도 없고, 386세대도 이미 기득권세력으로 바뀌었다. 따라서 가장 크게 피해를 보는 계층이 바로 젊은 세대, 특히 젊은 여성들이다. 특히 20, 30대 젊은 청년들의 일자리 창출에 관련된 문제를 분석한다. 산업화 세대의 성공 모델도 집중적으로 조망한다. 왜냐하면 산업화 세대들의 정신적 유산을 교훈으로 삼을 가치가 충분하기 때문이다.

셋째 부분은 〈대학 사용 상세 설명서〉의 본론으로서, 대학에서 자기 공부와 이성적 사유를 하는데 필요한 10가지 개념을 설명한다. 대학에서 학문이나 공부를 어떻게 할 것인가란 질문과 관련, 학문론과 공부론 및 수업론은 대학생들이 반드시 알아야 할 기본적 내용이다.

학문론은 문자 그대로 학문의 본질을 언급하는 이론적 내용인 데 비하여, 공부론과 수업론은 실천적 내용이다. 학문론에서는 학문의 본질, 즉 학문의 정의와 학문하는 자세 및 학문하는 사람의 자질을 언급한다. 또한 학문론에서는 필자가 동양학의 본질도 언급한다. 인문학 전성시대, 기업이 인문학 전공자의 장점을 활용하는 방안을 분석한다. 한국 사회에서는 인문학으로 밥 먹고 살기 어렵다고 한탄

하기 때문이다. 4차 산업혁명 시대, 오히려 인문학 서비스의 필요성은 증대되고 있다.

공부론에서는 공부의 노동성과 공부의 긍정성 · 부정성, 공부의 결정적 시기, 교과목의 적용 및 응용 능력, 이론과 실천의 관계 등을 다룬다. 공부의 도약과 조망도 얘기한다. 수업론에서는 첫 시간과 수업 집중하기와 질문, 그리고 시험 준비, 시험 답안지와 리포트 피드백 등을 살펴본다.

주체성, 즉 정체성(identity)에서는 '나는 누구인가'란 문제를 근원적으로 기술한다. 불확실한 미래 사회에서는 철학하는 자기 자신이 훌륭한 인생의 나침반이 될 수 있는 까닭이다. 개인이나 민족 및 국가에 있어서 정체성의 문제는 가장 중요하다. 특히 개인의 정체성은 나를 타자와 구별하는 인격체로서 존재적 가치를 지닌다. 정체성과 관련된 내용으로서는 자기 정체성 혼란, 고정관념 붕괴, 자신을 지탱하는 주체성 확립, 자기 개념의 이해, 자신을 성장시키는 굳은 결심, 자신 성격의 장단점 확인 등이다.

대학에서 공부하는데 첫 출발점은 개념을 이해하는 데 있다. 이 같은 개념은 철학적이다. 학문적 개념을 이해하기 위해서는 철학적 논리의 이해가 전제되어야 하기 때문이다. 먼저 철학의 선이해를 통하여, 철학의 개념 정의, 철학적 기술, 철학자의 임무 등을 살펴본다. 철학의 의미 및 가치와 관련, 철학적 성향, 철학의 유용성 등을 정밀하게 기술한다.

또 합리적 사유의 도구로 논리학의 유용성을 설명하고, 학문적 개념의 창조를 위한 정의(定義)를 살펴본다. 대학 공부는 개념으로 시작해서 개념으로 끝난다. 또 모든 학문을 하는데 기초 용어인 개념, 열거, 귀납, 연역, 명제, 문장 등에 대해서도 철학적 정의를 분석한다.

요즘 젊은 세대들은 인쇄매체보다 전자매체를 활용하는데 더 익숙하다. 스마트 폰이 바로 개인 컴퓨터인 까닭이다. 그런데 책을 읽는 사람은 점점 더 줄어들고 있다. 인쇄매체와 더불어 전자매체에서도 가장 중요한 것이 바로 문장 해독 능력이다. 책을 읽지 않으면 문장 해독 능력이 떨어질 수밖에 없다. 독서론에서는 인터넷 시대 왜 독서가 필요한지를 밝힌다. 독서가 뇌 세포의 활성화에 결정적인 역할을 하기 때문이다. 정리하자면 독서를 통한 자기 가능성의 발견으로 인공지능 시대에 대비하는 자세가 무엇보다 중요한 것이다.

글쓰기는 누구에게나 부딪치는 숙명적인 과업이다. 글쓰기는 초중고나 대학은 물론 직장에 다니더라도 누구에게나 꼭 필요한 것이다. 요람에서 무덤까지 글쓰기다. 글쓰기가 세상을 바꿀 수도 있다. 궁극적으로 글쓰기는 자신의 성공을 보장할 수 있다는 얘기다. 여기서는 글쓰기의 논리적 근거와 문장 설계도 원칙을 다룬다. 또한 글쓰기가 뇌 세포의 활성화를 가져온다는 의학적 근거를 제시한다.

뇌를 알면 새로운 세상이 보인다. 독서와 글쓰기는 의학적으로 뇌 과학(brain science)과 직접적인 관련성을 가지고 있다. 독서하는 뇌와 글쓰기에 대한 과학적 증명이 가능하다는 얘기다. 달리 말하면 뇌 과학을 잘 이해하면 효율적인 독서와 글쓰기가 가능하다는 뜻이다. 뇌 과학적 이해로 학습의 효율성을 상당히 향상시킬 수 있다는 것이다. 여기서는 노벨 생리의학상 수상자인 에릭 켄델이 주장하는 단기 기억과 장기 기억 중심으로 기억의 비밀을 풀어보고자 한다. 뇌 과학이 지능지수를 대체할 수 있기 때문에 다중지능이론과 개인 지능이론이 중요한 까닭이다.

시간은 누구에게나 똑같이 주어진다. 이 시간을 어떻게 활용하느냐에 따라서 개인적인 성공은 완전히 달라진다. 시간은 금, 즉 돈이기 때문이다. 일이나 공부를 하는 데 가장 중요한 것이 효율적인 시간 관리다. 그런데 현대인은 시간에 쫓기고 있다. 이것이 정신적 불안을 불러일으킨다. 시간 관리에서 가장 중요한 법칙이 바로 1만 시간의 법칙이다. 달리 말하면, 1만 시간 법칙은 10년 주기설이다.

스티브 테일러의 시간 심리학 법칙과 칙센트미하이 박사의 몰입을 설명한다. 시간 관리를 하는 데는 이른바 파레토 법칙인 80/20 법칙과 실천적 측면에서 최악의 시간 활용법과 최상의 시간 활용법도 중요하다. 다른 한편으로 우리 인간은 결코 시간과 공간을 넘어설 수 없다. 그러므로 공간 관리도 이제 관심을 가져야 한다. 공간을 잘 정리하면 시간을 절약할 수 있다. 궁극적으로 공간이 심리적 상황을 지배할 수 있기 때문이다.

마지막으로 21세기 우리 모두에게 닥친 새로운 라이프 스타일을 설명한다. 우리는 100세 시대를 맞이하여 인생 2막이 아니라 인생 3막의 시대에 살고 있다. 워라밸 혹은 워라블 사회에서 가장 중요한 화두는 삶의 질이다. 한마디로 노동과 학습 및 휴식의 경계가 사라진 것이다. 이는 일과 휴식 및 학습을 동시에 추구한다는 뜻이다.

한편으로 부의 양극화 시대를 맞이하여 남과 함께 더불어 살아가는 공감 정신이 어느 때보다도 필요한 시기이다. 나보다 어렵거나 힘든 사람을 배려할 줄 아는 아름다운 공감 정신이 사회적으로 제1의 덕목이 되어야 하겠다. 또한 새로운 인생 아젠다의 필요성이 등장한다. 이와 관련, 일과 성공 및 행복에 대한 새로운 개념 정의가 절실하다. 향후 무고용 시대나 무용 계급 시대를 예상하므로, 이제는 정신적 근력을 키우는 것이 급선무다.

성공적 노화에 필수적인 활동이 바로 TR, 즉 치료 레크리에이션이다. 치료 레크리에이션(TR)은 육체적, 정신적, 심리적으로 도움이 필요한 사람들뿐만 아니라, 정상적으로 활동하는 사람들에게도 삶의 질을 향상시킬 수 있는 훌륭한 활동(activity)이기 때문이다. 예측불허의 인공지능 시대에는 자신의 마음을 스스로 다스릴 수 있는 심리경영에 대한 이해가 필요하다. 자신의 마음을 잘 다스리는 자가 세상을 잘 다스릴 수 있기 때문이다.

일러두기

참고문헌, 훌륭한 책들의 향연

여기서는 필자가 인용하거나 아이디어를 얻는데 도움을 받은 참고문헌에 관한 얘기를 하고자 한다. 필자는 전문대학 교수로서 33년 동안 학생들을 가르치고 연구하고, 학생 상담을 하면서, 대학생들에게 중요한 두 가지 기본적 교육이 정말로 중요함을 깨달았다. 첫째로는, 미래지향적 준비이고, 둘째로는 자기교육 시대 스스로 공부할 수 있는 학문이나 공부 방법의 습득이다.

필자는 〈대학 사용 상세 설명서〉를 저술하기 위하여 논문 스타일이 아니라, 에세이 즉 수필 스타일로 기술함으로써, 독자가 이해하기 쉽도록 하였다. 다만 필자가 기술하는 〈대학 사용 상세 설명서〉에 나오는 모든 내용이 일시에 새롭게 창작된 것이 아니다. 특히 필자가 직간접적으로 도움을 받은 훌륭한 단행본들에 대하여 본문 하단의 각주 처리가 아니라 말미의 미주와 참고문헌으로 대체한 점에 대하여 독자들에게 죄송스럽게 생각한다. 독자들의 너그러운 양해 바란다.

참고문헌에 나오는 다양한 단행본들은 필자가 〈대학 사용 상세 설명서〉를 저술하는 데 직간접으로 도움을 준 가치 있는 양서들이다. 필자는 참고문헌에 등장하는 책들은 훌륭한 필독서임을 강조하고 싶다. 따라서 독자들은 참고문헌에 나오는 책들을 가능하다면 전부 다 읽어보든지, 아니면 최소한 선택적으로 읽어본다면 체계적인 지식을 확보하는 데 커다란 도움이 될 수 있다고 본다.

참고문헌에 나오는 단행본을 읽어보는 것이 필자의 저서를 읽어보는 것보다 더 많은 지적인 내용을 얻을 수도 있다. 달리 말하자면, 필자의 〈대학 사용 상세 설명서〉는 독자들을 참고문헌에 나오는 훌륭한 출판사의 도서와 연결하는 학문적 고리 역할을 한다고 생각한다. 필자가 문헌비평가의 관점에서 말하자면, 이 책의 참고문헌에 나오는 단행본들의 존재적 가치는 정말로 대단하다.

참고문헌과 관련, 필자가 특히 강조하고 싶은 내용은 다음과 같다. 먼저 Part 1에서는 인공지능 시대를 맞이하여 미래 직업이나 미래 교육과 관련, 야마구치 슈가 저술한 『철학은 어떻게 삶의 무기가 되는가』(경기 파주 : 다산북스, 2019)와 유발 하라리가 저술한 『21세기를 위한 21가지 제언』(경기 파주 : 김영사, 2018)에서 나오는 핵심 내용을 적극 정리한다. Part 2에서는 한국 사회의 세대 간 불평등과 관련, 이철승 교수의 저서인 『불평등의 세대』(서울 : 문학과지성사, 2019)에서 나오는 개념을 기술한다. Part 3에서 학문론, 공부론, 수업론, 독서론과 관련된 내용은 필자의 졸저인 『현대문헌비평의 해부』(서울 : 영미서적, 1996), 『창의적 독서, 서평, 초록의 길잡이』(서울 : 시그마프레스, 2007), 『학술정보조사법』(대구 : 정림사, 1999) 등에서 그대로 발췌거나 요약하였다.

주체성(主體性, identity)에서 자기 정체성과 관련된 내용은 에노모토 히로아키가 저술한 『나를 찾아 떠나는 자기분석여행』(서울 : 시그마북스, 2012)에서 나오는 얘기를 전적으로 기술하면서, 한국의 언어적 현실에 잘 부합되도록 재구성한다. 필자가 이 책에 주목한 이유는 호텔외식조리과 전공 중 하나인 『외식인적자원개발』이라는 과목의 교재로 채택한 바가 있기 때문이다.

개념(概念) 부분에서 다루는 핵심 내용은 철학의 의미와 가치, 논리학의 유용성, 정의(定義)이다. 철학의 유용성과 관련, 필자는 40년 동안 철학적 친구인 전재원이 저술한 『10개의 키워드로 이해하는 아리스토텔레스 철학』(서울 : 역락, 2017)에서 나오는 일부 내용을 기술한다. 논리학의 유용성과 관련, 필자는 전재원이 저술한 『로고스와 필로소피아』(대구 : 경북대출판부, 2014)에서 나오는 일부 내용을 발췌한다. 또한 정의(定義)와 관련, 필자는 로버트 바움이 저술하고 전재원이 번역한 『비형식 논리학』(대구 : 이문출판사, 2016)에서 나오는 내용을 발췌, 정리한다.

한마디로 독서(讀書)와 글쓰기는 뇌 과학적 연구를 통하여 하나라는 것이 증명된다. 독서 능력과 글쓰기 능력은 정비례한다. 즉 독서 능력이 높으면 글쓰기 능력도 높아진다는 얘기다. 궁극적으로 뇌 과학적 관점에서 독서, 즉 책 읽기=글쓰기라는 등식이 성립하는 것이다. 특히 매리언 울프는 『책 읽는 뇌』(경기 파주 : 살림출판사, 2009)를 통하여 독서의 신경과학적 분석을 시도한다. 그녀에 의하면, 독서는 뇌 과학적 측면에서 인류의 기적적인 발명이라고 주장한다. 필자도 글쓰기 부분에서는 매리언 울프의 학문적 업적에 의하여 참신한 영감을 받았다.

매리언 울프는 다른 저서인 『다시, 책으로』(서울 : 어크로스, 2019)를 통하여 순간 접속 시대, 책 읽기의 효용성을 강조한다. 이것은 독서 즉 읽기 회로의 뇌 과학적 증명이다. 또한 매리언 울프는 디지털 읽기와 책 읽기의 비교를 통하여 독서의 우수성을 증명한다. 책 읽기와 글쓰기는 서로 다른 듯 보이지만, 실상은 그 뿌리가 같다. 왜냐하면 독서와 글쓰기는 뇌 과학에 의하여 하나로 연결해주기 때문이다.

한편 글쓰기 부분에서, 필자는 나카지마 다카시가 저술한 『성공하는 글쓰기 전략』(부산 : 산지니, 2007)에서 나오는 문장 설계도 원칙을 차용한다. 왜냐하면 이 책은 기업체 업무 문서 작성 시 나타날 수 있는 다양한 사례를 들고, 구체적으로 글쓰기의 수정 전후를 비교함으로써 글쓰기의 실용성이 돋보이기 때문이다. 그래서 필자가 교수 재직 시 『글쓰기』 교양 교과목의 교재로 이 책을 선택한 바가 있다. 다만 한국의 언어적 현실을 고려하여 다소 내용을 재구성하는 노력이 필요하다.

뇌 과학 부분에서 필자가 언급하는 3인방으로는 에릭 캔델과 하워드 가드너 및 스콧 배리 카우만이다. 부득이 필자는 기억의 비밀을 찾기 위하여 노벨 생리의학상 수상자인 에릭 캔델의 『기억을 찾아서』(서울 : 랜덤하우스, 2009)와 니콜라스 카의 『생각하지 않는 사람들』(서울 : 청림출판, 2011) 등에서 나오는 내용을 전적으로 발췌, 독자들이 이해하기 쉽도록 재구성한 것임을 밝힌다.

또한 필자는 다중지능이론과 관련, 하워드 가드너의 『지능이란 무엇인가』(서울 : 사회평론, 2016)에서 나오는 내용을 정리했으며, 개인지능이론과 관련, 학습장애를 극복한 카우만의 『불가능을 이겨낸 아이들 : 아이들의 재능과 노력, 성취에 관해 알아야 할 거의 모든 것』(서울 : 책읽는수요일, 2014)에서 내용을 정리하였다. 먼저 가드너의 저서는 다중지능이론이 IQ를 대체할 수 있다는 새로운 가능성을 열어주었기 때문에 훌륭하다. 또한 카우만의 저서는 너무나도 인간적인 책이다. 어린 시절 학습장애를 극복하고, 인지심리학자가 된 스콧 배리 카우만 박사의 얘기는 감명적이기 때문이다. 이것은 지능에 관한 인식을 완전히 바꾼 획기적인 저서이다.

디지털 시대에서도 시간 관리는 누구에게나 중요한 사안이다. 한마디로 정리하자면, 시간 관리에서 가장 실용적 얘기는 바로 안데르스 에릭슨 박사가 주창하는 1만 시간의 법칙이다. 따라서 필자는 안데르스 에릭슨과 로버트 풀이 저술한 『1만 시간의 재발견』(서울 : 비즈니스북스, 2016)에서 나오는 이론을 인용해서 집중적으로 설명한다. 또 스티브 테일러가 저술한 『제2시간』(서울 : 용오름, 2012)에서 나오는 시간심리학의 법칙을 기술하면서 미하이 칙센트미하이가 저술한 『창의성의 즐거움』(서울 : 북로드, 2004)에서 강조하는 몰입을 정리한다. 이와 더불어 리처드 코치가 주장하는 이른바 『80/20』(서울 : 21세기북스, 2000) 법칙도 소개한다. 한편 현대인에게는 시간 관리와 더불어 공간 관리도 중요한 쟁점으로 떠오르고 있다. 이에 필자는 에스더 M. 스턴버그가 저술한 『공간이 마음을 살린다』(서울 : 더퀘스트, 2013)에서 나오는 주요 내용도 정리한다.

새로운 라이프 스타일에서는 먼저 공감 정신이 강조되어야 한다고 본다. 양극화 시대에서는 타인에 대한 존재 인식도 중요하므로, 남과 더불어 살아가는 사회적 분위기 형성이 절실하기 때문이다. 공감 정신과 관련, 제러미 리프킨의 방대한 저서인 『공감의 시대』(서울 : 민음사, 2010)에서 나오는 내용을 발췌하였다. 독자들이 이러한 책들을 전부 읽어보기를 희망한다.

성공적인 노화와 관련된 치료 레크리에이션(TR)에서 나오는 내용은 필자가 뜻한 바가 있어서 2001년 20여 명의 전문가 집단으로 구성된「에스프리 지식연구소」를 설립, 활동한 결과이다. 이 연구소에서는 가장 먼저 고령사회에 대비, 치매 예방을 위한 치료 레크리에이션 활동의 하나로 3년간 대구시립노인전문병원에 입원 중인 치매 노인을 대상으로 실행한 임상 경험을 축적하였다. 당시 에스프리 지식연구소의 연구원들은 치료 레크리에이션과 관련된 주요한 지식을 학습하기 위하여 Linda Buettner와 Suzanne Fitzsimmons가 저술한 『Dementia Practice Guideline for Recreational Therapy: Treatment of Disturbing Behaviors』(Alexandria, VA : ATRA, 2003)에서 나오는 훌륭한 내용을 활용했음을 밝힌다. 여기서 ATRA란 CTRS(미국 치료 레크리에이션 전문가 자격증) 소지자가 가입할 수 있는「미국 치료 레크리에이션 협회」를 의미한다.

이른바 심리경영에 해당하는 명상 치료 부분에서는 필자가 부산에서 훌륭한 선지식인 노치허 선생님을 만나서 평생 공부한 반야심경(般若心經) · 금강경(金剛經), 심명(心銘) · 증도가(證道歌) · 수심결(修心訣) 등과 같은 불교 경전(經典), 논어 · 맹자 · 대학 · 중용 · 노자 · 장자 등과 같은 유학(儒學), 불교의 선학(禪學), 참선(參禪), 명상(冥想) 등에서 나오는 내용도 종합적으로 참고한다.

따라서 필자는 『존 카밧진의 왜 마음챙김 명상인가?』(서울 : 불광출판사, 2019), 아잔 브람의 『아무것도 남기지 않기』(서울 : 불광출판사, 2018), 각산의 『멈춤의 여행』(서울 : 나무옆의자, 2018), 장현갑의 『심리학자의 인생 실험실』(서울 : 불광출판사, 2017), 리디아 자일로스카의 『ADHD를 위한 마음챙김 처방』(서울 : 북스힐, 2016) 등에서 나오는 훌륭한 내용도 참고한다.

헌 사(獻辭)

이 책이 나오기까지 필자를 도와준 분들께 진심으로 감사를 드립니다. 필자가 퇴직한 이후 저서를 집필할 수 있도록 쾌적한 사무실을 제공해준 류영철 대표 · 케이팜스 정성학 CTO와 박상민 대표, 훌륭한 선지식 노치허 선생님, 공부 도반인 구도근 · 김태진 · 장백기 교수, 문헌정보학과에서 동고동락한 이순재 교수, 호텔외식조리과에서 인연이 된 김소미 · 경영일 교수, 올곧은 비평 정신의 산실인 『오늘의 문예비평』 편집 관계자들, 학문적 담론을 아끼지 않은 문학 비평가인 박남훈 목사와 (주)시그마프레스 문정현 부장, 철학적 논리를 끊임없이 교류한 전재원 박사, 인간적 버팀목으로서 부산대 박규택 교수와 이영보 선생 그리고 신재철 대표, 지속적인 연구 열정을 불러일으킨 국회도서관 노우진 국장과 강현주 교수, 해박한 독서력의 남상숭 요양병원장, 고마운 제자인 김은영 · 홍수지 · 정희경 선생, 늘 당당한 「불백 고수락」 신재경 오너 셰프, 도서관장 재직 시 모교에 대한 남다른 열정을 보인 이정순 사서, (주)엠금융서비스 설우열 대표, 대한민국에서 가장 맛있는 빵과 커피를 배려해준 동백리 아데초이 최윤석 대표, 이렇게 어려운 출판 상황임에도 기꺼이 책을 출판하고자 용단을 내린 기문사 한재성 부장과 편집부 직원들에게 고맙다는 뜻을 전합니다. 필자에게 도움을 주신 분들 항상 행복하기를 기원합니다.

신선대 앞바다가 보이는 용당동 사무실에서 저자 씀

차 례

Part 1

우리에게 미래란 무엇인가?

대학사용
상세 설명서

미래 예측의 어려운 문제

한마디로 미래 예측은 어렵다. 특히 일과 직업의 미래는 예측하기 힘들다. 그러나 우리는 미래를 준비하지 않을 수 없다. 궁극적으로 미래는 예측하는 것이 아니라 만들어가는 것이라고 말한다. 훌륭한 미래학 혹은 미래 직업 및 미래 예측 전문가들은 엘빈 토플러, 제러미 리프킨, 토마스 프레이, 유발 하라리, 후지하라 가즈히로, 야마구치 슈, 손태장 등이다.

특히 인공지능(AI) 시대를 맞이하여,

① 새로운 직업 창출은 극소수의 사람에게만 혜택이 주어지고,
② 기존 직업들은 빠른 속도로 소멸하며,
③ 지금 초등학교 학생들이 어른이 되었을 때, 60% 정도가 현재 없는 직업에 종사하게 된다는 것이다.

필자가 지금까지 경험을 토대로 미래 예측이 직접적으로 현실에서 전개되는 3가지 상황을 정리하면 다음과 같다.

첫째, 생각보다 빨리 나타나는 경우다. 신구 기술의 공존이 그렇다. 예를 들어, 우리나라의 흑백 TV와 컬러 TV를 한번 생각해보자. 생각보다 빨리 컬러 텔레비전으로 대체되었다. 기술 공존 기간이 짧으면 구 기술과 관련된 직업도 함께 사라진다. 또한 과거에 잠시 나타난 즉석 인화 카메라인 폴로라이드 사진기는 그 당시 기술로서는 획기적이었으나 생존 기간이 예상보다 훨씬 짧았다. 순식간에 디지털 카메라가 세상을 점령했기 때문이다. 필름이 필요 없는 디지털 카메라가 아날로그 카메라를 집어삼켰다. 또한 혁신에 실패한 필름 제조 회사는 한방에 몰락하였다.

지금 미국이나 영국을 중심으로 하는 선진국의 최첨단 전문직에서 벌어지고 있는 일들은 우리에게 가히 충격적이라고 하겠다. 이는 기술 기반 인터넷 사회인 미국이나 영국을 중심으로 2010년대 중반부터 실제로 벌어지고 있는 일들이기 때문이다. 한 시대의 종말을 맞이하여, 새로운 기술이 등장하여 전문가의 업무가 재구성됨으로써 새로운 노동 모형이 발생하고 있다. 이와 더불어 수요자의 선택지도 한층 더 증가되고 있는 것이다.

특히 미국이나 영국은 국가적 차원의 강력한 온라인 플랫폼을 구축함으로써, 금융, 회계 · 세무, 의료, 법률, 건축, 경영 컨설팅, 교육, 종교 등과 같은 최첨단 전문직과 관련된 새로운 서비스를 일반 사람들이 값싼 비용으로 제공받을 수 있는 획기적인 토대를 마련한 것이다.[1)]

미국은 이미 60년 이상 동안 지속적인 기술 혁신 분야인 컴퓨터 과학이나 컴퓨터 프로그래밍, 인공지능, 빅데이터 등에 끊임없는 투자를 한 덕분에 4차 산업혁명 시대의 종주국이 되고 있다. 우리의 생각을 훨씬 앞서고 있다. 또한 미래 직업도 여기에 따라 변하는 것이다.

둘째, 생각보다 빨리 나타났다가 더 진전되지 못하고 갑자기 소멸하는 경우다.

사례

1980년대 한국의 인공지능

한국에서도 인공지능 연구가 1980년대 컴퓨터공학, 정보학, 문헌정보학, 철학, 심리학 등을 중심으로 빨리 나타났다가 1990년대 접어든 이후 갑자기 사라져버렸다. 1980년대 한국의 인공지능 개념은 미국과 마찬가지로 학문적 통섭, 즉 학제적 개념으로 등장했지만 더 이상 확장성을 확보하는 데 실패한 것이다. 한국이 선도적으로 주도권을 잡을 수 있는 절호의 기회를 놓쳐버렸다고 생각한다.

그러나 2016년부터 국제적으로 인공지능(AI)이 급부상하니까 다시 한국에서도 불이 붙고 있다. 그 공백이 무려 30년이나 된다. 미국에서는 1956년대 컴퓨터 발명 이후, 지속적으로 컴퓨터 과학이나 AI 연구에 몰입한다. 미국은 당장 눈앞의 성과가 아니라 100년을 내다보면서 끊임없이 인공지능에 투자하면서 연구하고 있다.

한국은 이제 추격자 신세에 불과할 따름이다. 몇 년 전 알파고와 이세돌 바둑 대전의 결과 이세돌이 패배한 뉴스가 세계적 이목을 끌었다. 알파고전에서 패배한 이세돌은 '이세돌이 패배한 것이지 인간이 패배한 것이 아니다.'라는 명언을 남겼다.

셋째, 암울한 미래 예측이 사회적 이슈로 끊임없이 등장하지만 예측 시기보다 훨씬 늦게 공감하는 경우다. 이것은 치명적이다. 예를 들어, 한국의 인구 감소는 이미 1990년대부터 언론이 강력히 경고했으나 지금까지 효과적인 대책을 전혀 마련하지 못했다. 신생아 정책의 실패가 우리 모두의 삶을 통하여 고통으로 와 닿은 것은 최근 몇 년 사이이다. 그동안 정부가 온갖 대책을 내놓았으나 효험은 전무하다. 2005년부터 2019년까지 아이를 낳을 수 있는 정부 정책에 무려 269조 원의 예산을 투입했지만 세계 최고 인구 감소 현상이 한국에서 벌어지고 있다.

미래 어떻게 대응할 것인가

토마스 프레이 박사의 강연 내용은 2015년 KBS 1TV에서 방영된 ≪광복 70년 미래 30년 '오늘 미래를 만난다'≫라는 대주제 아래에서 진행된 것이다. 2015년 4월 26일(일)부터 5월 3일(일)까지 3차례 걸쳐 진행된 "토마스 프레이 박사의 미래 혁명", "미래에 대한 시선", "대한민국의 미래 전망, 2030년 대한민국의 미래" 등의 강연 내용을 요약, 재구성하면서 유발 하라리와 필자의 의견도 개진하였다.

미래는 우리에게 새로운 기회인가 아니면 절망적 위기인가? 미래에 대한 거대한 담론에는 긍정성과 부정성이 동시에 존재하기 마련이다. 부정성은 미래에 대한 강력한 경고가 아닌가 한다. 먼저 이와 관련된 미래 격언을 살펴보자.

스티브 잡스 바로 지금이 당신의 미래에 영향을 끼치고 있는 순간이다.

토마스 에디슨 기회는 작업복 차림의 일꾼 같아서 놓치기 쉽다.

마크 앤드리슨 소프트웨어가 세상을 장악할 것이다.

비노드 코슬라 빅데이터가 의사들의 80%를 대체할 것이다.

크리스티안 해먼트 2030년엔 모든 뉴스의 90%를 컴퓨터가 쓸 것이다.

토마스 프레이 현재 존재하지 않는 일자리를 준비하라.

손태장 남이 아닌 내가 세상을 바꿀 수 있다는 것을 믿어야 한다.

세계가 주목하는 미래학자인 미국의 토마스 프레이 박사는 미래는 곧 현재라고 주장한다. 왜냐하면 미래가 현재를 만들 수 있기 때문이다. 미래는 우리 주변 모든 사람들의 마음속에서 만들어진다. 이는 곧 미래에 대한 우리의 공감대 형성이 무엇보다 중요함을 의미하는 것이다. 한마디로 미래 비전을 바꾸면 현재 결정을 바꿀 수 있다.

다음은 2015년 한국을 방문한 토마스 프레이 박사와의 인터뷰한 내용 중 일부다. 이와 관련, 유발 하라리와 필자의 의견도 부분적으로 개진하면서 정리한 것이다.

질문 미래를 어떻게 생각해야 하는가?

대답 미래에 대한 도박이다. 그런데 미래가 현재보다 더 가치가 있다고 생각하는 것이 중요하다.

또한 토마스 프레이 박사는 미래와 관련하여,

첫째, 관점 달리하기
둘째, 자기 성찰 시간
셋째, '5년 후 지금을 생각하라'고 주문한다.

이 3가지는 우리에게 미래에 대한 역발상을 촉구하는 것이다. 미래 일자리와 관련해선 항상 긍정성과 부정성이 동반되지 않을 수 없다. 첫 번째, 우선 관점을 달리해서 긍정적 측면을 들춰내자는 얘기다. 예를 들어, 무인 자동차 혹은 자율 주행자동차는 대중교통 수단에 있어서 혁신을 이룰 수 있다. 그런데 일반적으로 이것에 대한 우려는 운전기사란 일자리가 빼앗길 수 있다는 것이다. 이렇게 되면 부득이 학원 기사가 실직한다. 생각의 전환에 의하여 운전할 수 없는 현재의 장애인이나 고령자에게는 운전의 기회를 제공할 수 있는 것이다. 여기서 새로운 기회란 AI(인공지능) 기술의 혜택을 본다는 의미다.

과거에는 새로운 기회인 새로운 일자리의 순환이 잘 이뤄졌다. 미국의 예를 보면, 20세기 초반 농업혁명으로 인한 농촌 인력들이 대도시 지역의 자동차 공장이나 대규모 공장 지대의 노동자로 유입되었으며, 20세기 중반 이후 일자리를 잃은 수많은 공장 노동자들이 관광 산업이나 대형 마트 등의 서비스 산업에서 새로운 일자리 기회를 얻었다. 그러나 인공지능 시대에 이미 일자리를 잃고 있는 노동자들을 대규모로 빨아들일 수 있는 새로운 산업은 더 이상 여의치 않다는 얘기다. 여기에 바로 미래 직업의 부정성이 내포되어 있는 것이다.

두 번째 얘기인 자기 성찰이란 자기 개념에 대한 새로운 인식이요 자기 정체성에 대한 확립을 뜻한다. 여기서 자기 개념(self concept)이란 내가 누구인지 스스로 정의하고 설명하는 것을 말한다. 자기 정체성이란 자기 주체성을 뜻한다. 소크라테스가 말한 '너 자신을 알라'(know yourself)는 명언이 다시 살아서 숨 쉴 수 있는 시대가 바로 인공지능 시대다.

미래 직업의 부정적 예측과 관련, 이제 맞춤 직업이라는 말이 새로이 등장한다. 즉 자기 자신의 역량에 맞는 이 세상에 존재하지 않는 새로운 틈새 직업을 기꺼이 창조하라는 얘기다. 따라서 토마스 프레이 박사는 미래 직업 시대에서는 '극도로 개인화된 교육 과정'을 강조하는 이유다.

구체적으로 말하자면 '자신이 무엇을 하고 싶은지', '자신이 무엇을 좋아하는지'를 분명히 알아야 한다. 이와 더불어 '자신이 무엇을 가장 잘할 수 있는지'도 확인하는 것도 중요하다. 결국 '나는 누구인가'를 스스로 확인하지 않으면 안 된다. 한마디로 인공지능(AI) 시대, 자기 존재적 가치에 대한 철학적 인식이 그 어느 때보다도 중요하다는 말이다. 이것은 다른 사람이 나를 대신해 줄 수 없기 때문이다. 이스라엘 역사학자이자 미래학자인 유발 하라리도 철학하는 자기와 철학성을 강조하는 것이다.

세 번째는 젊은 시절 자신의 미래를 준비하라는 얘기다. 우리가 젊은 시절 충분히 준비하는 것이 최상은 아니더라도 최선은 될 것으로 보인다. 50년 뒤나 100년 뒤의 장기적 미래 예측은 거의 불가능하지만, 지금을 기점으로 삼아서 5년 뒤나 10년 뒤는 어느 정도 준비할 수 있다고 생각한다.

토마스 프레이 박사에 의하면, 2030년경에는 지금까지 우리가 전혀 경험하지 못한 세계인 무고용 시대를 맞이할지도 모른다고 강력히 경고한다. 왜냐하면 이때쯤이면 일자리 20억 개가 사라질 수도 있기 때문이다. 다만, 그렇다고 해서 20억 명의 실업자가 바로 발생하는 것은 아니라고 말한다. 이처럼 토마스 프레이는 무고용 시대라는 새로운 개념을 제시한다. 인공지능 시대 일자리가 새로 생기기도 하겠지만 사라지는 일자리가 이보다는 훨씬 많을 수도 있기 때문이다.

이스라엘의 세계적인 미래학자인 유발 하라리도 2050년이 되면 무용(無用) 계급의 등장을 예고한다. 그때에는 부유층과 빈곤층의 간극을 도저히 좁힐 수 없다고 판단하기 때문이다.

특히 기술 혁신이 미래 변화를 가져온다는 얘기다. 앞으로 엄청난 일자리가 사라진다. 중간 관리자 역할을 소프트웨어가 대체한다. 소프트웨어가 세상을 장악하게 된다. 사물 인터넷도 소프트웨어에 의하여 움직이기 때문이다.

유발 하라리도 컴퓨터 프로그래밍, 즉 알고리즘이 세상을 지배할 것으로 예상한다. 한마디로 소프트웨어가 인간을 대체한다는 끔찍한 예측을 하고 있다. 그렇다면 이제는 권위가 인간에게서 알고리즘으로 넘어가고 있다는 얘기다.

그런데 일자리는 계속 사라지지만 일거리가 사라지는 것이 아니다. 향후 신규 일자리는 정규직이 아니라 비정규직으로 더 많이 채워질 것이다. 이제 일자리=직업, 일=직업이라는 고정 관념을 버려야 할 것 같다. 하나의 일을 전체적 과정으로 보면, 그 과정 상 본인이 기여할 수 있는 특정 부분인 어떤 작업을 찾을 수 있기 때문이다. 한 사람이 서로 다른 직장에서 동일한 특정 작업을 처리할 수 있다는 얘기다. 노동의 종말 시대에는 일자리나 일거리보다는 작업이다. 여기에 더 집중할 필요가 있다고 생각한다.

직업 종말과 인공지능 시대

지구의 종말이 아니라 직업의 종말이다

한마디로 강력한 기술 혁신의 시대에서 우리는 이른바 직업 시대의 종말을 맞이하고 있다. 현실적으로 우리는 지금까지 경험해보지 못한 새로운 세계인 노동의 종말, 평생직장의 종말, 평생 직업의 종말 등과 같은 온통 종말이란 철벽에 부딪히고 있다.

10년마다 천지가 개벽하고 있다. 즉 새로운 종말이 나타나고 있기 때문이다. 이제는 직업 소멸의 보편성을 얘기하지 않을 수 없다. 지구촌 어디서나 언제든지 자신의 직장이나 직업이 사라질 수 있다는 말이다. 왜냐하면 기존의 직업은 급격한 소멸을 맞이하지만, 새로운 직업 창출은 극소수의 사람에게만 기회가 주어지기 때문이다.

1. 노동의 종말

미국의 미래학자인 제레미 리프킨은 1995년 그의 저서인 『노동의 종말』을 통하여 최초로 블루칼라의 종말을 강력히 경고한다. 이 책에서 논의된 노동의 종말 얘기는 지금도 여전히 유효하다.

2. 평생직장의 소멸

한국은 1997년 IMF 구제 금융을 통하여 대기업 등의 대량 해고와 구조조정으로 인하여 평생직장이란 말이 하루아침에 사라졌다. 한 직장에서 퇴직할 때까지 평생 일하는 시대가 종말을 맞이한 것이다. 이것은 누구도 전혀 예상하지 못한 비극적인 사건이었다.

3. 평생 직업의 소멸

2008년 세계 금융 위기 이후에는 전문적인 기술력이 바탕이 된 평생 직업이란 말도 사라지기 시작한다. 그동안 한국 사회에서 기술이 있으면 어느 직장에 가더라도 밥은 먹을 수 있다는 생각을 완전히 무너뜨렸다. 앞으로 누구든지 일생 동안 최소한 6번 이상의 직업 이동을 예상하기 때문이다.

테일러 피어슨(Taylor Pearson)도 『직업의 종말: 불확실성의 시대 일의 미래를 준비하라』(서울 : 부키, 2017)는 그의 저서를 통하여 직업의 시대 종말을 경고하면서 앙트레프레너, 즉 창업 시대의 도래를 강조한다. 그에 의하면 1948년부터 2,000년까지 일자리가 인구보다 1.7배나 빠리 성장했지만, 2000년 이후부터는 인구가 일자리보다 2.4배 빨리 성장했다는 것이다.

테일러 피어슨은 직업 종말의 근거로서 다음과 같이 3가지를 제시하고 있다.[1)]

첫째, 지난 10년간 통신기술의 급격한 발달과 전 세계 교육 수준의 향상으로 기업들이 특정 지역이나 국가를 넘어 어디서나 필요한 인력을 고용할 수 있다.

둘째, 기계가 노동자들의 작업장을 빼앗는다는 생각과 최근에는 기계가 사무직 노동자들의 작업장을 빼앗는다는 생각이 확산되고, 특히 기계가 사무직 종사자들의 지식 기반 일자리까지 빼앗아 간다는 것이다.

셋째, 전통적인 대학 학위는 너무 흔한 까닭에 예전에 비해 그 가치가 현저히 낮아졌다.

정리하자면 테일러 피어슨은 직업 시대의 종말을 맞이하여 새로운 대안으로 앙트레프레너(창업)과 앙트레프레너십(창업가 정신)을 강력히 제시하고 있다.

4. 이동 표적(moving target)

21세기 인공지능 시대에서는 정리 해고와 취업의 반복이 일상적이므로 새로운 일자리를 구하기 위하여 수시로 자신의 경력과 직업의 위치를 파악하는 것이 중요하다.

5. 맞춤 직업

달리 말하면 맞춤 직업은 창업이다. 2018년부터는 맞춤 직업이란 말이 등장하기 시작한다. 소위 좋은 일자리를 얻을 수 있는 기회는 매우 희박하므로 기존의 일자리를 더 이상 기다리지 말고 각자가 자신의 적성과 능력에 맞는 새로운 직업을 창조하라는 얘기다.

맞춤 직업이란 말이 나오게 된 배경은 21세기 신규 일자리란 좋은 일자리가 아니라 비정규직, 자유 계약직, 일회성 업무직이 대부분이기 때문이다. 젊은 청년들이 각자의 위치에서 이른바 틈새 직업을 창출하는 것이다. 미국에서는 자기 고용 형태의 소규모 개인 사업체가 많이 나타나고 있다.

맞춤 직업의 시대에는 스스로 일의 의미를 찾는 것이 무엇보다 중요하다고 하겠다. 여기서 일의 의미란 일의 가치를 말한다. 일하는 사람의 가치관이 성공을 좌우한다. 일하는 사람이 자신의 일에 가치를 부여하는 시대가 온 것이다. 그렇다면 자신의 위상을 남과 비교할 필요가 전혀 없다. 오직 자신의 과거와 비교하면 된다. 오늘이 자신의 과거보다 더 나은 하루가 된다면 성공이다. 일의 가치를 정립하기 위해서는 가장 먼저 자기 정체성을 확립하는 것이 중요하다. '나는 누구인가?'에 대한 명쾌한 정의가 이뤄져야 한다. 토마스 프레이나 유발 하라리도 인공지능 시대 일하는 자신의 주체성 확립을 강조하는 바이다. 한마디로 내가 우주의 중심이다. 내가 내 인생을 살아가는 주체이므로 다른 사람과 비교할 필요가 전혀 없는 까닭이다.

인공지능 시대 생존 전략

현재 초등학교에 다니는 학생들이 사회에 나갈 때 60%가 지금 존재하지 않는 직업에 종사할 가능성이 크다. 황금 시기를 누린 기존 직업이 소멸되지만, 이와 반대로 새로운 일자리의 기회는 점점 줄어들기 때문이다. 우리나라 교육에서는 오직 조선 시대의 과거제도와 동일한 시험 위주의 능력주의를 추구하기 때문에 미래의 세대들에게는 치명적일 수밖에 없다. 왜냐하면 이러한 교육에서는 미래 시대 가장 중요한 창의력의 발현이 불가능하기 때문이다. 앞에서 말한 대로 좋은 일자리의 기회란 드물다고 봐야 한다. 비정규직이나 최저임금제 일자리가 보편적이다.

우리나라 대학의 맞춤식 교육은 인공지능 시대에 더 이상 의미가 없다. 그렇다면 무엇이 필요하겠는가? 바로 자기 쇄신 능력이다. 앞으로 세상에 뒤처지지 않고 살아가려면 경제적으로 뿐만 아니라, 사회적으로 끊임없이 배우고, 자신을 쇄신하는 능력이 필요한 것이다. 달리 말하면, 평생 교육이요 가다머가 말한 자기 교육이다.

다만, 사회 진출에 대비하여 학생들에게 사회 적응 능력을 길러주는 것이 효과적이다. 유발 하라리에 의하면 무엇보다 자신을 반복, 재발명할 것을 강조한다. 이것이 바로 회복 탄력성이다. 회복 탄력성이란 새로운 변화에 대처하고, 새로운 것을 학습하고, 낯선 상황에서 정신적 균형을 유지하는 것을 말한다.

늘 낯선 것이 새로운 규범(new normal)이 되면서, 그런 세계에서도 살아남기 위해서는 강한 정신적 탄력성과 풍부한 감정적 균형감이 필요하다. 생존을 위해서는 첫째 반복적으로 아는 것 중에서도 어떤 것은 버리고, 둘째 자신이 몰랐던 것도 편안히 받아들일 수 있어야 한다. 첫째 얘기는 자기가 알고 있는 아까운 지식이라 하더라도 쓸데없는 것은 버리고 또 버리라는 얘기다. 마치 노자의 도덕경에 나오는 손지우손지(損之又損之)와 같다. 즉 마음공부에 있어서 쓸데

없는 생각은 버리고 또 버린다는 말이다. 둘째 얘기는 소크라테스의 '너 자신을 알라'는 말을 상기하면 된다. 자신이 모르고 있다는 무지(無知)의 사실을 흔쾌하게 받아들이라는 말이다.

미래 학자들의 견해

컴퓨터 과학자 앨런 케이(Alan Curtis Kay)의 미래 창조

일본의 야마구치 슈(山口 周)가 저술한 『철학은 어떻게 삶의 무기가 되는가: 불확실한 삶을 돌파하는 50가지 생각 도구』(경기 파주 : 다산북스, 2019)에 의하면, 미국의 앨런 케이(1940)가 말하는 미래 예측을 다음과 같이 적확하게 설명하고 있다.[1)]

앨런 케이에 의하면, "미래를 예측하는 최선의 방법은 미래를 만들어내는 일이다."라고 주장한다. 1972년 컴퓨터 과학자 앨런 케이가 저술한 논문 '모든 연령대 어린이들을 위한 컴퓨터'에서 다이나북(Dynabook)(앨런 케이가 제창한 이상적 컴퓨터로, 일본 도시바가 1988년 판매한 세계 최초 노트북 상품명)이라는 물건을 설명하기 위한 그림이 나온다.

앨런 케이는 미래를 예측해 이 그림을 그린 게 아니다. 그는 '이런 것이 있으면 좋겠는데'라고 생각해서 그 아이디어를 그림으로 그렸고, 실제로 만들어지도록 끈질기게 운동을 벌였다. '예측'과 '실현'이 역전된 것이다. 미래 예측이란 예측해서 실현하는 것이 아니라, 아이디어를 제시해서 실현하는 것이다. 이때 아이디어란 비전이고 목표다.

> '미래가 어떻게 될까요?'
> '미래에 우리는 어떻게 대비해야 하나요?'

야마구치 슈에 의하면, '개인적으로 이런 질문은 실로 무의미하다고 생각한다.' 야마구치 슈는 '미래를 어떻게 만들고 싶은가?'라고 자문해야 한다고 말한다. '미래 세계 경제는 지금 이 순간부터 미래까지 사람들의 선택과 행동에 따라 결정되기 때문이다.'

야마구치 슈에 의하면 미래를 예측하기보다 오히려 비전으로 생각하며 그려내야 한다는 사고관은 다른 각도에서 보완된다. 왜냐하면 예측은 빗나가기 때문이다. 또한 빗나갈 수 있기 때문이다.

사례

예측 실패

실패 사례 1

영국은 20세기 초 인구 예측 실시, 14가지 유형의 인구 감소 예측이 완전히 빗나가고, 나머지 3가지 유형은 인구 증가를 예측하긴 했지만 실제 수치를 훨씬 밑돌았다.

이유　정부 · 싱크 탱크가 정리한 17가지 인구 예측을 훨씬 웃돌 만큼 인구가 증가했기 때문이다.

실패 사례 2

미국도 출생률이 1920년대부터 1930년대까지 계속 떨어졌다. 그래서 1935년 발표된 인구 전망에서 1965년에는 미국 인구가 2/3까지 감소를 예측했으나 완전히 빗나간다.

이유　2차 세계대전이 시작되자 결혼율이 급격히 높아지고, 출생률도 대폭 상승, 1965년에는 인구가 줄어들기는커녕 베이비붐이 도래한다.

실패 사례 3

1982년, 미국 최대 전화 회사인 AT&T는 컨설팅 회사인 Mckinsey&Co.에 '2000년 시점에서의 휴대 전화 시장 규모 예측'을 의뢰했다. 최종 맥킨지의 결론은 '90만 대'였지만, 실제 시장 규모가 1억 대를 돌파, 3일에 100만 대씩 팔려나가는 상황이었다. 그러나 1984년, AT&T CEO인 찰스 브라운은 이런 엉터리없기 짝이 없는 예측 조언에 근거, 휴대 전화 사업 부문을 매각, 결국 AT&T는 예전의 그룹 기업인 SBC 커뮤니케이션에 매수되어 소멸한다.[2]

토마스 프레이 박사의 미래 대담

(대답) 토마스 프레이 박사 (사회) KBS 김재원 아나운서

질문 미래 직업과 관련 우리는 ① 무엇을, ② 어떻게 준비해야 하는가?

대답 우리에게 필요한 것이 정확하게 무엇인지 잘 모른다.

질문 미래학 · 과학에 대한 학문적 접근은 어떻게 하는가?

대답 프로토컬(Protocal), 즉 하나의 계획안일 따름이다. 미래란 완벽하게 예측하는 것은 불가능하지만, 일부 예측은 가능하다. 오히려 동기부여를 하는 것이 적절하다고 본다.

질문 미래에는 변화하지 않는 무엇이 있겠는가?

대답 미래에는 디지털 세상 변화가 물리적 세상 변화보다는 클 것으로 생각한다. 많은 일자리가 그대로 남아 있을 것이다. 그러나 새로운 일자리도 생길 것이다. 그러므로 미래가 우리가 지금 생각하는 만큼 암울하기만 하지 않을 것이다. 따라서 미래를 제대로 이해하면 우리에게 새로운 기회가 일어날 수 있다는 점에서 긍정적이다.

질문 그렇다면 대학 신입생은 무엇을 준비해야 하는가?

대답 ① 엔지니어, ② 컴퓨터 프로그래머(3D Printer를 움직이는 사람들), ③ 프로그램 전문가 등과 같은 전문 기술 분야가 살아남을 것이다.

디자인 분야 자체가 재탄생, 차별화된 디자인이 관심을 끌 것이다.

윤리학자의 수요가 증가할 수 있다. 이는 이스라엘의 역사학자 유발 하라리의 의견과 동일하다. 유발 하라리에 의하면 개인의 철학성이나 철학하는 자를 강조하면서 자기 탐구를 강조하는 것이다.

2030년에는 지구상 직업 절반이 사라진다. 이때가 되면 한 사람이 일생 동안 평균 6번 직업을 이동하게 될 것이다. 따라서 각 개인은 전문 분야를 찾아가야 한다.

질문 개인적으로 창업하고 싶은데 무엇이 필요한가?

대답 우선 실험 정신 필요하다. 앞으로 '기업가 정신'을 발휘할 수 있는 부분이 증가할 것이다. 더욱이 벤처 캐피탈, 라이프 스타일 관련 산업은 폭발적으로 증가할 것으로 보인다. 그러므로 한국에서도 기업가 문화 배양이 절실하다.

질문 자신에게 맞는 직업을 어떻게 구할 수 있는가?

대답 미래는 프리랜서 시대라고 생각한다. 실험 정신 발휘가 중요한 까닭이다. 2020년 일자리 40%가 프리랜서 몫이 될 것이다. 그러므로 젊은 청년들은 실험 정신으로 도전해야 한다.

질문 미래를 어떻게 생각해야 하는가?

대답 미래는 도박일지도 모른다. 그러나 미래가 현재보다 가치가 있다고 생각하는 것이 좋을 것 같다. 다음과 같은 3가지를 늘 생각하기를 바란다.
① 관점 달리하기
② 자기 성찰 시간
③ '5년 후에서 지금을 생각하라'

질문 지금까지 세계에서 가장 유명한 사람은 누구인가?

대답 촉매적 혁신적 관점에서 보면, 레오나르드 다빈치, 뉴톤, 에디슨, 간디 등이다. 실제로 가장 유명한 사람은? 한국의 싸이라고 본다. 그러나, '아직 태어나지 않았거나, 아직은 누가 유명한지 모른다.'

질문 유명해지기 위한 성과는 무엇인가?

대답 '아직까지 이루어지지 않은 과업이 많다.'
① 글로벌
② 교통 혁명

질문 저출산 한국에서 해결책은 무엇인가?

대답 정부의 보상 정책이 필요하다.
다른 한편으로 인구 문제는 저절로 해결 가능하다.

과정상 여러 문제가 발생할 수도 있다.
① 부동산, ② 연금 제도, ③ 퇴직제도 상 문제 발생함.
이중 부동산과 연금 제도에 대한 토마스 프레이 박사의 우려는 정확했다.

질문 미래의 불확실성, 사포 세대 등과 관련한 미래 조언은 무엇인가?

대답 우리에겐 언제나 질병, 전쟁 등과 같은 어려움이 존재할 것이다.

2020년부터 세계적으로 대유행하고 있는 코로나19 등과 같은 위협을 토마스 프레이 박사는 이미 예언한 것은 정말로 놀라운 일이다.

토마스 프레이 박사에 의하면 세계 전망은 변화한다고 말한다. 촉발 요소가 무엇이냐가 중요하다. 특히 토마스 프레이 박사의 새로운 성공 개념을 제시하고 있는 점은 우리 젊은 친구들에게 시사하는 바가 크다고 본다.

토마스 프레이 박사에 의하면, 이제는 '성공 개념을 바꿀 필요가 있다.'고 주장한다. 즉 '작은 이정표라도 큰 성공일 수가 있다.'는 얘기다.

질문 한국 대학에선 인맥이 중요한데, 디지털 캠퍼스, 세상이나 대학에서 인맥 쌓기는 어떻게 할 수 있는가?

대답 이른바 거꾸로 교실이 있다. 33/55그룹 형성~이동성 많다. 깊은 관심사를 가진 그룹이 참여하면서 토론한다. 그러나 디지털 캠퍼스는 외로운 싸움이 될 것이다. 그래서 '전문화된 틈새 기술'을 추구해야 한다.

질문 만일 토마스 프레이가 18세로 돌아간다면 앞으로 12년 동안 무엇을 준비할 것인가?

대답 나는 관심 분야에 대한 새로운 기술을 습득할 것이고, '극도로 개인화된 교육 과정을 짤 것이다.'
① '자신이 무엇을 하고 싶은지?'
② '자신이 무엇을 좋아하는지?' 알아야 한다.
이는 결국 '나는 누구인가'를 알아야 한다. 곧 자기 성찰을 요구하는 것이다. 달리 말하면 철저한 자기 분석 혹은 자기 심리 분석이 필요하다는 얘기다.

질문 미래 사회에서 인문학이 유용할 것인가?

대답 한마디로 인문학 역할이 중요하다. 그동안 인문학 역할을 과소평가하는 경향이 있었다. 나는 주로 기술 중심으로 변화를 설명했다. 기술이 삶에 미치는 영향이 크기 때문이다.

질문 미래 한국의 장점은 무엇인가?

대답 한국은 새로운 출발선을 만들고 있다. 한국의 좋은 입지가 강점이다. 여러 차원에서 글로벌 리더가 될 수 있다. 영향력을 행사하려면 위험을 감수해야 한다. 한국인의 의지가 중요하다.

토마스 프레이 박사에 의하면, 새로운 역사적 흐름에 따라서 아시아 시대가 도래하고 있다는 얘기다. 19세기는 영국이 주도하는 사회였고, 20세기는 미국이 주도하는 사회였다. 21세기는 아시아 사회라는 것이다. 왜냐하면 중국, 한국, 일본, 태국 등의 아시아 지역 인구가 다른 지역보다 더 많기 때문이다.

여기서 한국의 역할 증대 모색이 가능하다. 한국은 향후 세계 무역 중심에 설 가능성이 크다. 왜냐하면 한국의 교육열이 세계 최고

이기 때문이다. 또한 한국은 우수한 문화를 가지고 있다. 한국은 태평양에 인접해 있으며, 한국은 아시아의 중심이다.

토마스 프레이 박사의 3대 법칙

1. 기하급수적 역량 법칙

자동화로 인해 노력이 기하급수적으로 감소할 때 반대로 역량은 기하급수적으로 증가한다는 이론이다.

[예] 대중교통 속도

1850년 ~ 6km/h　　1900년 ~ 11km/h
1950년 ~ 30km/h　　2000년 ~ 110km/h
2050년 ~ 280km/h

'교통 혁명으로 우리 인간은 더 많은 일을 할 수 있다'

200년(1850년대~2050년대)만에 일생 평균 이동 거리 100배 증가함.
11만 km/h → 1천 1백 만 km/h

2. 제로 법칙

무엇인가를 정밀하게 관찰, 추적하면 그 근원을 알 수 있고, 그 결과 조기 탐지가 가능하다는 개념이다.

- ■ 위성, 센서, 사물인터넷을 이용, 근원 파악 · 추적 가능
  [예] 허리케인, 토네이도의 변화 시기를 알 수 있으므로 초기 발견 가능함
- ■ 자연재해 진앙 추적(건강, 질병, 정치 등)
  [핵심] 문제를 초기에 발견하는 것이다.

3. 촉매적 혁신

고용을 감소시키는 혁신과 달리, 완전히 새로운 사업을 만들어 일자리를 창출해내는 기술의 혁신을 말한다.

- ■ not 파괴적 혁신 but 새로운 사업 창출
  [예] 전기 자동차, 비행기, 사진
- ■ '적은 것으로 많은 것을 요구함'

역사학자 유발 하라리의 미래 설계

여기서는 유발 하라리의 저서인 『21세기를 위한 21가지 제언』(경기 파주 : 김영사, 2018)을 통하여 컴퓨터 알고리즘 때문에 중산층이 몰락함으로써 나타나는 빈부 격차의 양극화 현상을 아래와 같이 정리하고자 한다.[3)]

1. 21세기 인공지능 시대 빈부 격차 심화

① (상) 부유층(텐센트 매니저와 구글 주주 등)
② (하) 빈곤층(보편 기본 소득으로 생활하는 사람)

①과 ② 사이의 격차는 점점 더 심화되고 있다. 격차를 메울 수 없다. 그래서 사람들은 시스템이 자신들에게 불리하게 조작돼 있고, 정부는 부유층에만 봉사하므로 미래는 자신과 자녀들에게 더 나빠질 것으로 느낀다.

(상) 막대한 부유층 창출 – 실리콘밸리 같은 최첨단 기술 허브
(하) 많은 개발도상 국가들이 붕괴 상황 발생 가능– 비숙련 노동자의 값싼 노동력

인공지능, 로봇, 3D 프린터에 의하여 값싼 비숙련 노동의 중요도가 현저히 낮아진다.

앞으로 새로 생기는 일자리는 고도의 전문성이 필요한 일일 가능성이 높다. 즉 극소수에게만 기회가 부여된다.

이때, 정부의 역할은 평생 교육 분야를 보조해야 한다. 또한 불가피한 전직 기간에 필요한 사회안전망을 제공한다.

2. '빅데이터 알고리즘' 최고 불평등 사회

모든 부와 권력은 극소수 엘리트 손에 집중되는 반면, 대다수 사람들은 착취의 대상으로 전락하는 정도에서 더 심화되어 바로 사회와의 관련성을 상실할 수도 있다. 빅데이터 알고리즘이 유례없는 최고의 불평등 사회를 만들 수 있기 때문이다.

3. 궁극적으로 인간 정신 탐구 투자 요망

인간은 AI를 개발하는 데 엄청난 돈과 시간을 투자하는 반면, 인

간의 의식을 증진시키는 데는 너무 적게 투자하면 인공지능이 인간의 타고난 어리석음에 힘을 실어줄 수도 있다.

더욱이 인터넷 연결 속도와 빅데이터 알고리즘의 효율성을 높이는 데 집중하는 바, 우리가 조심하지 않는다면 다운그레이드(downgrade)된 인간이 업그레이드(upgrade)된 컴퓨터를 오용, 인간 자신과 세계의 재앙을 가져올 수도 있기 때문이다.

4. 세계화로 인한 빈부 격차

세계화가 인류의 다수에게 혜택을 준 것은 분명하나, 사회 내부는 물론 사회 구성원 간에 불평등이 더욱 커지는 신호가 뚜렷해진다. 세계화의 과실은 일부 집단이 점점 독점해가는 반면, 나머지 수십억은 뒤처져 있다. 지금 최고 부유층 1%가 세계 부의 절반을 차지한다. 최고 부유층 100명이 최저 빈곤층 40억 보다 더 많은 부를 가지고 있다는 사실이다.

5. 슈퍼 리치(super rich) 등장

AI가 부상하면서 인간 대다수의 경제적 가치와 정치적 힘이 소멸될 수 있다. 생명 기술 발전으로 경제적 불평등을 생물학적 불평등으로 전환하는 일이 가능해질 수 있다.

슈퍼 리치(super rich)는 생명 자체를 돈으로 살 수 있는 바, 수명을 늘리고, 새로운 치료에 의하여 육체적, 인지적 능력을 증강시킴으로써 인류는 여러 생물학적 계층으로 쪼개질 수 있다.

AI 시대 미래 교육

유발 하라리의 미래 교육

2050년 세계와 고용 시장이 어떻게 될지 아무도 모르는 이상, 사람들에게 특히 어떤 기량이 필요한지 지금 정확히 알 수 없다. 그렇다면, 우리는 학생들에게 무엇을 가르쳐야 할까? 많은 교육 전문가들은 학교 교육의 내용을 4C 즉,

① 비판적 사고(critical thinking)
② 의사소통(communication)
③ 협력(collaboration)
④ 창의성(creativity)으로 전환해야 한다고 주장함.

포괄적으로 말하면,

첫째, 학교는 지금처럼 지식 위주의 기술적 기량의 교육을 낮추고, 둘째, 종합적인 목적의 삶의 기술을 강조하고, 셋째, 이를 위하여 앞에서 얘기한 회복 탄력성과 정신적 탄력성을 유지하면서, 무엇보다도 자기 자신의 반복적인 재발명의 시도가 필요한 것이다.

첫째 얘기는 학교에서 배운 지식이나 기술은 졸업하자마자 쓸모없게 된다. 생명력이 그만큼 얼마 안 되기 때문이다. 둘째 얘기는 '나는 누구인가?'란 자신의 정체성에 대한 확립을 말한다. 앞에서 언급한 철학하는 자기를 뜻한다. 철저한 자기 심리 분석이 요구된다.

미슬토 손태장 회장의 미래 교육

손태장은 재일 교포인 세계적 벤처 기업가 손정의의 형이다. 특히 손태장은 인공지능 시대 교육과 인재 육성에 많은 관심을 보이고 있다.[1)]

손 회장은 AI 시내 개인에세 가장 필요한 능력은 재실정 역량과 세상 바꾸기에 대한 확신이라고 주장한다. 재설정 역량이란 바로 재구성 능력을 말한다. 앞으로 교육에서 필요한 것은 과제를 잘 해결하는 것이 아니라 과제를 새롭게 설정하는 힘이 중요하다. 손태장은 '남이 아닌 내가 세상을 바꿀 수 있다'는 것을 믿어야 한다는 것이다. 누구든지 세상 바꾸기에 대한 자신감을 가질 것을 강조한다.

손 회장은 유발 하라리가 주장하는 4C 중에서 창의성(creativity)을 특히 강조한다. 이 세상에 없는 새로운 가치를 만드는 힘이 창의성이기 때문이다. 또한 교육에서는 계통주의와 경험주의 결합을 주장한다. 여기서 계통주의란 기존의 지식과 관념을 학생에게 체계적으로 가르치는 것을 말한다. 경험주의란 어린이의 직감이나 감각을 중시하고, 체험과 경험을 통해서 아이의 발달을 촉진하는 것을 말한다. 이것은 바로 로크의 백지설이다. 타블라 라사(tabula rasa), 즉 백지 위에 자신이 경험하면서 새로운 그림을 그리는 것이다.

손 회장은 지금 우리는 100년에 한 번 겪는 큰 변혁의 시기를 맞아서 기술 변화 속도는 엄청 빨라지고 있지만, 우리의 태도는 빨리 바뀌지 않는다고 말한다. 그것은 바로 경로 의존성(path dependency) 때문이라고 한다. 경로 의존성이란 바로 고정관념이다. 지금까지 해왔던 방법에 익숙해져 있다는 얘기다. 그러므로 '스스로 새로운 일에 도전해 나가는 것은 괴로운 일이 아니다'라는 사고방식이 필요한 까닭이다. 특히 화이트칼라들은 대량 실직에 대비해서 이러한 경로 의존성을 늘 경계하지 않으면 안 된다.

토마스 프레이의 미래 교육

1. 미래 인재 예측 불가능

미국의 다빈치 연구소장인 미래학자 토마스 프레이 박사는 엄밀한 의미에서 4~5년 후에 기업이 어떤 인재가 필요할지를 정확히 예측하는 것은 불가능하다고 말한다. 그는 젊은 세대들이 '현재 존재하지 않는 일자리를 준비하라'고 주장한다. 정말로 황당한 얘기일 수도 있다. 그렇지만 토마스 프레이는 앞으로 컴퓨터 프로그래머나 엔지니어, 가상 현실 디자이너 등의 수요는 급증할 것으로 예상한다. 또 정보 보호 및 이의 집단 소송에 대비하는 새로운 직업인 온라인 평판 관리자에 대한 새로운 수요도 점치고 있다.

2. 무인 교육(teacherless education)

토마스 프레이는 무인 교육의 필요성을 강조한 바, 2020년 코로나19 대유행에 따라 정확한 예측을 한 것으로 보인다. 더욱이 지구상 23%의 아이들이 교육을 못 받고 있는 상황이다. 전문가인 클레이턴 크리스튼에 의하면, 향후 온라인 강의가 50%를 차지할 것으로 예상한다. 보통 50%는 교실에서, 50%는 온라인 교육으로 이뤄질 가능성이 많다.

미래 인재 발굴도 가능하다. 전문가인 캐빈 켈러에 의하면, 인체에 대한 수치화 작업으로 초정량화 Human Checkup이 가능하다고 말한다. 특정한 개인을 대상으로 한 번 측정으로 어떤 직업이 적합한지 등을 확인할 수 있다는 얘기다. 또한 Linkelin처럼 구직 과정상 지원자의 부족한 능력을 확인할 수 있는 온라인 교육 제공이 가능하다.

3. 마이크로 칼리지(Micro College) 등장

기술 변화 속도가 너무 빠르다. 몇 년 전에 배운 기술이나 지식은 쓸모가 없다. 따라서 단기간 집중 교육 시스템을 지향해야 한다.

구체적 방법으로는 다양한 맞춤 교육이 필요하다. 2030년에는 전통적인 대학 50%가 소멸할 수도 있다. 이것은 대학의 종말을 예고하는 것이다. 그동안 사회적 변화를 제대로 수용하지 못한 제도권 대학에서 천지개벽이 일어날 것이다.

Part

2

세대 차이와 세대 불평등은 무엇인가

대학사용
상세 설명서

'세대 구분' 어떻게 할 것인가

필자의 한국적 세대 구분

1. X세대(산업화 세대)(1950–1965년생)

- 1960, 70, 80년대의 산업화 세대들
- 산업화 세대의 모토는 오직 하나, '잘살아 보세'란 기치 아래, 가족을 위해 서독 광부나 간호사로, 대평양 한가운데 참치잡이 어선이나 망망한 대해 상선의 선원으로, 열사의 나라인 중동의 노동자로, 월남전 참전 용사로, 피와 땀을 흘린 대가로 외화를 획득하는데 크게 기여한 그야말로 개척 세대
- 특히 60대 중반 이후 세대는 중학교부터 입시 세대 출신으로 그동안 한국의 경제 대국을 건설하면서 고생도 엄청 많이 함

2. Y세대(민주화 세대)(1960–1969년생)

- 소위 386세대로서 민주화 세대들을 지칭한다.

- 이들은 공통적으로 1980년대 학번으로, 이때부터 30대 시절까지 소위 1980년대 민주화 운동의 주체 세력들로 1960년대 출생자들이며, 정치적으로 당시 개헌을 촉발시킨 세력들이다. 지금은 대부분 50대로서 정치 경제나 공무원 및 사회 모든 분야에서 주체적인 힘을 발휘하고 있으나, 그들 자신도 서강대 사회학과 이철승 교수의 얘기대로 기득권 세력으로 변질되어 자신의 이익이나 자기 집단의 이익만을 추구하고 있다.[1)]
- 386세대는 노동 운동과 시민 운동 및 민주화에 기여한 세력들로, 특히 현재 여야 정당의 정치인으로 많이 활동하고 있다. 그러나 한국 사회에서 386세대들이 정치와 경제 및 사회 각 분야의 권력을 독점한 결과, 오히려 사회적 불평등을 초래함으로써 포스트 386세대와 밀레니얼 세대들에게 고통을 끼치고 있는 실정이다.

3. IMF(1997년) 세대(포스트 386세대)

- 단군 이래로 운이 가장 나쁘다고 말하는 IMF 세대란 대학을 졸업해도 취업하기 지극히 어려운 세대로, 바로 1997년 IMF 구제 금융 직후 졸업한 1998년 2월 졸업생들을 일컫는다. 여기에 해당하는 세대는 1970년대 초중반 출생자로 현재 40대와 50대 초반이다.
- IMF 세대는 달리 말하면 포스트 386세대라고 부를 수 있을 것 같다. 386세대와 그 이전 세대인 산업화 세력을 기득권 세력

으로 규정한다면, IMF 세대인 포스트 386세대는 상대적으로 이들에게 의무만 강조될 뿐, 연금 등을 통하여 부여되는 혜택은 점점 줄어들고 있다. 때문에 이들은 상당히 억울한 세대라고 보면 틀림없다.

- IMF 구제금융으로 수십 만 명의 노동자들이 하루아침에 실직하여 길거리로 내몰렸다. 1970년대 1, 2차 오일 쇼크보다 몇 갑절 어려운 전대미문의 경제 위기였다.
- 문민 정부인 김영삼 대통령 말기에 우리나라의 외환 보유고 고갈로 인한 경제위기가 닥쳐 소위 IMF(국제통화기금)로부터 구제 금융을 받음으로써 한국이 최악의 경제 위기를 겪는다.
- 재벌 그룹인 대우 그룹을 비롯한 대기업의 부도와 제일은행, 고려증권, 동서증권 등과 같은 금융 기관들의 도산으로 노동자들이 일시에 대량 해고를 당함은 물론 그동안 한국 사람들이 힘들여 이뤄놓은 기업들이 헐값으로 해외 매각하는 아픔을 겪었다.
- 이때부터 평생직장이란 말이 사라지기 시작한다. 인턴 즉 계약직이 처음으로 등장한다. 이와 더불어 연공 서열제도가 사라지고 연봉제 개념이 서서히 나타나기 시작한다.
- 1998년 김대중 대통령의 취임 이후 국가 경제 위기 극복을 위한 금 모으기 운동으로 마침내 IMF 극복에 성공한다. 특히 정부의 강력한 IT 위주의 벤처 기업 육성으로 당시 서울 강남에 테헤란 밸리가 조성된다. 사회적으로 인터넷 시대가 도래한다.

4. Z세대(30, 40대)(1980-1990년생)

- 산업화 세대의 자녀 세대 혹은 손주 세대, 386세대의 자녀 세대를 지칭한다.
- 지금 30, 40대는 수능 고사 세대로, 취업을 위한 과도한 SPEC 경쟁에 찌들었으며, 평생직장의 소멸은 물론 평생 직업의 소멸을 경험하고 있다. 이들은 한 가정 1자녀 세대로 1인 가구 급증 시대에 살고 있다. 특히 청년 1인 가구와 노인 1인 가구가 급증하고 있다. 소위 싱글족의 증가로 부모 봉양은 관심이 없다. 그러나 과거 산업화 세대와는 달리 일+학습+공부를 동시에 추구하는 디지털 세대다.

5. 팬데믹 세대(20대)(1991-2000년생)

- 한국에서는 2020년 1월부터 코로나19를 경험하면서 학교에 제대로 등교하지 못하고, 부득이 온라인 수업에 의지하고 있는 중고교 학생이나 대학생들은 그야말로 팬데믹 세대에 해당된다. 1950년 발생한 한국 전쟁 시절에서도 학교 수업은 멈추지 않았다.

  2019년 발생한 코로나19가 2020년 1월 한국을 포함하여 전 세계적으로 대유행함으로써 지구촌의 많은 사람들이 속절없이 죽어가고 있다. 전 인류가 똑같이 엄청난 고통을 받고 있다. 특히 FTA 시대임에도 부득이한 인적 · 물적 이동의 제한으로 인하여 세계 경제가 꽁꽁 얼어붙었을 뿐만 아니라, 우리나라에서도 소상공인들이 상당한 어려움을 겪고 있는 실정이다.

이철승의 한국적 세대 구분

이철승 서강대 사회학과 교수는 그의 저서인『불평등의 세대』를 통하여 다음과 같이 세대 구분을 한다. 필자의 한국적 세대 구분도 이 의견에 대략 따른 것이다.

① 생존의 세대(1930년대 출생 세대)
② 산업화 세대(전쟁 이전 세대)
③ 베이비 붐 세대(전쟁 이후 세대, 1953~1965)
④ 386세대(1960~1969)
⑤ 포스트 386세대(1970년대 후반~1980년대 출생)

세대 간 연금의 불평등

이철승 교수는 연금과 관련하여 세대 간 불평등의 실제를 아래와 같이 구체적으로 기술하고 있는 바, 모든 세대에게 시사하는 바가 크다고 하겠다.[2)]

(1) 1950년대생 은퇴자들

소위 산업화 세대들은 향후 은퇴할 386세대의 소득대체율 축소 혹은 동결로 인하여 얻는 경제적 이익이 가장 크다는 얘기다. 그만큼 386 이후 세대들에게 떠안기는 빚이 많다는 것이다.

(2) 1960년대 출생 세대는

국가로부터 받는 돈이 자신의 기여금보다 많다. 민주화 세대인 386세대도 상대적으로 이익을 본다는 말이다.

(3) 1970년대 이후 출생 세대는

국가로부터 돈을 덜 돌려받는다. 포스트 386세대들은 본격적으로 손해를 본다는 얘기다.

(4) 1990년대 이후 출생 세대는

연금이 모두 소진될 위기에 봉착된다. 소위 밀레니얼 세대는 가장 심각한 세대요 억울한 세대라고 아니할 수 없다.

미국적 세대 구분

나탈리 카나보르는 그의 저서인 『더미를 위한 비즈니스 글쓰기』에서는 아래와 같이 미국의 세대 구분을 한다.[3)]

① 베이비 부머(1946–1964)
② X세대(1965–1980)
③ 밀레니얼 세대(Y세대)(1981–1996)
④ Z세대(홈랜드 세대)(1997–2010)

청년 일자리 창출의 돌파구는?

젊은 청년들(20, 30대) 고통의 끝은 어디인가?

1. 근본적 이유

한국도 20세기 '고도성장 사회'에서 21세기 '성숙 사회'로 진입한 바, 일자리 구하기가 산업화 시대나 민주화 시대와 비교하여 훨씬 더 어렵다.

우리나라의 가용 노동자는 약 2,200만 명으로 추산된다. 이중 청년 실업자는 약 200여만 명으로 추정된다.

- 취업 포기자 57만 명
- 누적 취업 대기자 50만 명
- 공무원 준비생 40만 명
- 대기업 준비생 10만 명
- 2019년 대학 졸업자 중 17만 명 정도가 일자리 얻기가 불가능하다고 예측한다.

젊은 청년들이 앞세대 즉 산업화 세대나 민주화 세대 등의 교훈을 모르면 자신의 미래를 올바르게 설계할 수 없다. 일자리와 관련해서도 과거에 대한 역사적 인식이 필요하기 때문이다.

2. X세대 교훈

과거 산업화 세대의 성공 사례에서 새로운 아이디어를 찾아낼 수 있다. 우리 부모 세대인 베이비 부머들(1950~1965년생)은 소위 산업화 세대의 주역이므로 이들이 1960, 1970, 1980년대 겪은 교훈을 분석할 필요가 있다.

한마디로 20, 30대는 어려운 상황 속에서도 이른바 맞춤시장이나 틈새시장을 적극적으로 찾아야 하기 때문이다. IMF 이후 평생직장이라는 말이 사라지고 이를 대체한 평생 직업이라는 말도 점차 사라지고 있다. 그것이 맞춤 직업이든 자기 고용 형식의 창업이든 과거와는 다르게 지금 세상에 존재하지 않는 새로운 직업을 자신이 만들지 않으면 안 된다.

3. 교육을 다시 생각한다

우리나라가 한강의 기적이라고 불리는 경제 성장을 달성할 수 있었던 근저에는 바로 열정적인 한국 교육의 덕분이라고 아니할 수 없다. 국가 즉 정부가 국민의 교육 정책을 기획하고, 학생들이나 학부모들이 오직 열심히 동참한 결과다. 1945년 해방 이후 1950년 한국전쟁을 겪으면서 완전히 나라가 폐허가 되었으나 오직 교육의 힘으로 세계가 놀랄만한 경제 성장을 이룩하였다. 대학의 경우에는 오직 강력한 시험 위주의 능력주의 교육 시스템을 구축하면서 공고와 상고 중심으로 기술 직업 교육을 강화시킨 덕분이다.

이와는 대조적으로 21세기 인공지능(AI) 시대에 들어와서는 한국 교육이 새로운 활로를 찾지 못하고 과거의 고정관념에만 안주함으로써 오히려 교육이 국가 발전의 장애가 된다고 생각한다. 그만큼 한국 교육, 특히 대학 교육의 혁신적 변화는 절실한 것이다. 하지만 지금 한국 대학은 스스로 크게 변화시킬 기미가 잘 보이지 않는다. 이러한 시대착오적인 대학 교육이 젊은 청년들을 더 힘들게 만들고 있다. 모든 국민이 제대로 시대적 소망을 반영하지 못하고 있는 대학 입학에만 골몰한다. 이건 엄청난 국가적 낭비요 사회적 낭비요 개인적 낭비에 지나지 않는다.

한국 사회의 부정성 가운데 하나가 바로 다양성 부족이다. 달리 말하면 획일성이다. 오직 남들이 좋다고 하는 대학이나 직업에만 지나친 관심을 가진다. 아이 자신의 인생이나 미래 직업에 대해서는 거의 관심이 없다. 오직 좋다고 말하는 한 가지를 향하여 전 국민이 치열하게 경쟁하고 있다.

인공지능 시대를 맞이하여 상당한 대우를 받던 직장인도 사라질 위기에 놓여 있다. 공장이나 사무실에서는 모든 업무의 자동화로 사람들의 노동력이 눈에 띄게 줄어들고 있다. 기업이나 정부가 새로운 일자리를 주체적으로 만드는 시대가 아니라는 점이다. 일자리가 필요한 당사자가 이른바 틈새시장을 노리면서 새로운 직업을 창조하는 이른바 맞춤 직업의 시대를 맞이한 것이다.

국가적 차원에서 인공지능과 관련하여 미래 일자리 즉 직업이 어떻게 어느 정도 소멸할 것인지에 대한 논의가 전혀 없다. 이미 미국이나 영국에서는 4차 산업혁명 시대, 즉 인공지능 시대에 전문직의 변화와 일자리 소멸 및 새로운 일자리에 대한 연구가 광범위하게 이루어지고 있다.[1)]

베이비 부머 세대 고도의 성장 사회에서 일자리 행운을 만난다

1970년대, 80년대 당시 그토록 많은 일자리 창출이 어떻게 가능했는가? 국가 경제 개발 정책으로 연평균 6~7%의 고도성장을 이룩한 결과, 당시 울산시 인구만큼인 52만 명 정도가 새로운 일자리를 얻었다. 첫째, 능력 있는 사람만이 대학에 가도록 하는 강력한 교육 시스템 구축, 둘째, 중화학 공업 육성이란 거대한 국가 프로젝트와 수출 드라이브 정책, 셋째, 대기업이나 중소기업 중심의 제조업 부흥과 해외 시장 개척으로 인한 새로운 일자리의 창출이 가능했다.

1. 시험 위주의 능력주의 교육 시스템

- 능력 있는 학생만 대학 입학 허용
- 공고 · 상고 중심의 기술 · 직업 교육
- 지방 국립대학 육성 · 국립대 공과대학 특성화 정책

1960년, 70년대 대학 교육 정책은 당시 산업 정책과의 연계성이

아주 밀접했으며, 특히 공고, 상고 등의 실업계 고교에 대한 집중적인 육성이 이뤄졌다. 공업고등학교는 현대자동자, 현대중공업, 엘지 그룹, 삼성 그룹, 대우 그룹, 쌍용 그룹 등 대기업이나 중견 기업이 요구하는 기능 인력 양성에 주력하였다.

특히 구미 금오공고, 부산 기계공고, 목포 기계공고 등을 설립, 적어도 중학교에서 상위권 학생들이 이러한 특성화 공고에 입학하였다. 특성화 공고나 일반 공고에 진학하여 기술과 필요한 자격증을 딴 전문 기능 인력들이 소위 평생직장으로 보장받는 중화학 중심의 대기업체 등에 바로 입사했다. 이들 공고는 전국적으로 대단한 인기를 누렸다.

한편 기존 상업 고교 졸업생들도 경제 발전으로 대기업이나 중소기업은 물론 금융권, 즉 시중 은행이나 국책 은행 입행이 가능했으며, 경제적으로 어려운 학생들 중 상당수가 상고로 진학하여 졸업하면 거의 100% 일자리를 얻었다. 당시 은행원들은 상당한 대우를 받았다. 은행원이 선망의 직업 중 하나였다. 정리하자면, 당시 정부의 수출 드라이브 정책으로 인하여 대기업이나 중소기업은 일거리가 엄청나게 늘어나 자연적으로 여기에서 일할 사람도 그만큼 많이 필요했다.

인문계 고교생들은 1979년까지 4년제 대학에 진학하기 위해서는 1968년부터 대학 입학 예비고사 제도를 전격적으로 시행, 4년제 대학 입학 정원의 200%만 선발함으로써 그야말로 능력 있는 학생에게만 대학 입학을 허용하였다. 예를 들어, 서울 소재 4년제 대학에 들어가기 위해서는 예비고사 원서 작성 시, 제1지망 서울, 2지망 부산 이런 식으로 본인이 희망하는 대학이 소속해 있는 지역 2곳을 먼저 선택한 것이다. 서울 소재 대학 입학 예비고사 커트라인은 다른 시 · 도보다 높게 나타났다. 예비고사가 실제 1차 입시 관문인 것이다.

이렇듯이 예비고사 제도의 시행으로 인하여 고교생 중 25%에게만 4년제 대학 입학이 허용되었다. 예비고사에 떨어지면 대학 진학은 근본적으로 불가능하였다.

정리하자면, 대학 입학 예비고사 1차 관문을 통과하면 다시 대학 본고사인 필기시험이란 2단계 관문을 거쳐 상당한 실력을 갖춘 인문계 고교생들이 4년제 대학에 입학한다는 얘기다.

특히 1970년대 지방 국립대학 집중 육성 정책으로 인하여 경북대 공대는 전자공학과 특성화, 부산대 공대는 기계공학과 특성화 전략을 구축하여 이들 공대의 신입생 모집 인원은 자그마치 300여 명이나 되었다. 경북대 전자공학과를 졸업하면 삼성전자, 엘지전자 등 대기업에 취업된다. 지금의 취업 100% 보장하는 계약학과라는 말은 그 당시 존재하지 않았으나, 특성화 공과대학 학생들에게는 이미 100% 취업이 보장되었다는 말이다.

당시 돈 없는 학생들에게는 지방 국립대학이 효자 노릇을 톡톡히 한 것이다. 굳이 지금처럼 서울 소재의 대학에 갈 필요가 없었다. 1976년 국립대 등록금이 한 학기당 69,000원에 불과하였다. 또한 입학 이후 성적이 좋은 학생에게는 기성회비나 수업료 면제 혜택이 주어졌다. 사립대학 등록금은 한 학기당 무려 230,000원을 넘었다. 그래서 우골탑이라는 얘기가 이때 유행한 것이다. 당시 인문 고교의 교사들은 이구동성으로 '국립대를 가라. 부모에게 효도하는 길이다.'라고 말하였다.

1976년 당시 경북대 신입생 총 모집 인원은 1,880명에 지나지 않았다. 공대 전자공학과만 250명 선발하였다. 당시 경북대 부산대 수준은 연고대와 비슷할 정도였다. 공대 전자공학과 학생들에게는 많은 장학금이 주어졌으며, 졸업 후에는 병역 특례 조치가 가능한 국방과학연구소 등에 들어갔다.

경북대 전자공학과의 경우, 1970년대부터 정부의 특성화 공대 정책으로 인하여 교수 확보, 시설 투자, 집중적인 기술 교육으로 졸업생들이 1970년대, 80년대, 90년대를 거치면서 대기업 전자 회사, 즉 삼성전자, 엘지전자, SK하이닉스 등에 핵심 기술자로 취업하였을 뿐만 아니라, 국책연구기관인 ADD(국방과학연구소), ETRI(전자통신연구소) 등에 대거 진출하였다. 삼성전자에서는 경북대 출신들이 반도체 및 휴대폰 개발의 주역으로 참여함으로써 사장까지 승진하였다.

부산대 기계공학과 출신들은 현대중공업이나 현대 자동차, 삼성중공업, 대우조선 등과 같은 재벌 그룹 산하의 대기업 기계 분야에서 뛰어난 실력을 보인 것이다. 한마디로 경북대 전자공학과 및 부산대 기계공학과 특성화 정책은 70년대 정부가 주도한 매우 성공한 국책 사업 중 하나라고 보면 된다. 대학의 특성화란 바로 이러한 경우를 두고 이르는 말이다. 1970, 80년대는 특성화 중심의 지방 국립대학의 질적 성장이 두드러졌다.

2. 정부의 수출 드라이브 정책으로 해외 시장 개척

1960, 70년대에는 당시 정부가 1, 2차 경제개발 5년 계획을 수립, 대기업 등이 동참한 결과 마침내 전 세계인이 한국은 불가능하다고 여긴 중화학 공업 육성에 성공한다.

현대자동차, 기아자동차, 대우자동차, 쌍용자동차 등이 국내 시장뿐만 아니라 세계 수출 시장에도 나선다. 특히 조선과 관련하여 현대중공업, 삼성중공업, 대우조선 등이 선박 건조에 성공함으로써 해외 시장 개척에 나선다. 마침내 조선 수출 세계 1위인 일본을 제친다.

현대 그룹 창업주이자 회장인 정주영 씨는 현대중공업이 건조하는 선박을 판매하고자 조선의 원조인 영국을 방문하고 선주에게 현대중공업이 건조하는 선박 구매를 강력히 요청하자, 그 관계자가 '아니 전쟁으로 폐허가 된 한국에서 어떻게 선박을 만들 수 있느냐'고 의심을 하자, 정주영 회장이 호주머니 속에 든 500원짜리 거북선이 새겨진 동전을 꺼내놓았다. 이미 한국은 500년 전에 세계 최초로 거북선을 만들어서, 일본 왜구의 침략을 완전히 격퇴했다는 얘기를 하자, 선주로부터 마침내 선박 건조 계약에 성공했다는 일화는 지금까지 회자되고 있다.

중화학 공업 분야도 삼성이나 현대, 엘지, 롯데 그룹 등이 참여하여 공장에서 제품을 생산, 수출에 주력한다. 전국적으로 중화학 공업 단지를 개발한다. 예를 들어, 구미시에는 전자 공단, 포항시에는 정부가 주도하여 포항제철을 건립하고, 창원 공단에는 방위산업체와 기계 분야 기업을 유치함으로써 산업에 따라서 지역적으로 새로운 노동인구가 유입되어 생산적인 공업 도시로 성장한다.

경부선 고속도로와 경부선 철도역 중심축인 구미시는 과거의 농촌 지역에서 완전히 탈바꿈한다. 대규모 공업단지 조성으로 젊은 인구가 계속 유입됨으로써, 구미시 인구는 40만 명 이상으로 늘어난다. 1967년 포항은 당시 인구 5만 명에 불과한 작은 도시였으나, 포항제철을 비롯하여 관련 기업체들이 속속 들어서자 2017년 포항시는 인구 50만 명의 대도시로 성장한다. 창원시도 계획적인 공업단지 조성으로 인구가 50만 명이나 된다. 경남도청이 창원시에 자리잡고 있다.

울산시는 그야말로 현대 도시라고 부른다. 현대자동차, 현대중공업 등 현대 그룹의 주요 관련 기업들이 모두 울산시에 위치하기 때문이다. 울산시도 지속적인 젊은 노동인구 유입으로 인하여 현재 인구가 110만 명이나 넘는 거대 도시로 탈바꿈한다. 1970년대 대기업들이 정부 당국의 수출 드라이브 정책으로 공장이 잘 돌아가자, 한국은 연 경제 성장률이 6~7%를 기록하였다. 1년에 50만 개의 새로운 일자리가 창출, 그야말로 '한강의 기적'을 이룩한 것이다. 일자리의 선순환이 잘 이루어진 것이다.

물론 1970년대 중동의 오일 쇼크(1차, 2차)로 인하여 한국 경제가 잠시 어려움을 겪었지만, 우리나라는 이러한 위기를 잘 극복한 결과, 2010대 후반에는 국민 1인당 소득이 거의 3만 달러 수준에 도달하는 데 성공한다.

이와 관련, 대기업 상사 직원들은 눈물겹게 한국 기업들이 만든 제품을 해외 시장에 팔기 위하여 노력한다. 이것이 바로 대기업 세일즈 맨 신화다. '하면 된다.'라는 정신으로 온 국민이 뭉친 결과, 6.25 한국 전쟁의 잿더미에서 일약 산업 국가로 도약한다. 이에 세계가 놀라서 한국을 주목하기 시작한다.

전 대우 그룹 김우중 회장의 얘기대로, '세상은 넓고 할 일은 많다.'라는 정신을 우리 국민이 하나같이 실천한 까닭이다. 그때 산업화 세대들이 이른바 '헝그리 정신'으로 지속적인 경제 성장 국가로 발전시킨 것에 우리 모두 감사하게 여겨야 하겠다.

3. 대기업, 새로운 일자리 창출 보고

1970, 80년대 대기업 매출 증가는 수출 증가를 의미하면서, 이것은 대졸자의 신규 고용 창출로 바로 이어지는 것이 커다란 특징이다. 예를 들어, 어떤 대기업이 매출 10% 증가하면 다음 해 신규 채용도 10% 더 선발한다. 이때 대졸자들은 이미 중고교 입시는 말할 것도 없거니와 대학 입학 예비고사와 대학 본고사를 두루 다 거친 실력파로, 이들이 전 세계 시장을 개척하기 위하여 세일즈 맨으로 나선 것이다.

현재, 대졸자의 좋은 직장 구하기는 날로 어려울 수밖에 없다. 삼성전자도 총 매출 중에서 해외 공장 매출이 무려 60%나 이른다. 대기업은 말할 것도 없고 중기업이나 소기업도 탈한국 대열에 동참하고 있다. 이미 한국에서의 고도 경제 성장은 끝났다. 21세기에 들어와서는 한국의 성장은 서서히 멈추고 있다. 이미 고용 창출 없는 성숙 사회에 진입한 것이다.

한국도 일본이나 다른 선진국처럼 세계에서 가장 빠른 속도로 고령 사회로 진입하였다. 특히 출생하는 아이가 천문학적으로 감소하고 있는 바, 12년 뒤에는 노동 인력 확보에 비상이 걸릴 정도다.

한국의 Z세대, 즉 20, 30대는 많은 좌절감을 느끼고 있다. 개척 정신이나 도전 정신이 상실되고 있는 것이 아닌지 걱정스럽다. 이들은 직업 선택에서도 오직 안전한 직업만을 추구한다. 공무원 준비생이 무려 40만 명이나 된다. 자연계 고교생들은 가장 먼저 전국 의과대학에만 몰린다. 인문계 고교생들은 대학 졸업 후 법학전문대학원에 눈독 들인다.

일자리 찾아 전 세계 진출

결코 하늘에서 저절로 떨어진 일자리는 없었다

지금 Z세대(20, 30대)의 부모 세대라고 할 수 있는 베이비 부머 세대인 산업화 세대, 즉 X세대(1950~1965년생)에게는 비록 성장 사회 진입부터 종료(1997년 IMF 경제 위기 발생)까지 엄청난 고생을 하면서 일자리 과실을 100% 챙기는 기회와 행운이 동시에 주어진 것이다.

이 역시 베이비 부머 세대들이 국내에 없는 일자리를 무작정 찾는 대신 목숨을 걸고 해외 시장을 개척하는 데 앞장섰기 때문이다. 지금까지 가지 않았던 새로운 길을 지금 Z세대의 부모나 할아버지 세대들은 개척한 것이다.

한마디로 1960, 70, 80년대 일자리란 그 방향이 2가지로, 첫째는 경제 개발 1, 2차 5년 계획에 의하여 국내 대기업이나 중소기업의 설립과 발전으로 이들 기업의 노동자로 일하는 국내 취업자들, 둘째는 1960년대는 국내 일자리가 완전히 생성되지 않았던 탓에 부득이 해외에서 일자리를 얻는 해외 취업자들로 나누어진다.

이들은 크게 4가지로서 파독 광부와 간호사들, 월남전 참전 용사 및 한국 기업 노동자들, 원양 어선 상선 선원들, 중동 건설 노동자 등이다. 이와 같이 해외에서 일하는 노동자들의 월급은 거의 US $(달러)로 한국에 있는 가족들에게 전달됨으로써 외화 획득의 주요 수입원이 되어 국가 경제 발전에 커다란 버팀목이 되었다.

첫째, 1965년 서독 파견 광부와 간호사 얘기다. 박정희 전 대통령은 광부와 간호사를 서독에 파견, 그 임금을 담보로 서독으로부터 차관을 도입, 한국 경제 개발하는데 아주 요긴하게 사용한다. 당시 박 대통령 부부가 서독 공항에 도착하자 마중 나온 광부와 간호사들은 하나같이 눈물바다로 바뀐 얘기는 이미 잘 알려진 사실이다.

둘째, 1967년 월남전 파병 용사들과 베트남 건설 사업 노동자들이다. 1960년대 지금의 베트남은 우리처럼 남북으로 분단되어 북쪽은 소위 월맹으로서 공산주의 게릴라 체제로, 남쪽은 소위 월남으로 미국의 전폭적인 군사 및 경제 원조로 버텨가던 자유주의 국가 체제였다.

당시 한국 정부는 미국과의 공감으로 우리나라 전투 부대인 청룡 · 맹호 부대와 월남 대민 지원을 위한 백마부대를 파견한다. 또한 한진그룹이 민간 차원에서 월남에 진입하여 외화를 번다. 월남에서 도로 등을 건설하는데 민간 참여 기업이 수출 전진 기지 역할을 한 것이다.

이 월남전에 한국군 파병이 외화 획득에 기여한 점도 자못 크다고 하겠다. 참전 용사들이 1980년대 이후 고엽제 후유증으로 사망하거나 그 2세대까지도 후유증으로 고생함으로써 정부가 어느 정도 보상을 했다. 정말로 슬픈 일이 아닐 수 없다.

그러나 월남전 참전 용사 중 무려 5,000여 명이 장렬히 전사하였다. 정글 속에서 전투하다가 사망한 군인들의 시신을 찾기가 힘들어서 전투하기 전 우리 용사들의 손톱이나 머리카락으로 이를 대신했다. 한마디로 월남전 참전은 우리 젊은 군인들이 전쟁터에서 피를 흘린 고귀한 대가다.

셋째, 원양 상선 및 어선 선원들이다. 경제적으로 어려운 시절 이들이 망망대해에서 일하는 정신은 더욱더 빛났다. 한마디로, 서독 파견 광부나 간호사나 중동 파견 노동자와 비교하여 태평양 한가운데 참치잡이에 나선 외항 선원들이나 상선 선원들의 노고와 경제 발전 기여에 대해서는 제대로 평가를 받지 못하고 있다. 안타까운 실정이다. 당시 외항 선원들은 한 번 배를 타면 1년 가까이 집에 돌아올 수 없었다.

태평양 한복판에서 참치잡이 어선에서 어로 활동을 벌이거나, 한국 제품의 수출에 필요한 원자재 수입 등을 위한 원양 상선, 즉 화물선에서 활동한 노동자들, 곧 선장, 기관장, 갑판장, 항해사, 기관사 등이 주역이다. 이때 모든 선원들이 거둬들인 외화 수입 총액은 1960, 70, 80년대 전자 제품을 제치고 수출 1위 실적을 기록하였다.

당시 원양 상선이나 어선에 승선한 선원들은 평균적으로 육상 노동자들보다 월급이 2배 가까이 많았다. 당시 한국해양대학 해사학과와 기관학과의 인기는 경북대나 부산대만큼 높았다. 한국해양대를 졸업하면 100% 원양 상선이나 어선의 선장이나 기관장으로 승진하고, 거의 평생 바다 생활을 한 후 은퇴하였다.

선원들은 월급이 250$로, 당시에는 선망의 직업이었다. 이들이 전혀 불평하지 않고 5대양 6대주를 누린 개척 정신은 위대한 것이다. 박정희 전 대통령은 재임 중 태평양 사모아 섬 인근 원양 어선을 방문, 선원들을 격려하였다.

특히 외항 선박을 타고 외화벌이를 하던 도중 숨진 선원들은 무려 5,000여 명이나 된다고 한다. 그들의 영혼은 지금도 거의 빛을 보지 못하고 있는 것 같다. 더욱이 부산, 울산, 경남 지역에는 현재 1세대 외항 선원들 50,000여 명 중에서 60%나 살고 있다. 이들 외항 선원들의 존재 가치와 명예 회복은 절실하다고 생각한다.

외항 선원의 성공 사례를 들어보면, 현재 동원산업 김재철 명예회장이다. 김 명예 회장은 부산 수산대학(현 부경대학) 어로학과를 졸업하고 태평양 참치잡이 어선 선장의 경험을 토대로 1968년 동원산업을 설립, 한국 최초로 참치 캔을 생산하는 데 성공한 주역이다. 그는 자신의 모교인 부경대학에 동원장보고관을 건립, 기부한 1세대 외항 선원 출신이다.

넷째, 열사의 나라 중동 건설 현장에 파견된 노동자들이다. 현대건설이 대표적이다. 현대 그룹의 기업문화는 바로 개척과 도전정신이다. 그것은 현대 그룹 창업주인 고 정주영 회장의 정신이기도 하다.

1975년부터 석유 부국인 중동 지역의 건설 현장, 즉 고속도로, 교량 건설, 초고층 빌딩, 아파트 건설 등에 한국 건설사들이 공사를 위하여 진출하였다. 한낮 기온이 무려 50도를 넘는 더위와 모래바람 속에서도 땀 흘린 대가는 당시 오일 쇼크로 휘청거린 한국 경제를 재건하는데도 크게 기여하였다.

1975년부터 1980년까지 중동 건설 현장에 파견된 노동자들이 벌어들인 외화 수입은 무려 85%나 차지할 정도였다. 이것을 계기로, 한국 건설사들이 건설 실행 역량을 축적하는 데 성공하였다. 서울공대 이정동 교수의 말대로, 한국 건설사들의 건축 실행 능력을 세계적 수준으로 끌어올린 것이다.

우리나라 건설사들의 중동 진출은 한마디로 역발상에서 나타난 것이다. 당시 박정희 전 대통령은 경제 개발 5년 계획에 따라서 정부가 주도하고 대기업이 참여하는 형태를 취한 바, 1970년대 초 뜻하지 않게 중동 산유국들이 기름값 인상, 즉 오일 쇼크로 전 세계 경제가 흔들거렸으며, 석유 한 방울 나오지 않는 한국은 커다란 어려움을 겪었다. 석유 값 인상으로 오히려 세계 최고 수준으로 경제가 성장한 중동 석유 국가들의 오일 달러를 염두에 두고, 아랍 반도 석유 국가의 건설 사업에 팔을 걷고 뛰어든 결과, 중동 건설 특수가 한국 경제의 밑거름이 된 것이다.

Part 3

대학생이 반드시 알아야 할 10가지 개념

대학사용
상세 설명서

학문론

왜 대학에서 학문 지도가 필요한가?

대학 당국이나 교수들은 대학 신입생들에게 학문 지도는 물론 진로 지도, 인생 지도 등을 동시에 가르쳐야 한다. 왜냐하면 한국 고교에서는 그러한 내용을 얘기할 학습 체계가 전혀 갖추어져 있지 않기 때문이다. 필자는 그 이유를 다음과 같이 제시한다.

첫째, 실제 우리나라 인문계 고교에서는 교사들이 과다한 행정 업무로 인하여 학생들을 제대로 지도할 시간적 여유가 전혀 없다. 필자의 친구로 전직 인문고 3학년을 30년 동안 가르치다가 퇴직한 교사는 '고등학교에서는 교사들이 한결같이 시간이 없으므로 부득이 교수들이 대학에 입학한 젊은 청년들에게 기본적인 학문 역량을 가르치고 지도해야 한다.'라고 주장한다.

둘째, 인문계 고등학교에서는 수능 고사 위주의 객관식 시험만 대비하므로 주관식 답안 작성이나 논술형 문제 지도를 제대로 할 수 없다. 대학 당국이 주체적으로 나서서 고등학교에서 제대로 교육받지 못한 학생들이 정상적으로 대학 수업을 받을 수 있도록 특단의 조치를 취하지 않으면 안 된다. 이른바 스스로 공부하는 방법, 즉 자기주도학습을 가르쳐야 한다.

대학 당국이 학생들에게 가르쳐야 할 학업 내용을 열거하자면, 주관식 답안 작성 요령, 서술형 답안 작성, '~논하라'는 문제 해결 방법, 글쓰기, 리포트 및 논문 작성 요령, 표절 방지 교육, 시간 관리, 협상학, 철학 개론, 논리학, 인식론, 심리학, 교육학 등이다.

특히 한국 대학생들에게는 표절 방지와 논문 작성 훈련이 절실하다. 2008년부터 시행된 국회의 인사청문회를 통하여 장관 후보자의 자질을 검증하는 데 많이 등장한 것이 바로 석박사 학위 논문 표절이다.

미국에서는 초등학교부터 학생들에게 철저한 표절 방지 교육을 한다. 남이 연구한 내용을 인용하지 아니하고 함부로 사용하지 않도록 어릴 때부터 교육하는 점이 한국과는 근본적으로 다르다. 만일 부당하게 표절하면 해당 학생에게 벌칙을 반드시 내린다.

우리나라는 대학에서는 제대로 표절 교육을 하지 않는다. 물론 일부 4년제 대학에서는 논문 작성이나 리포트 작성, 그리고 표절과 관련하여 교양 과목인 이른바 학술정보조사법이란 교과목을 개설하는 대학도 있다. 이것은 대학에 따라서 선택적 사안이다.

셋째, 우리나라 고등학교는 예비 대학 기관으로 교육적 역할을 담당하는 것이 거의 없다. 예를 들어, 호주나 미국에서는 이른바 저널(journal) 쓰기를 통하여 초중고가 대학 예비 기관의 역할을 잘 수행한다. 한마디로 글쓰기 교육이 중요하다는 뜻이다.

단순한 주관식 형태의 답안이 아니라, 논리적 설득 위주의 답안 작성이 절실하다는 얘기다. 서울 소재 대학 신입생 모집 시 논술을 준비하는 지방 학생들은 서울 소재 고액 논술 학원에서 해결하고 있다. 한국에서는 사교육이 모든 공교육을 압도하는 형국이다. 이와 관련, 대학에서는 전문 교육이나 기본적 토대 교육이 필요한 까닭이다.

넷째, 대학에서는 논리적 사유 훈련이 필요하다. 우리나라 학생들은 주체적으로 생각하는 힘이 약한 편이다. 이것은 남을 설득하는 능력이다. 21세기에서는 국가나 개인 사이에는 협상 능력이 어느 때보다도 중요하다. 우리는 한미 FTA 협상, 특히 쇠고기 재협상 사건을 통하여 국가 간 협상 능력, 즉 정교한 논리적 대응이 얼마나 중요한가를 뼈저리게 느꼈다. 이명박 대통령 시절, 한미 간 협정 서명한 FTA 내용을 두고, 쇠고기 수입에 대한 재협상을 요구하는 한국내 국민적 여론압박이 강력했던 바, 한미 FTA 쇠고기 재협상의 길이 열린 까닭이다.

우리나라 교육에서는 초중고 전 과정을 통하여 말하고 읽기 듣기 쓰기 교육이 연속적으로 진행되고 있으나, 이 모든 교육이 오직 대학 입학 수능 고사에만 촛점을 맞춘 결과, 학생 스스로 깊이 사유하면서 글 쓰는 기본적 역량이 제대로 형성되지 않는 까닭이다. 대학에서 교수들이 중심이 되어 학생들에게 학문 지도와 진로 지도 그리고 라이프 코치, 즉 인생 지도 등을 동시에 이끌고 가야 한다.

학문의 본질은 무엇인가?

교육(教育), 바꿔 말하면 공부나 학문에 있어서 이끌어가는 주체는 선생이요 따라가는 객체는 학생이다. 이러한 주 · 객체의 관계가 처음에는 선생이 탁월하여 학생이 맹목적으로 추종하지 않으면 안 되는 일방적인 위상을 보이고 있으나, 어느 시점에 가서는 평등한 위상을 보일 수 있으며, 궁극적으로 학생, 즉 제자가 스승을 능가하는 것이 학문의 발전적 측면에서 바람직하다.

선생과 학생 간의 원활한 상호작용, 즉 일방(one way)이 아니라, 쌍방(two way) 교육이 이뤄지기 위해서는 선생이 공부와 학문의 본질을 터득하는 것이 무엇보다 중요하다. 선생이 학문의 본질을 모르면 학생을 교육의 고차원적 목표로 제대로 이끌어 갈 수 없다.

한마디로 '학문'(學問)이란 문자 그대로 배우고 묻는 것을 뜻한다. 또한 '교육'(教育)이란 그야말로 가르치고 기르는 것을 의미한다. 가르침이란 학습 내용을 말하는 데 비하여, 기름이란 덕(德)을 의미하는 데, 이 덕은 마음에서 나온다. 교육이란 인간의 마음을 바로 세우고 바로 작용하는 데 그 본질적 의의가 있는 것이다.

이처럼 인간에게 가장 중요한 교육은 학교 수업이나 사숙을 통하여 선생과 학생이 만나는 가운데 이뤄지는 바, 이성적 사유를 지닌 인간은 오직 인간답게 살기 위해서는 죽을 때까지 공부하지 않으면 안 된다.

1. 학문의 정의

학문과 관련된 여러 문헌에 의하면 연구자들이 학문의 본질이나 학문의 분류 등에 대한 논의를 집중한 결과, 그 출발점이 되는 학문의 정의를 소홀히 하는 점이 공통적이라고 하겠다.

따라서 필자는 한한대사전과 국어대사전 및 우리말큰사전 등에 의한 사전적 정의를 먼저 살펴본 후, 학문의 정의를 새롭게 도출해 내고자 한다. '學'자를 파자하면, '敎+冂+臼'로서, '冂'은 어린이를 뜻하는데, 이것은 어린이가 가르침을 받아 무지에서 벗어난다는 뜻이다. 學의 자해는 첫째로 '배우다'를 뜻하는데, 구체적으로 풀이하면, ① 가르침을 받다, ② 본받아 익히다, ③ 지식이나 기술을 익히다 등을 의미한다. 그 밖의 자해로는 '학문', '학자', '학교', '학파' 등을 말한다.

'問'자를 파자하면, '門 + 口'로서, 문이 닫혀 있으면 밖의 사람이 그 안의 내용을 알 길이 없다. 문 안의 내용을 알려고 하면 부득이 다른 사람에게 입(口)으로써 물어보아야 한다는 생각에서 '묻다'의 뜻을 나타내게 되었다. 問의 자해는 첫째로 '묻다'를 뜻하는데, 구체적으로 풀이하면, ① 무엇을 밝히거나 알아낼 목적으로 대답을 청하다, ② 조사하다, ③ 토의하다 등을 의미한다. 한한대사전에 의하면, 학문이란 "모르는 것을 배우고 의심나는 것을 물어서 익히는 것"을 의미한다. 국어대사전에 의하면, 학문이란 ① 배워서 익히거나, ② 체계가 선 지식, ③ 배워서 닦은 지식을 뜻한다. 일반적으로 보통 사람은 태어나면서부터 아는 것이 결코 아니다.

사람은 배우지 않을 수 없다. 더욱이 사람은 앎에 대한 욕구가 강한 편이다. 때문에 사람은 육체적 성장과 더불어 정신적으로 성장하면서 하나 둘씩 배우게 된다. 그렇게 배움으로써 크게는 인간의 내면세계가 깊어지고, 작게는 지식이나 기술 등이 차곡차곡 쌓이게 된다.

이렇게 사람이 끊임없이 배우고 닦으며 터득함으로써 우리가 추구하려는 최상의 목표인 도(道)가 한층 더 깊어진다고 하겠다. 형이상학적 측면에서 도를 터득하거나 높은 경지의 정신세계를 배우기 위해서는 성인이나 선생으로부터 직간접적으로 가르침을 받거나, 그들의 행동을 본받아 사람의 도리를 다하는 것이 근본적이다. 특히 동양학에서는 도의 터득을 통한 성인의 경지에 도달함을 학문의 최고 목표로 삼고 있다.

형이하학적 측면에서는 현실 생활에 필요한 지식이나 기술 등을 익히는 것이다. 동양과는 달리 서양은 새로운 과학 법칙의 발전이나 기술 개발에서 탁월함을 보이는 것은 자명하다. 한편 우리가 도(道)의 터득을 학문의 체(體)로 본다면, 지식과 기술은 학문의 용(用)으로 볼 수 있다. 왜냐하면 인간의 지적 활동은 바로 용(用)이며, 이러한 지적 활동이 일어나는 그릇은 체(體)이기 때문이다.

정리하자면, 학문이란 우리 인간이 추구하는 최고의 목표인 도의 터득을 비롯한 높은 경지의 정신세계와 지식이나 기술 등과 같은 현실 세계와 관련, 평생 한결같이 힘쓰고 닦고 배우고 앎으로써, 인간이 해야 할 도리를 다하여 체(體)와 용(用)이 분명한 지적 체계를 정립하는 것을 말한다.

2. 학문의 3대 요소

학문에 있어서 주체는 선생이요 객체는 학생이다. 가르치는 사람이 선생이고, 배우는 사람은 학생이다. 학생은 학문에 나아가서 비로소 공부하는 것이다. 선생, 학생, 공부는 학문의 3대 구성 요소이다.

1) 선생

과거에는 공부를 가르치는 사람은 선생 혹은 학자라고 불렀으나, 오늘날 선생이란 용어와 더불어 전문가, 연구자, 기술자 등과 같은 다양한 용어가 널리 사용되고 있다. 다른 말로 하자면 이들은 전문가 집단에 속한다. 한한대사전과 우리말큰사전에 의하여 선생(先生)의 의미를 살펴보면 다음과 같다. '先'자를 파자하면, '生+儿'로서, '生'은 사전에서 보는 '之'로서, '人'을 그 밑에 더하여, 남보다 앞서 간다는 의미에서 '나아가다', '앞서다' 등의 뜻을 나타낸다. 선생의 의미는 첫째, 먼저 세상에 태어난 사람, 둘째, 가르치는 사람을 두루 일컬음, 셋째, 스승이나 교사, 넷째, 단순히 남을 높이어 부름, 다섯째, 어떤 부분에 있어서 앞서거나 뛰어난 사람, 여섯째, 학식이 높은 사람, 일곱째, 먼저 도를 깨친 사람 등이다.

선생의 유사어로 '스승'(師)이라는 용어가 있는데, 스승이란 자기를 가르쳐서 인도해주는 사람을 뜻한다. 師의 자해로는 첫째, 스승을 의미하는데, 구체적인 의미는 ① 선생, ② 남의 모범이 될 만한 사람, ③ 사람을 깨우쳐 이끄는 사람이고, 둘째, 전문적인 기예를 닦는 사람 등이다. 스승의 높임말은 '사부'(師父)이다. 또한 사부란 스승과 아버지를 뜻하기도 한다. 이와 관련해서 군사부일체(君師父一體)라는 말이 있는데, 이는 임금, 스승, 아버지의 은혜는 깊고 거룩하며, 서로 같다는 의미다.

2) 학생(學生)

'학생'(學生)이란 문자 그대로 배우는 사람으로 주로 학교에 다니는 사람을 뜻한다. 학생의 유사어로 '배우는 이'가 있는데, 배우는 이의 의미는 첫째, 학생과 동의어인 배우는 사람, 둘째, 불도를 닦고 행하는 사람인 공부승(工夫僧) 등이다. 또한 공부승의 동의어로 '학인'(學人)이 있으며, 학인의 첫째 의미는 배우는 사람, 두 번째 의미는 학자나 문필가가 아호로 부르는 말이다. 여기서 '학자'(學者)란 첫째로 학문에 능통한 사람이나 학문을 연구하는 사람을 의미하며, 두 번째로 경학이나 예학 등에 능란한 사람을 의미한다.

3) 공부

우리가 자주 사용하고 있는 '공부'(工夫)의 의미를 살펴보자. 工자를 파자하면, 두 가지로 나누어지는데, 첫째, '二+丨'으로, 하늘과 땅(地) 사이(二)에 사람(丨)이 서서 규칙에 맞는 일을 하는 것을 나타내거나, 둘째, '二'는 수준기(水準器), '丨'은 먹줄, 따라서 사람이 대목의 연장을 들고 있는 것을 나타낸다. 결국 工이란 '장인'을 뜻하는 글자다. 工의 자해는 '장인', '교묘하다', '만드는 일', '벼슬아치', '점쟁이' 등이다.

공부란 먼저, 학문이나 기술을 배우거나, 배운 것을 연습하는 것을 의미하며, 둘째, 정신의 수양이나 의지에 단련을 위하여 힘쓰는 일을 뜻하며, 셋째, 수단을 강구하는 것, 즉 여러모로 궁리하는 것을 말한다.

현재 학문이라는 용어와 공부란 용어가 같은 의미로 사용되기도 하고, 어떤 경우에는 다른 의미로 사용되기도 한다. 지금까지 논의된 학문과 공부라는 용어를 근거로 판단해 본다면 엄밀한 의미에서 차이점이 존재하는 것 같다. 학문과 공부의 관계를 3가지로 나누어서 살펴보고자 한다.

첫째, 엄밀한 의미에서 '학문'은 상위 개념, '공부'는 하위 개념으로 보는 것이다. 먼저 학문에 나아가야 비로소 공부할 수 있기 때문이다. 이때 학문이란 학문의 본질적 측면을 의미하고, 공부란 학문을 위한 과정이나 방법적 측면을 뜻한다. 따라서 학문을 체(體)라고 한다면, 공부는 용(用)이라고 부를 수 있을 것 같다.

둘째, '학문'은 곧 '공부'라고 보는 것이다. 포괄적으로 말하자면, 학문이라는 용어가 공부라는 용어를 함의하고 있음이 틀림없기 때문이다. 여기서는 그 역도 성립 가능하다는 얘기다. 이렇게 되면 공부가 곧 학문인 것이다.

셋째, 배우는 사람의 수준에 따라서 학문과 공부라는 용어를 달리 사용하는 것이다. 교수, 연구자, 전문가, 기술자 등과 같이 전문적으로 남을 가르치거나 지도하는 위치에 있는 사람이 공부하는 경우에는 '학문'한다고 부른다. 그렇지 아니하고, 학생처럼 순수하게 뭔가를 배우는 경우에는 일반적으로 '공부'한다고 말한다.

3. 학문하는 자세

1) 학문에 뜻을 세워라

'왜 학문하는가?'란 질문은 학문에 있어서 가장 근본적 질문이다. 왜냐하면 여기부터 학문이 출발하기 때문이다. 바로 이 '왜'는 학문하는 동기와 연결된다. 학문하는 '동기'는 이미 정립되었거나, 앞으로 정립되어야 할 학문의 '목표'가 있기 때문에 가능한 것이다. 여기서는 학문하는 이유나 학문의 동기와 학문의 목표를 하나로 묶어서 동일한 의미를 부여하고자 한다.

'왜 학문을 하는가?' 이 물음은 학생과 교수의 입장에서는 '왜 공부를 하는가?'와 통한다. '학문이 무엇이며', '왜 학문이나 공부를 하는가?' 등과 같은 문제는 결국 학문 전체의 입장이나, 철학적 입장에서 탐구되지 않으면 안 된다.

공자 『논어』「위정편(爲政篇)」에 의하면 다음과 같은 말이 나온다.

子曰 吾十有五而志于學 三十而立 四十而不惑 五十
「자왈 오십유오이지우학하고 삼십이립하고 사십이불혹하고 오십
而知天命 六十而耳順 七十而從心所欲 不踰矩
이지천명하고 육십이이순하고 칠십이종심소욕하되 불유구라」

「공자께서 말씀하셨다. "나는 열다섯 살에 도학에 뜻을 두었고, 서른 살에 비로소 스승 없이 혼자서 도학을 공부할 수 있게 되었고, 마흔 살에 천지만물의 이치에 의심이 하나도 없었고, 쉰 살에 하늘의 이치를 터득하였고, 예순 살에 세상만사가 귀에 거슬리지 아니하였고, 일흔 살에 마음에 하고자 하는 바를 쫓아도 법도에 넘지 않았다."」

열다섯 살에 '학'(學)에 뜻을 둔다고 할 경우, 학이란 물론 배우는

것을 의미하고 있으나, '과연 무엇을 배우는가'가 문제다. 위에서 말하는 학문이란 현대적 의미의 학문인 지식이나 기술을 배우는 것이 아니라, 스스로 닦고 힘써서 도를 배우기 시작할 때부터 근본 공부의 길에 접어들었다고 말할 수 있다. '불혹'(不惑)이란 미혹하지 않는 것을 뜻한다. '지천명'(知天命)이란 체험을 통하여 뼈저리게 성품을 알았다는 얘기다.

'이순'(耳順)이란 세상만사가 귀에 거슬리지 않으므로 호불호(好不好), 시비(是非), 미추(美醜) 등을 모두 떠난 것을 말한다. '불유구'(不踰矩)란 무애자재(無碍自在), 즉 일에 막힘이 없어 마음대로 할 수 있는 것을 말한다.

노규현 선생도 '학문의 가장 큰 대상은 인간이므로 먼저 학문하는 사람은 첫째, 삶을 삶답게 하는 것, 둘째, 삶에 있어서의 불변의 가치, 셋째, 삶의 현상을 움직이는 것 등에 대하여 근원적 사유에 의한 합리적 논리로 풀어가야 한다.'라고 주장한다. 따라서 우리 인간은 무엇보다 먼저 도의 문에 들어감으로써 우리의 삶을 더욱 삶답게 할 수 있는 가능성이 비로소 열리는 것이다. 또한 인간적 삶에 있어서 불변적 가치를 지닌 것이 도이기 때문에 학문을 하고자 하는 사람은 결코 도학을 멀리할 수 없다. 요즈음 우리가 말하는 과학, 기술, 지식 등도 인간적 삶을 누리는데 어느 정도 기여하겠지만, 지금 논의되고 있는 문제에 대한 근원적 해답은 줄 수 없다고 본다.

2) 무엇이 살아 있는 학문인가

학문하는 사람이 공부를 시작하여 죽는 그날까지 어떠한 자세를 견지하느냐가 중요하다. 학문하는 사람의 자세는 학문의 동기나 학문의 방법과도 직접적으로 관련이 있기 때문이다. 필자는 이들이 동전의 앞뒷면과 같이 거의 동일한 의미를 지닌다고 생각한다.

공부하는 사람들이 기왕에 나온 책의 내용을 정리, 재정리, 학습, 학습에 의한 학습 등과 같은 공부 행위는 모두 살아 있는 학문이 아니라, 산재된 관념을 학습하는 단순한 행위에 지나지 않는다. 공부하는 사람들이 발표된 이론을 그냥 따라가면서 학습하고, 근저에 대한 사유를 기피함으로써 학문의 근본적 사유 태도를 상실하는 경우는 '죽은 학문'으로 보는 것이 타당하다.

본질적으로 학문이란 사람이 살아가는 바탕인 사람이나 환경과 관련된 일을 탐구한다. 즉 사람을 중심으로 어떻게 살아갈 것인가는 학문적으로 불변의 과제다. 학문하는 사람들이 변하는 것에만 따라다닐 것이 아니라, 변하지 않는 것도 잘 앎으로써 변하는 것의 축이 되지 않으면 안 된다. 다시 말하면 불변하는 것이 변하는 것의 축이 되어야 한다는 것이다. 그렇기 때문에 학문하는 사람들이 변하지 않는 것을 찾아내는 것을 학문적 으뜸으로 삼아야 한다. 이것이야말로 '살아 있는 학문'이라고 하겠다.

4. 학문하는 사람의 자질

1) 공자의 자질 구분

공자(孔子)는 사람의 자질, 달리 말하면 학문하는 사람의 자질을 세 종류, 즉 대인(大人), 중인(中人), 소인(小人)으로 구분하였다. 공자의 『논어』「계씨편(季氏篇)」에 의하면 다음과 같은 내용이 나온다.

孔子曰 生而知之者 上也 學而知之者 次也 困而學之
「공자왈 생이지지자는 상야요 학이지지자는 차야요 곤이학지는
又其次也 困而不學 民斯爲下矣
우기차야니 곤이불학이면 민사위하의니라」

「공자께서 말씀하셨다. "태어나면서 아는 자가 상등이요, 배워서 아는 자가 다음이요, 애를 써서 배우는 자가 또 그 다음이나, 애를 쓰면서 배우지 않으면 백성으로서 하등이 된다."」

일반적으로 사람들은 대부분 학이지지(學而知之)나 곤이지지(困而知之)에 해당되며, 극소수의 사람만이 생이지지(生而知之)에 해당된다. 특히 탁월한 업적을 쌓은 학자와 과학자 혹은 음악, 예술 등과 같은 분야에 천부적 재능을 갖고 태어난 사람은 생이지지에 해당되는 경우가 있다고 본다.

2) 맹자의 자질 구분

『맹자(孟子)』의 「고자장구(告子章句)」 上에 의하면 사람의 자질을 다음과 같이 구분한다.

公都子問曰 鈞是人也 或爲大人 或爲小人 何也
「공도자문왈 균시인야이로되 혹위대인하며 혹위소인은 하야잇고
孟子曰 從其大體爲大人 從其小體爲小人
맹자왈 종기대체위대인이요 종기소체위소인이니라」

「공도자가 물었다. "똑같은 사람인데, 혹은 대인(大人)이 되며, 혹은 소인(小人)이 되는 것은 어째서입니까?" 맹자께서 말씀하셨다. "그 대체를 따르는 사람은 대인(大人)이 되고, 그 소체를 따르는 사람은 소인(小人)이 되는 것이다."」

여기서 '대체'(大體)란 심성(性品)을 뜻한다. 이와는 달리 '소체'(小體)란 이목지류(耳目之類), 즉 보고 듣는 대로 따라가는 것을 말한다.

3) 마키아벨리의 자질 구분

마키아벨리도 사람의 자질을 첫째, 혼자서 이해하는 사람, 둘째, 다른 사람이 이해하는 것을 알아차리는 사람, 셋째, 혼자서 이해하지 못하며, 다른 사람의 가르침으로도 이해하지 못하는 사람으로 구분한다. 그러므로 학문하는 사람은 첫째 혹은 둘째에 해당되어야 비로소 공부할 수 있는 자질이 갖춰진 것으로 판단된다.

왜 동양학인가?

일반적으로 튀르키예 동쪽에 있는 아시아 여러 나라를 통칭해 동양이라는 용어를 사용한다. 편의상 포괄적 개념에 의하여 양(洋)의 동을 동양(東洋), 양의 서를 서양(西洋)이라고 각각 부른다. 따라서 아시아 전체는 동양에 포함된다. 좁은 의미에서 한국을 중심으로 보면, 동양에 포함되는 주요 국가는 인도, 중국, 동남아, 일본 등이다. 동양이라는 지역 명칭이 학이나 철학과 결합되어 '동양학'이나 '동양 철학'이라는 용어가 사용되고 있다. 동양학이나 동양철학 사이에 분명한 의미 차이가 존재하는 데도 연구자들이 이를 뚜렷이 구별하지 않는 경향이 많다.

국어대사전에 의하면, 동양학이란 동양의 학문, 철학, 역사, 종교, 언어, 문학, 풍습, 관습, 미술, 음악 등을 연구하는 학문을 일컬으며, 동양철학이란 동양 제국, 특히 인도, 중국, 한국 등에서 그 바탕이 마련된 불교학, 유학, 도학을 의미한다. 동양학은 상위 개념이며, 동양 철학은 하위 개념이다. 일반적으로 동양철학은 서양철학과 구분하기 위한 상대적 개념이다. 정리하자면, 동양철학보다는 동양학이라는 용어를 사용하는 것이 적절하다. 따라서 필자는 다음과 같은 이유로 동양학이란 용어를 사용하고자 한다.

첫째, 어원적으로 철학(哲學, philosophy)이란 'philos+sophia', 즉 애지(愛知)를 뜻한다. 이런 번역보다는 '철학'의 철(哲)은 밝음인 '명'(明)을 의미하기 때문에 철학을 '명학'(明學)이라고 부를 수 있을 것 같다. 명학이란 문자 그대로 '밝은 학문'인 것이다.

둘째, 서양 학문에 대비하기 위하여 거시적 측면에서 동양학이라는 용어를 사용하는 것이 필요하다.

셋째, 맹자의 진심장에 근거한다면, 논리적으로 동양학은 심학이요, 성학이요, 천학이다. 이러한 학의 근본은 마음을 밝히는 데 있다. 한마디로 동양학은 심학으로 전달력이 뛰어나고, 뜻으로 본다면 명학임에 틀림없다.

동양학의 본질

동양학이란 불학(佛學), 유학(儒學), 도학(道學)을 지칭한다. 불학, 유학, 도학은 동아시아, 즉 중국, 한국, 일본의 기본 도덕과 사회윤리 강령이며, 사람으로서 추구해야 할 최상의 도다. 오늘날 이러한 학문의 본의는 전혀 손상되지 않고 오롯이 전해져서 후학들의 안식처가 되고 있다. 이들 학문의 본의가 깊고 높은 철학이라는 것은 주지의 사실이다.

동양학의 근본은 우주 전체를 꿰뚫는 변하지 않는 이치와 가치를 일반 사람들이 바르게 이해하여 일상생활을 올곧게 행하고, 일반적인 가치인 행복과 불행으로부터 벗어나, 언제나 자유로운 참된 나인 '진아'(眞我)를 찾아서 대자유를 회복하고자 하는 가르침이다. 시대를 막론하고 대부분의 젊은이들이 과거의 것은 낡은 것이므로 과거의 가치관을 버리고 새로운 가치관을 확립해야 한다고 주장한다.

물질문명에 있어서 새로운 것과 헌 것의 차이는 명백하다. 새로운 것이 헌 것보다 올바른 판단이다. 헌 것과 새로운 것의 가치는 변하지 않는 것과 변할 수 있는 것의 근본 이치에 근거한다. 동양학의 근본 원리도 이와 같아서 시대에 따라 동양학을 공부하는 방편은 달라질 수 있어도 근본 원리는 변할 수 없다.

사실을 사실대로 아는 것이야말로 동양학의 근본 이념이라고 할 수 있다. 오늘날의 젊은이들이 삶의 마룻대를 반석에 세워 삶을 삶답게 만드는 것이 동양학에 있는 줄 알아서, 온고지신의 정신으로 바른 옛것을 오늘에 되살려 밝히지 않으면 안 된다.

서양철학과 비교하여 나타나는 동양학의 특징은 다음과 같다.

첫째, 한마디로 동양학의 요체는 유심사상(唯心思想)이다. 불학, 유학, 도학은 마음을 닦아 밝히는 것이 최상의 도라고 말한다. 그러나 이 셋의 학문적 근원은 같다고 하나, 보통 사람들이 실로 그 진수를 체득하기란 지극히 어렵다.

둘째, 동양학은 모든 논의에 대한 명쾌한 결론을 가지고 있다. 그 이유는 동양학에서 석가, 공자, 맹자 등과 같은 위대한 성인의 출현으로 이미 세계관과 인생관의 근원적 문제에 대한 해답을 얻고 있기 때문이다. 따라서 보통 사람들은 이러한 근원적 해답에 접근하기 위한 노력과 이해력을 갖추면 된다.

셋째, 전체적 흐름을 볼 때 동양학은 일원적 사고인데 비하여, 서양철학은 이분법 사고의 경향을 지닌다. 동양학을 통하여 삶 속에서 진리를 찾고 진리를 통한 삶의 현실화가 이뤄지지만, 서양철학에서는 삶과 진리가 따로 작용하는 것 같다. 지금 서양에서도 서양철학적 사유 태도에서 벗어나 인간적인 삶의 철학인 동양사상에 관심을 기울이고 있다. 불학, 유학, 도학에 대한 본격적 탐구가 필요한 까닭이다.

동양학 어떻게 읽어야 하는가?

동양학이라고 하면 유학, 불교, 도학 등을 의미한다. 이들은 공통적으로 마음을 다스리는 것을 제1의 목적으로 삼는다. 그래서 동양학을 근본적으로 마음을 다루는 심학이라고 부르는 까닭이다. 근원적으로 동양학은 일원적인 사유에 근거한다. 일원이란 나와 천지 만물이 하나로 통하는 것을 말한다.

이와는 반대로 이원론이란 나와 천지 만물을 둘로 나누어 보는 것을 말한다. 일원론에서는 나와 남을 한 몸으로 보는 데 비하여, 이원론에서는 나와 남을 서로 다르게 구분하는 것이다. 그런데 깨달은 사람만이 나와 남이 혹은 나와 천지 만물이 한 몸이라는 것을 뼈저리게 느낄 따름이다. 깨닫지 못한 사람은 다만 2차적으로 그렇게 이해할 따름이다.

동양학에서 책을 읽는 가장 근본적인 이유는 서양 학문처럼 지적 능력의 확대에 있는 것이 아니라, 마음공부, 즉 스스로 마음을 다스리고 지키며, 자신의 마음을 돌이켜 보고자 하는 데 있다. 때문에 동양학 읽기는 전적으로 자신의 마음공부의 경지를 향상시키는 데 제1의 목적을 두지 않으면 안 된다.

동양학의 핵심 도서인 사서(四書), 즉 『논어』, 『맹자』, 『대학』, 『중용』은 오직 마음공부의 중요성을 우리에게 일깨워 주고자 한다. 동양학 읽기를 통하여 자신의 마음을 돌이켜 봐서, 스스로 마음공부의 경지를 확인하는 것이 가장 중요한 것이다.

동양학에 나타난 성인의 글을 거듭하여 읽으면 자신의 마음공부의 경지에 따라서 스스로 그 진실한 내용을 받아들이는 정도가 더욱 정교해지는 것이다. 왜냐하면 마음공부는 사람의 견처에 따라서 동양학에 나타나는 내용에 대한 근원적 이해의 정도가 달라지기 때문이다.

동양학에서는 도(道)와 관련된 여러 사람의 견해가 적절한지 아닌지를 가려내야 한다. 자신의 견해를 이 사서에 나타난 본질적 내용에 비춰봐야 하는 까닭이다. 왜냐하면 사서에는 한결같이 본성, 성품, 명덕 등을 하나로 꿰뚫어 다루기 때문이다. 도학에서는 공부의 경지를 몸이 아니라 성품을 기준으로 삼는 이유가 바로 여기에 있는 것이다.

유학 공부의 효용적 측면에서 사서(四書) 공부의 순서를 고려해 본다면, 만일 그것이 소인의 학인 경우는 논어, 맹자, 대학, 중용 순이 적절하며, 대인의 학이라면 대학, 중용, 논어, 맹자의 순이 적절하다. 대학과 중용을 먼저 읽어야 하는 이유는 내용적 측면에서 이들의 내용은 논어의 주나 해설에 해당되기 때문이다. 이들을 먼저 읽는 것이 논어의 본의 이해에 도움이 된다. 대학은 대인을 위한 공부 요목이므로 마음 닦는 순서를 말하는 대학의 요의를 체득한 후, 마음공부의 원리를 언급하는 중용의 문에 들어서는 것이 적절하다. 누구든지 대학과 중용의 본의를 체득한다면 논어는 물론 맹자의 본의까지 꿰뚫을 수 있는 바다.

논어는 사서 중의 핵심으로 공자의 사상이 이 한 권으로 압축되어 올곧은 도학이 지금까지 면면히 이어지고 있다. 논어에 나타난 공자의 도에 대한 본의를 적확히 들춰내어 21세기에 살고 있는 우리가 마음공부의 이정표로 삼는 것이 무엇보다 중요하다. 그러므로 논어를 읽으면서 우리의 밝은 본성을 돌이켜 보는 것을 동양학 읽기의 제1의 목표로 삼아야 하겠다.[1)]

인문학 전성 시대

우리나라에서는 인문학이 목적 자체가 아니라 도구로 존재한다고 본다. 그러므로 인문학의 본래 의미를 제대로 파악해야 한다. 도대체 인문학의 본질이 무엇인가? 인간이 인문학의 중심에 있어야 함은 분명한 것 같다.

현재 기업이나 사회에서는 특히 CEO들에게 인문학이 강력히 요구되고 있으나, 대학에서는 인문학이 철저히 무시당하고 있다. 대학에서 학생 모집이 잘 안된다는 이유로 철학과나 역사학과가 사라진다. 대학 당국이 인문학을 쳐다보지 않는 가운데, 오히려 사회가 인문학을 요구한다는 것은 지극히 이율배반적이다.

인문학이 모든 학문의 기본이요 바탕이 되는 줄 모르는 까닭이다. 대학의 입장에서는 철학이나 역사학이 돈이 안 되므로 학과로서 존재 가치가 전혀 없다고 판단하고 있다. 여기서 우리나라 인문학의 존립 가치가 무너지고 마는 것이다.

인문학이나 철학의 근원적 의미가 아니라, 형이하학적 의미에 만족하면서 오직 그것을 도구화하는 것이 문제다. 인문학의 고유한 목적을 결코 도외시 해서는 안 된다.

인문학의 중심은 그것이 철학이든 역사든 인간이다. 즉 인간의 마음이 곧 인문학이다. 인간 마음이 인문학의 궁극적 탐구 대상이다. 인간의 마음에서도 망심이 아니라 진심이 궁극적이다. 진심 말고는 가치 있는 것이 아무것도 없다. 동양학에서는 인간 마음의 진심이 최고의 가치요 형이상학적 가치라고 말하고 있다.

사회에서는 인문학을 도구로 생각하면 안 된다. 만일 도구로 생각한다면 인문학을 외형적으로 접했다는 자기만족에 지나지 않는다. 인문학이 무엇이냐는 질문은 인간이 무엇이냐는 질문과 통한다. 인간의 진심이 무엇이냐, 어떻게 하면 인간의 진심을 회복하느냐가 핵심이다. 인문학이 무엇이냐는 인간성 회복의 다름 아니다. 즉 인간 본성의 회복이다. 궁극적으로 인간 심성 회복을 의미한다.

인문학 전공자, 밥 먹고 살 수 있다

1. 4차 산업혁명 시대, 인문학의 장점 활용해야

취업 시 오히려 문과라서 죄송합니다. 우리나라에서 인문학을 전공한 대학생들에게 가장 뼈아픈 말이다. 이처럼 한국에서 인문학의 부정성은 강력하다. 실용성이라는 측면에서 우리나라의 인문학은 자연과학이나 공학에 비하여 낮게 평가되는 것이다. 왜냐하면 산업이나 사회 현장에서 인문학의 장점이나 가치가 지대함에도 한국 사회에서는 취업하기 힘들다는 한 가지 이유로 인문학 전공자들이 조롱당하고 있다.

미국에서도 빌어먹을 인문학의 기술로부터 무엇을 얻을 수 있는지 의심스럽다는 얘기가 있다. 영문학을 전공하고 싶다면, 우선 스타벅스 매장에 일자리가 있는지부터 알아보라는 말이 있다. 퓰리처상 수상자인 조지 앤더스가 저술한 「왜 인문학적 감각인가」(서울 : 사이, 2018)를 통하여 미국에서 인문학을 전공한 사람들의 성공한 사례를 충분히 확인할 수 있는 바이다. 특히 미국의 세계적 IT 기업들이 인문학의 장점을 최대한 활용하는 지혜가 돋보인다. IT 기업에서도 공학 전공자와 더불어, 다양한 인문학 전공자들을 채용하는 사례가 많다. 인문학을 비웃는 부정성과 더불어 긍정성이 동시에 존재하지만, 오히려 미국 산업 현장에서는 인문학의 장점이나 유용성을 적극적으로 모색하고 있다. IBM이 자신의 최첨단 기술을 고객들에게 설명하기 위하여 사회학 전공자를 채용하는 인문학 성공 사례가 우리에게 희망을 줄 수 있다고 본다.

우리는 오직 좋은 대학을 가기 위해서 미적분을 풀이한다. 미적

분의 현실적인 용도에 대해선 가르쳐 주는 교사도 없거니와 배우려고 하는 학생도 없다. 마찬가지로 우리나라 인문학 분야에서 교수들이나 학생들은 인문학 교과목의 용도를 체계적으로 설명하는 것이 아니라, 모든 교과목을 학점을 이수하는 도구로만 생각하는 것이 큰 잘못이다. 근원적으로 한국 인문학 교수들의 책임이 가장 크다. 교수들이 인문학 교과목에서 말하는 인문학 정신을 기업 현장과 연결하는 노력이 거의 없기 때문이다.

한 걸음 더 나아가면, 우리 정부나 대학 당국이 AI, 로봇, 반도체, 전기 · 수소 자동차, 배터리, 바이오, 소프트웨어 · 보안, 데이터 사이언스 등과 같은 핵심 산업의 전문 인력 확보와 관련, 정교한 수요 분석과 획기적인 대학 구조 조정안을 제대로 내놓지 못하고 있다. 한마디로 대학 구조 조정의 핵심은 사회과학을 포함한 인문학 전공자와 자연과학을 포함한 공학 전공자의 적정 비율을 어떻게 합리적으로 재구성하느냐에 달려 있다. 따라서 대학과 정부, 산업체와 사회구성원 모두가 참여하는 범국민적 합의가 반드시 이루어져야 한다.

홍정민 휴넷 에듀테크 연구소장에 의하면, IT · 플랫폼 · 웹툰 등과 같은 콘텐츠 전문 인력의 역량으로 창의력과 도전력 및 기획력을 들고 있다. 이것을 통하여 바로 인문학 전공자의 가치를 드러낼 수 있다. 또한 그는 융 · 복합적 대학 교육 프로그램을 강조하면서 인문학과 IT 기술의 결합 혹은 인문학과 코딩을 결합할 수 있는 인재가 필요하다고 주장한다.[2] IT 기술자라도 인문학에 대한 이해가 필요하며, 인문학 전공자라도 코딩이나 소프트웨어 등과 같은 IT 기술에 대한 전문 지식이 필요하다는 말이다. 콘텐츠 시대에서는 자유롭게 학문의 경계를 서로 넘나들며 일할 수 있는 능력이 절실한 까닭이다.

엄밀히 말하자면, 4차 산업혁명이 인문학 서비스를 역동적으로 불러일으키고 있다고 생각한다. 사회나 산업 현장에서 인문학의 활용이나 응용을 위해서는 학문적 통섭 혹은 학제적 연구는 필수적이다. 이를 위해서는 지식의 공감과 공유를 통한 새로운 지식의 창조가 필요하다. 대학에서도 공학과 인문학 및 예술을 결합하는 융합 · 복합적 프로그램을 개발하는 것이 무엇보다 중요한 것이다. 왜냐하면 21세기는 정답이 아니라 해답이므로 인문학 정신과 새로운 기술의 융합은 시대적 요청이라고 본다. 과거에는 인문학의 범주로 문사철, 즉 문학, 역사, 철학을 의미했으나, 지금은 인문학의 범주로 문학 · 역사 · 철학을 포함하는 인문학과 사회과학, 특히 심리학의 중요성이 강조되고 있으며, 여기에 예술까지 포함한다.

융 · 복합적 역량이란 인접 학문 간의 융합이나 공학 안이나 자연과학 안의 융합만을 의미하는 것이 아니라, 궁극적으로 인문학과 공학의 결합 혹은 인문학과 공학 및 예술의 결합을 의미한다. 협의적 의미의 융합은 인접 학문 간의 결합을 뜻하므로 유사한 계열 안에서의 융합이다. 광의적 의미의 융합은 서로 다른 학문 영역 간의 결합을 뜻하므로 자유롭게 학문적 경계를 넘나드는 융합이다. 온라인 플랫폼 사회나 산업 현장에서는 인문학 정신을 적극적으로 활용하는 것이 중요하다. 과거처럼 철저히 파편화된 인문학이 아니라, 전체적으로 인문학과 공학 및 자연과학이 서로 침투하는 정신이 필요한 것이다.

산업 현장에서 요구하는 융합적 인력이란 AI, 즉 인공지능을 이해하면서 마케팅 능력과 사업 전략을 동시에 기획할 수 있는 사람을 말한다. 이에 발맞춰 우리의 대학 교육 시스템도 심리학이나 인문학 전공자가 솔루션 개발 능력을 확보하는 것이 급선무다. 솔루션 개발 시, 경영학, 교육학, 심리학 등과 같은 인문학 전공자들이 소프트웨어나 컴퓨터 공학 등의 기술적인 전공보다 더 효과적이라고 말한다.

필자는 산업 현장에서 인문학의 장점을 잘 활용한다면 기업이 혁신적 제품의 생산을 통하여 새로운 이익을 창출할 수 있다고 생각한다. 그 내용을 구체적으로 살펴보면 다음과 같다.

첫째, 창의적 아이디어의 획득이다. 필자는 인공지능 시대의 사회적응 역량으로 창의력과 공감 능력, 조정 협상 능력 그리고 인문학적 능력을 들고자 한다. 인문학은 종합적, 근본적, 성찰적 관점에서 사물을 판단하므로 매개나 결합으로 창의력을 발휘할 수 있다. 달리 말하면, 인문학적 학습을 통하여 창의력 확보가 가능하다는 것이다.

둘째, 기업이 나날이 새로운 제품을 고안하는 데는 그 한계점에 도달했다. 인문학의 관점에서 결합하고 연결하고 매개를 통하여 새로운 이익의 창출을 도모할 수 있는 까닭이다.

셋째, 융·복합 시대에서는 서로 다른 학문 영역을 자유롭게 넘나들 수 있으므로 과학 + 기술 + 심리학 + 예술 등의 결합으로 새로운 제품의 고안이 가능하다.

넷째, 인공지능 시대 권위가 인간으로부터 알고리즘에 집중하기 때문에 인간 본연의 정신을 회복해야 비로소 인간 친화적 제품의 생산이 이루어진다.

정리하자면, 한국 제품의 세계화를 위해서는 한국 정신이 한국 제품에 반영됨으로써 세계 시장에서 성공을 이뤄야 하는 것이다. 이와 관련, 한국 문화의 세계화, 한국 사상과 한국 철학의 세계화가 필요하다. 한국 문화의 세계화를 보자면 K-한류, K-pop, BTS, K-드라마, 오징어 게임, K-푸드, K-제조업(자동차, 조선), K-방역(마스크, 방호복) 등이다. 한국 사상의 콘텐츠로는 선비 정신과 율곡 사상, 퇴계학, 성리학, 공자 사상 등이 있다.

2. 인문학의 힘, 비판적 사고 능력이다

여기서는 조지 앤더스가 그의 저서인 「왜 인문학적 감각인가」(서울 : 사이, 2018)를 통하여 주장하는 비판적 사고 능력을 중심으로 발췌하고, 필자의 의견을 개진하면서 재구성하고자 한다. 인문학 전공자들에게 큰 기회를 제공하는 새로운 일자리는 마켓 리서치 · 소셜 미디어 · 채용 · 기금 모금 전문가, 프로젝트 매니저, 디지털 디자이너, 창업 분야, 외환거래 · 벤처캐피털과 헤지펀드 · 사모 펀드 같은 투자 분야, 공공 영역과 비영리단체 등이다.

인문학 전공자의 힘을 보여주는 핵심 내용으로서는 ① 서로 다른 세계를 잇는 것, ② 데이터를 세상과 나누는 것, ③ 알기 쉬운 단어를 사용하는 것이다.[3] 필자가 구체적으로 설명하자면, 첫째 내용은 인문학 전공자가 마케팅을 담당한다. 둘째는, 흩어져 있는 데이터는 날 것은 아무런 가치가 없으므로 데이터를 가공, 처리해 새로운 의미를 부여하는 것을 뜻한다. 이것은 인문학 전공자의 영역이다. 셋째는, 상대방을 설득하는 힘을 얘기한다. 달리 말하면, 말하기와 읽기, 듣기와 글쓰기 등과 같은 의사소통 능력이다.

채용 주체인 기업 현장에서는 ① 글을 잘 쓰고, ② 명료하게 말하며, ③ 복잡한 문제를 분석해낼 줄 알며, ④ 문제 해결 역량을 갖춘 사람을 원한다. 이러한 덕목들은 〈비판적 사고〉(critical thinking)라는 개념으로부터 나타난다.[4] 궁극적으로 비판적 사고 능력의 핵심은 판단력이다. 미국 기업들은 비즈니스의 성공은 인문학의 장점을 활용하는 데 달려 있다는 강력한 믿음을 공유하고 있다. 한국에서는 무너진 인문학의 명예를 회복하려면 인문학의 가치가 담긴 비판적 사고 능력을 참신하게 표현할 필요가 있는 까닭이다.

비판적 사고 능력이란 판단력에 의하여 서로 다른 학문적 경계를 자유롭게 넘나들고 일하면서 타인을 설득하는 힘을 말한다. 이와 관련, 필자는 인간의 정신 활동의 4가지 요소로 기억력, 관찰력, 통찰력, 판단력을 제시하고자 한다. 가장 낮은 단계인 기억력을 근거로 관찰력이 생기고, 기억력과 관찰력에 의하여 통찰력이 형성되고, 기억력과 관찰력 그리고 통찰력에 의하여 판단력이 형성되는 것이다. 판단력이 정신 활동의 최상위를 차지한다. 이렇게 본다면 비판적 사고 능력의 궁극은 바로 판단력이다.

학생들이 대학에서 배우는 다양한 전공 영역에다가 인문학의 전통을 잘 결합하는 방법을 배운다면, 그들은 소프트웨어 개발자들과 최종 사용자인 소비자들을 연결하는 직무에서 필요한 역할을 담당할 수 있다. 이들 인문학 전공자들에게는 소프트웨어와 같은 신기술을 소비자들을 대상으로 마케팅할 수 있는 능력이 충분하다는 얘기다. 조지 앤더스에 의하면, 이렇게 생산자와 소비자 사이에서 마케팅할 수 있는 능력에 의하여 〈서로 다른 세계를 잇는 역할〉을 담당하는 것이다.[5] 창조적 수수자가 소프트웨어나 블록체인과 같은 신기술을 개발하면 나머지 사람들은 이러한 신기술을 활용하면 된다. 이 과정에서 생산자와 소비자를 연결하는 마케팅 능력이 필수적이다. 이것이 인문학 전공자의 중요한 역할이다.

궁극적으로, 인문학 전공자들이 이른바 비기술적 특사들로 산업이나 기업 현장의 정보와 데이터를 체계적으로 가공 · 처리 · 해석함으로써 새로운 가치를 부여한다. 구체적 내용은 다음과 같다.[6]

첫째, 인문학 공부를 한 사람은 애매모호한 정보 처리 상황에서 기계들이 결코 보지 못하는 것을 찾아내거나, 방정식으로는 풀어내지 못하는 다양한 분야의 균형을 잡아준다.

둘째, 인문학 전공자는 빈약하거나 모순투성이거나 복잡한 정보로부터 하나의 결정적인 추론을 이끌어내는 판단력을 갖고 있다. 아무리 난해한 텍스트라 할지라도 마지막 한 조각의 의미까지도 찾아낼 줄 안다. 어떤 상황에서도 데이터에 대한 정확한 해석으로 데이터의 가치를 극대화하는 능력은 인문학 정신에서 나온다.

셋째, 우리 주변에 가공 처리되지 않은 데이터는 널려 있다. 이러한 데이터를 이용자가 바로 사용할 수가 없다. 그러므로 수익 모델, 인구통계학적 변화, 감성 지수 등을 적극적으로 활용, 날 것의 데이터를 바로 이용할 수 있는 명쾌한 데이터로 변환할 수 있다. 이렇게 가공된 데이터는 바로 돈으로 바꿀 수 있다. 또한 데이터와 숫자 사이에 길잡이 역할 하는 사람이 필요하다. 달리 말하자면, 마케팅 능력을 갖춘 인문학 전공자가 필요한 것이다.

공부론

왜 공부하는가?

이 말은 왜 일하는가와 그 뜻이 통한다. 현재 20대, 30대의 부모 세대인 이른바 X세대인 산업화 세대(1950~1965년생)의 공부하는 이유는 다음과 같다.

- 개천에서 용이 나온다.
- 청운의 뜻을 품고 대학에서 공부한다.
- 입신 출세를 목표로 한다.

X세대의 일반적인 진로는 다음과 같다.

- 의 · 치과대학에 의한 의사의 길
- 자연과학에 의한 과학자의 길
- 공과대학에 의한 기술자의 길
- 행정 · 사법 고시에 의한 고급 관료의 길
- 인문 사회과학 전공에 의한 대기업 · 종합상사 · 금융 기관 진출

한마디로 요약하면, 돈과 권력이나 명예 및 보편적 삶의 추구다. 그러나 현재 Z세대(20, 30대)의 진로는 매우 불확실하다.

- 자연계 고등학생들에게는 오직 의과대학만이 존재적 가치를 지닌다. 자연과학이나 기술은 돈이 되지 않으므로 필요 없다는 뜻이다.
- 인문계 고등학생들에게는 로스쿨이 우선 대상이다.
- 중산층의 몰락으로 부익부 빈익빈 양극화 현상이 심해지고 있다.
- 모든 사람이 대학 진학, 대졸자 과잉 배출
- 기업의 고용 없는 매출 확대로 새로운 일자리 창출이 힘들다.
- 정규직이 아니라 비정규직의 보편화

정리하자면, 최저 임금 인상에 따른 사회적 합의가 부족한 상황이다. 가진 자 즉 기득권자가 자신의 이익을 사회 구성원과 나눈다는 공감 정신이 부족한 탓에 기득권자가 최저 임금 일자리부터 축소한다.

더욱이 공무원 · 군인 · 사학 연금과 관련, X세대는 Z세대보다 더 적게 내고 더 많은 연금을 받는다. 이것은 세대 간 엄청난 불평등을 초래하는 것이다. X세대 연금을 지탱하는 Z세대의 인구가 급격히 감소한 탓이다. 바꾸어 말하면, Z세대는 연금 부금을 X세대보다 더 많이 내고도 은퇴한 후에는 더 적은 연금의 수혜자가 되기 때문이다. Z세대에게는 얼마나 억울한 일인가.

현재 상황이 Z세대에게 너무 엄중하다고 생각되는 바, 이제라도 X세대 연금 수혜자들은 젊은 청년 그룹인 Z세대(2, 30대)를 위하여 청년 펀드를 조성, 창업 등의 자금을 마련하는 데 주도적인 역할을 하는 것이 절실하다고 생각한다.

서강대 사회학과 이철승 교수가 ≪불평등의 세대≫란 획기적인 저서를 통하여, 현재 우리나라 정치 · 경제 · 고급 공무원 권력층의 주류를 형성하고 있는 이른바 386세대(1960-1969년생)의 독점 현상이 심각하다고 심층적으로 분석하면서 필자의 생각대로 지금 연금 수혜자인 산업화 세대의 사회적 환원을 강력히 주장하고 있다.

한국의 사회적 상황이 이렇다면, 이젠 공부하는 이유도 시대에 맞게 다시 정립할 필요가 있다고 본다. 왜냐하면 인공지능 시대 천지가 개벽하고 있기 때문이다. 과거 X세대처럼 획기적으로 새로운 일자리가 나타날 가능성은 거의 없다. 인공지능 시대 새로운 일자리란 고도의 전문성이나 기술력을 가진 극소수의 사람에게 기회가 주어지고, 나머지 일반 대중에게는 좋은 일자리의 기회가 전혀 주어지지 않기 때문이다.

다시 처음으로 돌아가서 '공부하는 이유'가 무엇인가? 다음과 같은 내용에 대하여 곰곰이 생각해봐야 하겠다.

- 자기 자신을 위하여 공부한다.
- 부모로부터 독립하기 위하여 돈을 번다.
- 주거 시설이 너무 비싸고, 애를 낳은 후 양육과 교육 비용이 너무 많다.

그래서 싱글로 산다. 이제 젊은 세대는 자신이 좋아하는 일을 하는 것이 중요하다. 동시에 자신이 잘하는 일이어야 한다. 이렇게 되어야 자신이 인생을 즐기면서 평생 일을 할 수 있을 것이다.

- 이제 돈이나 물질이 아니라, 정신이나 가치관 추구가 중요하다.
- 남과 더불어 사는 공감의 지혜가 중요하다.
- 평생직장이나 평생 직업이란 말이 사라지는 시점에서는 자신이 새로운 직업이나 새로운 일자리를 만드는 이른바 '맞춤 직업'의 시대를 맞이하여 Z세대가 틈새시장을 개척하는 것이다.
- 젊은 청년 세대에게 가장 중요한 것은 다양성 추구다.

부모 세대인 X세대는 단일대오를 형성, 남들이 공통적으로 좋아하는 직업을 선택하는 데 그다지 큰 어려움이 없었다. X세대는 일반적으로 좋다고 하는 몇몇 직업에 몰려도 생계를 유지하는 데는 성공적이었다.

이에 반하여 Z세대는 이 세상에 없는 직업을 만들어서 자신의 일자리로 정착하기 위해서는 틈새시장이라는 창의적 전략이 필요하다. 서로 다른 내용을 결합, 새로운 콘텐츠를 생산, 소비자에게 전달하는 것이다. 예를 들어, 인터넷상 엄청나게 생산되는 정보 가운데서 이를 더 전문화 · 세분화시켜서 새로운 콘텐츠를 가공, 처리, 제공하는 이른바 콘텐츠 큐레이터 역할 같은 것이다.

우리나라에서는 일반 서점이 거의 망하고 있음에도 최근 지극히 전문화로 성공하는 동네 서점도 있다. 틈새시장 개척과 관련해서는 일본 젊은이들의 경험을 참고할 만하다. 연세대 출신들이 일본 젊은이 창업 탐방 사례를 ≪퇴사 준비생의 도쿄≫(서울 : 더퀘스트, 2017)란 제목으로 출판하였다.

이미 선진국에서도 공유 경제가 보편화되고 있다. 공유 자동차, 공유 사무실은 한국에서도 나타난다. 공유 경제 핵심은 모든 것을 다른 사람과 함께 나누면서 경제적 이익을 도모하는 공감 정신에서 출발한다. 남과 더불어 살아가는 공감의 지혜를 말한다.

정리하자면, 이제 우리 젊은이들도 '왜 일하는가'에 대하여 젊은이 스스로가 개념 정의를 새로이 할 필요가 있다고 생각한다. 다른 사람이 아니라, 일하는 자신이 일을 왜 하는지 주체적으로 개념 정의를 내려야 하는 새로운 시기를 맞이한 것이다. 이것은 마치 "내가 누구인지를 정의하는 이른바 자기 개념 정의"와 같다.

늘 배우고 익히면 재미 있다

우리나라 학생들은 공부가 재미없다고 생각한다. 이것은 시험 위주의 능력주의와 대학 입학 위주의 교육 탓이라고 본다.

질문1 공부란 정말로 재미없는 것인가?
질문2 공부란 재미있는 것인가?

여러분은 어디에 동의할 것인가? 이것이 바로 공부의 아포리아(aporia)다. 둘 다 이유는 충분히 있다.

공부가 재미있는 것이라면, 그 재미는 누가 주는 것인가? 나 아닌 다른 사람인 교사나 교수가 공부에 재미를 부여한다는 말인가? 그렇다면 '나란 존재는 무엇인가?'

공부에 대한 학생들의 기대나 환상이 공부 현실과는 너무 많이 괴리되어 있는 까닭이다. 그러므로 공부하는 사람은 '왜 공부하는가?'란 질문에 대한 자기 나름대로 주체성 확립이 절실하다. '왜 일하는가'란 질문과 마찬가지로 '왜 공부하는가'란 질문을 던지고 스스로 답하는 훈련이 필요하다.

서양 철학자 중 해석학자인 가다머(Gadamer)에 의하면, 교육은 '자기 교육'이라고 주장한다. 제도권 학교에 들어가서 돈을 내고 교육을 받는 것이 아니라, 필요한 경우 본인이 스스로 배우고 익힘으로써 주체적으로 공부하는 것이 바로 자기 교육이다. 이렇게 본다면 공부도 '자기 공부'이어야 한다.

한국에서 공부란 자의적이 아니라 부모 등에 의한 타의가 지배적이다. '공부 왜 하는가'에 대한 확고한 자기 신념이 없이 부모의 권유나 강요, 혹은 남이 하니까 어쩔 수 없이 따라서 공부하므로 공부란 재미가 없는 것이다.

공부 재미의 주체는 바로 '나'다. 물론 맹모삼천지교란 말이 있듯이, 공부에서 환경적 요인은 중요하지만 어디까지나 공부하는 주체는 나일 따름이다. 한국에서 공부란 학생 스스로 경험의 과정을 축적하는 것이 아니라, 강요된 교육에 맡겨지므로 늘 재미가 없다.

우리나라 사람은 공부를 대학에 들어가는 훌륭한 도구로, 좋은 일자리를 얻는 경제적 도구로만 사용하는 탓에 공부를 통하여 재미를 느껴볼 겨를이 없는 까닭이다.

공부를 하거나 어떤 일을 배우는 사람에게는 배우는 것이 날로 새로워야 재미가 있다. 우리에게 새롭다는 것은 지금까지 전혀 몰랐거나 제대로 알지 못한 사실을 정확하게 이해한다는 것을 의미한다. 그러므로 공부하는 자체가 재미가 있거나 흥미가 있으려면 우리는 날로 새롭게 배우지 않으면 안 된다. 새로움이 재미요 흥미다. 우리가 뭔가 새로운 내용으로 가득차 있을 것이라는 지적인 기대감을 가지고 책을 읽거나 공부하는 것이 바람직하다.

노자 도덕경에 의하면 일신우일신(日新又日新)이란 말이 나온다. 풀이하자면, '날로 새롭게 또 새롭게'란 뜻이다. 엄밀하게 말하면, 마음을 늘 새롭게 한다는 것이다. 마찬가지로 공부에서도 늘 새롭게 지식을 밝혀야 공부의 진정한 가치가 존재하는 것이다. 공부에서 새로운 터득이 즐거움이요 재미다. 공부 재미란 이렇게 가능한 것이다.

특히 공부할 때는 내가 모르는 사실이 가득하기를 기대하는 것이 좋다. 왜냐하면 이른바 지적 호기심이나 지적 기대감은 우리에게 즐거움을 제공하기 때문이다. 공부는 미지의 것을 확실한 것으로 전환시키므로 이것으로부터 어떤 희열, 기쁨, 쾌락을 느낄 수 있다.

마무리하자면 공부란 자발적이다. 그래서 공자는 학이시습지열역호아(學而時習之悅亦乎)라고 말한다. 풀이하자면, '배우고 늘 익히면 기쁘지 아니한가'라는 뜻이다. 이와 관련, 내가 모른다면 무엇을 모르는가, 내가 안다면 내가 무엇을 아는가, 이러한 지적 호기심으로 공부를 한다면 분명히 얻는 바가 크다고 하겠다.

공부도 노동이다

먼저, '노동은 신성한 것이다.'라고 전제하면서 공부의 노동성에 대한 논의를 하고자 한다. 노동은 신성하기 때문에 공부의 노동 성향을 얘기하더라도 결코 공부에 대한 폄하가 아니다. 우리는 일반적으로 정신적 활동보다 심한 육체적 노동이 들어가는 경우를 가르켜서 힘든 작업이라고 부른다. 이러한 노동을 하는 데는 많은 에너지의 소모가 있기 때문이다. 공부의 몰입 과정도 마찬가지다.

공부하는 행위도 육체적 활동에 못지않게 에너지 소모가 많다.

단순한 노동이나 숙련된 노동에서는 고도의 정신적 활동을 필요로 하지 않는 경우가 허다하다. 이에 반하여 공부란 공부하는 사람이 자신의 육체를 바탕으로 인내력을 가지고 고도의 정신적 행위를 계속적으로 발현시켜야 하므로 상대적으로 에너지 소모가 많다.

공부란 공부하는 사람의 시간, 노력, 돈을 동시에 집중적으로 투입하지 않는다면, 공부하는 사람이 아무리 책상에 앉아 있더라도 얻는 바가 적다. 어떤 의미에서는 공부란 일반노동보다 두세 배 정도 힘든 노동임에 틀림없다. 그만큼 제대로 공부하는 사람의 에너지 소모는 심하다는 의미다.

의학적으로 공부하는 사람이 최대한의 역량을 집중할 수 있는 시간은 불과 30분밖에 안 된다고 한다. 그래서 학교에서는 1시간 수업을 45분, 50분으로 끊는다.

물론 공부하는 사람에 따라서 공부 재미의 여부가 공부의 노동성향에 어느 정도 영향을 미칠 수 있다. 정리하자면, '근본적으로 공부는 노동이요 그것도 중노동이므로' 소인이나 중인은 대부분 싫어하는 까닭이다.

공부의 긍정성과 부정성

공부의 재미는 누가 주는가? 한마디로 공부의 재미란 스스로 만드는 것이다. 한국 사람들은 일이나 공부에 재미를 유독 강조하는 것 같다.

공부의 양면성을 살펴봐야 하겠다. 스스로 공부하는 주체가 된다면 공부는 재미있다. 스스로 싫증 낸다면 공부는 고통이다. 이처럼 공부에서는 긍정성과 부정성이 동시에 존재한다. 필자가 공부의 노동성을 얘기하는 것은 공부의 긍정성을 인정하기 때문이다. 공부의 긍정적 측면에서 필자는 공부의 노동성을 주장하는 바다. 공부의 부정성은 공부에 대한 싫증이다.

인간은 정서적으로 공부를 싫어하기 마련이다. 공부가 일생 동안 우리에게 엄청난 스트레스를 주기 때문에 더욱 더 그렇다. 한국에서는 초중등 교육은 물론이거니와 대학에 들어가서도 스펙을 쌓는데 사교육에 의존하므로 당사자인 학생들은 물론 대학생들조차도 공부를 싫어할 수밖에 없다.

우리나라 학생들은 유치원부터 대학을 졸업하고 취직할 때까지 목숨을 걸고 공부한다. 정말로 한국 교육의 부정성은 심각하다. 그럼에도 죽도록 공부해야만 하는 현실은 좀처럼 바뀌지 않는다.

한마디로 공부하는데 스스로 주체가 된다면 긍정성으로 이어지고, 결국 자연스럽게 공부=재미란 등식을 본인이 뼈저리게 느낄 수 있다고 본다. 이와는 반대로, 공부가 부모나 학교에 의하여 강제적 분위가 조성된다면 이건 공부의 부정성이다. 공부하는 주체가 공부에 싫증을 느끼게 된다. 이러한 공부가 지속된다면 학생 본인에게 공부란 싫증을 넘어서 고통이 된다.

공부 재미란 공부하는 당사자가 공부에 대한 적극적인 관심이나 호기심을 기울임으로써 스스로 얻을 수 있는 바다. 공부 재미란 부모나 교사가 제공하는 것이 아니라, 내가 공부 재미를 엮어가는 것임을 새로이 인식하는 것이 중요하다.

교수나 선생은 '공부를 재미있게 가르쳐야 한다.'라고 쉽게 말한다. 물론 공부와 관련, 교수 방법적인 측면에서 공부를 배우는데 학생들을 집중시키는 기술적인 노하우는 필요하다. 그런데 근원적으로 공부하는 사람이 스스로 관심을 기울여서 몰입하지 않는다면 공부란 괴물일 따름이다.

예를 들어, 일의 경우도 마찬가지다. 직업에는 귀천이 없다고 말한다. 어떤 일을 하더라도 자신이 하는 일이나 노동의 가치를 인정한다면 일하는 과정상 이런저런 문제가 일어난다 하더라도 일의 재미를 느낄 수 있다. 어떤 기업의 사장이나 공장장이 일과 관련, 직원들에게 재미를 부여한다는 것은 불가능하다.

그래서 직업에서는 천직 즉 소명 의식이 강조되는 까닭이다. 마치 하늘의 부름에 의한 것처럼, 일하는 사람이 자기 지업에서 최선을 다하는 것이다. 공부하는 것도 일하는 것과 하나도 다르지 않다고 본다. 공부 재미란 남이 나에게 결코 주지 않는다. 공부하는 자기 자신이 스스로 재미를 창조하는 것이다.

공부와 경제원칙

경제원칙이란 최소 노력으로 최대 효과를 올리는 것을 말한다. 공부에서도 이러한 경제원칙의 논리가 적용되기를 바라는 것은 원

초적인 인간의 욕심이 아닌가 한다. 결론적으로, 공부나 스포츠, 예술 분야 등을 모두 포함해서 이러한 경제원칙이란 말은 근원적으로 통하지 않는다.

한마디로 공부에서 필요한 것은 반복적 연습뿐이다. 운동선수도 마찬가지다. 예를 들어, 영국 프로 축구 선수인 베컴은 하루에 200개씩 프리킥을 연습했다. 베컴이 훌륭한 축구 선수인 까닭은 바로 이러한 연습 때문이다. 세상에는 결코 공짜 점심이 없다.

공부에서도 1만 시간의 법칙에 따라서 최대한 집중해서 계속 노력해야 최대의 효과나 그 차선의 효과를 얻을 수 있다는 얘기다. 대학 공부에서도 연습 이론이 여전히 유효하다. 평소 예습이나 복습은 물론, 중간고사나 기말고사 무렵 집중적으로 공부를 해야 소기의 성과를 거둘 수 있다.

만일 공부하는 사람이 경제원칙을 고려한다면, 집중력 상실로 인하여 최소 효과를 얻거나, 자칫 잘못하면 실패할 수도 있을 것이다. 정리하자면, 공부에서는 경제원칙이 존립하기가 어렵다. 최소 노력이 아니라, 최대 노력으로 최대 효과를 얻고자 하는 강력한 의지가 바탕이 되어야 한다.

다만, 공부의 경제원칙이란 학습 효과를 최대한 끌어올리는데 필요한 하나의 공부 방법이나 방도로 해석하는 것이 적절하다. 이를테면 다중지능이론이나 뇌 과학 이론, 근접 발달 이론, 연습의 원리, 시간 관리 등을 먼저 이해하고 난 다음, 본격적으로 공부에 들어가는 것이 효율적이다.

진정으로 공부에서 경제원칙이 실현되기 위해서는 지금 공부하고자 하는 내용에 대한 사전 지식, 즉 선지식이나 선이해가 철저히 준비되어야 한다. 새로 습득하는 지식은 시간이 지나면 선지식이나 선이해로 전환된다. 이러한 과정을 되풀이하면 선지식과 지식의 축적 및 공부의 효율성이란 선순환이 이루어지는 것이다.

지식의 축적이 튼튼하고 효과적인 공부 방법을 적극적으로 활용한다면, 공부의 경제원칙이란 개념에 근접하기가 쉽다. 이렇게 한다면 공부의 에너지 축적이 저절로 이뤄진다.

대학 등록금

항상 본전을 생각하라는 얘기다. 미국 하버드대 등록금이 1년 4,800만 원 정도며, 상대적으로 등록금이 싼 미국 주립대도 1년 등록금이 1500~2000만 원 정도다. 스탠포드대의 등록금과 기숙사 비용 등은 1년 7,500만 원 정도라고 한다.

한국 대학도 사립의 경우 등록금이 1년 700만 원에서 1,000만 원 정도가 된다. 우리나라 국립대학도 과거와는 달리 지속적으로 등록금을 인상한 결과, 사립대학과 격차가 많이 줄어들고 있다. 그런데 한국 대학의 등록금이 비싸다는 이유로 여론의 질타를 받고 있다. 특히 사립대학이 적립금을 수천 억씩 쌓아 놓은 채, 대학 교육에 투자하는데 너무 인색하기 때문이다. 대학 등록금으로 교수 확보, 실험실습 장비 구입, 장학금 등에 제대로 투입하지 않는 것이다.

대학 당국은 학생들이 낸 등록금을 제대로 보상받을 수 있도록 대학 교육 서비스의 질을 적극적으로 생각하고 있느냐 하는 점이다. 등록금을 낸만큼 얻어가는 과실에 대해선 관심이 적다는 얘기다.

하버드대는 1년 4,800만 원이라는 고액의 등록금을 받는 만큼 학생들이 졸업할 때는 1억 정도의 효과를 가지고 나간다는 뜻이다. 한국 대학생들이 1년 1,000만 원 등록금을 낸다면, 반드시 2,000만 원 이상의 효과를 내겠다는 강력한 의지를 가져야 하는 것이다.

오히려 한국 대학생들이 등록금을 내고도 실제로 얻는 효과는 절반도 안 될 것 같다. 등록금의 많고 적음만 따지는 것이지 그 효과에 대해선 아무도 말하지 않기 때문이다.

15주 수업에 등록금이 350만 원이라면, 이를 시간당으로 계산해보라. 주가 지날수록 등록금의 가치가 떨어지면서 학생들이 등록금을 내고 손에 얻는 것이 무엇인가를 생각하는 것이 절실하다. 이렇게 등록금을 항상 생각하면 수업의 집중도를 높일 수 있다.

공부 결심, 결정적 시기(critical period)

만일 공부하겠다는 굳은 결심이 서면 공부의 효율성이 결정적으로 높아질 수 있다. 왜냐하면 결심이 서면 집중력이 높아지므로 좋은 결과를 가져올 수 있기 때문이다. 공부 결심으로 짧은 시간에 최대의 효과를 올릴 수 있다. 공부 결심에서는 공부의 경제원칙이 어느 정도 통할 수 있다.

결심하여 최소한 5년 이상 열심히 공부해야 한다. 그렇게 된다면 공부를 통하여 좋은 경험을 얻을 수 있다. 결심한 공부가 앞으로 다른 공부를 하는 데 결정적인 도움이 된다. 공부 결심이란 자신의 시간과 에너지와 정신력을 하나로 모으는 것을 말한다. 추가적으로 돈과 자료(data)를 투입해야 한다. 달리 말하면 공부 결심은 곧 집중력을 뜻한다.

공부에서 결심이 선다는 것은 인간적으로 성숙해서 철이 들었음을 말한다. 철이 안 들어도 공부 결심을 할 수 있지만, 이와는 반대로 공부에 결심이 선 사람은 다 철이 들었다고 봐도 무방하다. 결심하면 잡다한 생각을 잊어버리고 한 곳에 집중이 가능하므로 마음이 평온해진다.

누구든지 공부나 일이나 운동에 있어서 정신적 육체적으로 특별히 집중이 잘 되는 시기를 경험할 때가 있을 것이다. 이때 우리는 그야말로 공부가 저절로 되고 있음을 직감하는 바이다. 과거 어느 때보다도 상대적으로 집중력이 현저히 높아져서 공부나 일을 지속적으로 열심히 할 수 있는 때를 결정적 시기(critical period)라고 말한다.

결정적 시기가 바로 터닝 포인트(turning point)의 다름 아니다. 터닝 포인트란 대전환점을 뜻한다. 일이나 공부가 특히 잘 되는 시기를 잡아서 노력해야 인생이 확 달라질 수 있는 얘기다. 즉 과거의 고정관념에서 벗어난 새로운 인생의 시작이 이뤄지는 것이다. 그러므로 누구든지 인생에서 결정적 시기를 지혜롭게 잘 포착하는 것이 실로 중요하다.

그런데 결정적 시기란 하늘에서 갑자기 떨어지는 것이 아니라, 매일 조금씩 준비하는 자에게 찾아오는 것이다. 연습하고 훈련하는 자에게 결정적 시기가 날아든다. 결정적 시기를 포착하기 위해서는 자신의 강력한 의지가 중요한 것이다.

예를 들어, 철봉을 붙잡고 차오르는 운동의 경우 처음에는 아무리 철봉을 잡고 발버둥 쳐도 그냥 몸뚱이가 대롱대롱 매달리는 정도에 불과할 뿐이다. 단번에 기분 좋게 몸통 즉 허벅지가 철봉에 착 걸리지 않는다. 매일같이 철봉을 잡고 연습을 하다 어느 날 갑자기 철봉을 두 손으로 꽉 잡고 양발을 공중으로 힘차게 차올리면 갑자기 내 몸통이 철봉에 순간적으로 착 감긴다. 이처럼 철봉 발차기는 결정적 시기에 이뤄지는 것이다.

우리가 즐겨 먹는 음식에서도 결정적 음식 재료를 찾아볼 수가 있다. 예를 들어, 짜장면이나 짬뽕 요리에 양파가 들어가는데 이는 양파의 역할이 매우 중요하기 때문이다. 양파의 달콤한 맛이나 아삭거림이 맛을 한층 더 내는데 결정적 역할을 하는 것이다. 양파의 질감도 뛰어나다. 양파를 두고 결정적 음식 재료라고 말할 수 있는 까닭이다.

매일 목표를 향하여 조금씩 나아가라. 불현듯 결정적 시기가 나타난다. 결정적 시기를 포착하기 위하여 롤 모델(role model)이나 멘토(mentor)를 찾아서 직간접적으로 도움을 받는 것이 필요하다. 롤 모델을 모방하고자 하는 생각이 강력할수록 본인의 의지나 신념도 크게 바뀌게 되고, 적극적인 노력을 기울이다 보면 언젠가는 결정적 시기가 도래할 것이다.

여기서 계속 멘토의 도움을 받고자 한다면 멘티(mentee), 즉 도움을 받는 사람도 그것에 상응하는 노력을 보여야 멘토로부터 그 열정을 인정받아서 끊임없는 조언을 받을 수 있다는 점을 유념해야 하겠다.

공부에선 결심이 출발점이다. 공부하겠다는 강력한 의지가 결심이다. 결심이 서야 비로소 공부의 길에 접어든다. 그런데 공부하기 위하여 결심을 언제 하느냐가 문제다. 그것은 결정적 시기와 연관을 지울 수 있을 것 같다.

공부 결심은 중학교나 고등학교에서 할 수 있다. 대학에 가서도 할 수 있다. 또 철이 들어서 공부 결심을 낼 수 있다. 공부 결심이 공부의 첫 출발점이 된다. 공부를 얼마나 많이 하느냐가 중요한 것이 아니라, 공부 결심을 통하여 본인이 공부의 길을 제대로 찾아가느냐가 더 중요한 까닭이다.

교과목의 현장 적응과 응용

한국 대학 교육에서 가장 많은 비판을 받는 내용이 대학에서 학생들이 배우는 전공과목에 대한 현장 적응 능력의 부재다. 대학을 졸업한 학생들이 산업 현장에 취직하여 대학에서 배운 전공 지식을 제대로 못 써먹는다는 점이다.

때문에 대학 교수들은 학생들에게 도대체 무엇을 가르치고 있느냐고 비판을 받는다. 급기야 대학 교육의 무용론이 등장하고, 산업 현장에서는 대졸 신입 사원을 새로이 교육하는데 많은 비용을 투자하고 있는 실정이다.

이러한 한국 대학 교육의 비판과 관련, 책임을 크게 통감해야 할 당사자는 바로 교수다. 대학 교수들은 수업 중 강의하는 전공 교과목의 미래 용도를 학생들에게 구체적으로 설명하지 않으면 안 된다. 먼저 교수가 학생들에게 수업 중 배우는 여러 전공 과목들이 졸업 후 산업 현장에서 어떻게 유용한 것인가를 깊이 인식시키는 것이 급선무다.

대학에서 배우는 교과목이나 학습 내용을 졸업 후 언젠가는 써먹을 수 있다는 것을 전제로 가르치지 않는다면, 학생들이 열심히 배워야 할 필요성을 못 느끼게 된다. 만일 이렇게 된다면 대학의 전공 과목들은 오직 학점을 따는 도구에 불과한 것이다.

서울대 모 단과대학의 학점 취득 결과를 보면, A 학점 취득자가 엄청난 비중을 차지하고 있는 것으로 나타났다. 왜냐하면 요즘 대학생들은 대학 학점 관리도 중요한 SPEC 중 하나로 여기기 때문이다.

이제 대학생들도 전공과목을 학점을 잘 취득하는 도구로만 생각하지 말고, 졸업 후 사회 현장에 가서 언젠가는 필요한 유용한 지식이라고 생각하면서 수업에 임하는 자세가 필요하다.

포항공대 학장을 역임한 고 김호길 박사는 "한국 대학 교수들은 연구, 강의, 학생 지도 등에서 탁월한 능력을 보이고 있는 것 같지만, 그 어느 하나도 제대로 수행하는 것이 없다."라고 주장한 바가 있다. 또 그는 '대학 교육에서는 나중에 응용이 가능한 기본 교육에 집중할 필요가 있다.'라고 말하였다. 대학이 산업 현장에서 바로 써먹을 수 있는 능력을 직접 개발하거나, 사회 현장에서 필요한 모든 교육을 대학에서 준비할 수 없다. 대학에서는 시간과 학점의 제한이 따르기 때문이다.

다만 공대는 현장과 바로 연결되는 과목을 가르칠 수 있으나, 사회과학이나 인문과학으로 넘어올수록 그러한 것이 힘들다. 기업의 측면에서도 대학생들에게 지나친 요구를 해서는 안 된다고 본다. 우리나라 대학의 실험 실습 투자 비용이 낮고, 교수 1인당 학생 비율이 상대적으로 높기 때문이다.

현장 적응과 응용 능력을 기르기 위해서는 교수와 학생 사이에 적극적인 상호작용이 필요하다. 가르치는 교수와 배우는 학생 사이에서 쌍방 커뮤니케이션이 이뤄져야 하는 것이다. 교수는 한 학기가 시작되는 첫째 시간을 통하여 학생들에게 자신이 가르치는 과목의 용도나 현장에서의 응용이나 적용 등을 사례를 들어가면서 정밀하게 설명하는 것이 중요하다.

이론과 실천은 하나다

우리나라 대학생들의 산업 현장 적응 능력이 부족한 이유는 이론과 실천의 관련성을 잘 모르기 때문이다. 대학에서 배우는 이론과 현장 실천과의 인과성을 무시하는 것이다. 대학에서 배우는 이론은 대학에서 학점 따는 도구로만 생각할 뿐, 이론의 틀에 따라 현상을 분석하거나 이론을 적용하는 능력이 근원적으로 부족한 탓이다.

이론은 대학에서만 필요하고, 산업 현장에 가면 이론과는 완전히 다른 세계가 있다고 본다. 이것은 착각이다. 이론이란 현상 분석을 통하여 체계적으로 구성된 논리다. 하나의 현상(기, 氣)으로부터 체계적 이론(이, 理), 즉 원칙의 확립이 가능하다. 이(理)란 원리, 원칙으로서 이론적 범주에 속한다. 기(氣)란 작용이나 현상을 말한다. 현상 없는 이론이나 이론 없는 현상은 근본적으로 생각할 수 없다. 이기(理氣)의 관점에서 설명하자면 이기일원론(理氣一元論)이다.

현상은 하나의 경험이다. 수많은 반복적인 경험에 의하여 이론 도출이 가능한 것이다. 대학에서 배운 이론적 근거를 바탕으로 산업 현장에서 적용해보고자 하는 실천적 의지가 무엇보다 중요한 까닭이다.

대학에서 배운 지식이나 논리적 근거를 사회 현장에서 써먹는 것은 미국의 실용주의 사상과 통한다. 이론을 산업 현장에서 적용하거나 응용하기 위해선 도전 정신 혹은 개척 정신이 필요하다.

역으로 현상으로부터 하나의 이론을 만들어내기 위해선 학문적 개척 정신이 필요하다. 새로운 이론을 창조하기 위해서는 엄청난 모험과 도전 정신이 있어야 한다. 왜냐하면 사람들은 근원적으로 새로운 이론을 쉽사리 수용하지 않으면서 비판하는데 익숙하기 때문이다.

창조적 이론에 대한 옹호자들은 처음엔 얼마 되지 않기에 더욱 더 그렇다. 그러나 새로운 이론이 보편화 대중화에 성공한다면, 그 이후 많은 사람들이 맹목적으로 새로운 이론을 따르는 것이 인간의 심리 현상이라고 볼 수 있다.

현장 실습 교육

현장 실습은 비단 공대나 전문대학 학생에게만 필요한 것이 아니라, 4년제 대학의 인문 사회계 학생들에게도 그대로 적용될 수 있는 바, 대학이 이를 최대한 활용하는 지혜가 필요하다.

물론 현재 우리나라 기업체들이 인턴 사원이란 이름하에 대학생을 미리 선발, 일정 기간 일을 시켜보고 가능성이 있다고 판단되면 정규직으로 채용하는 경향이 있으나, 이것이 보편화된 것은 아니다.

공식적으로 인턴이란 말이 사회적으로 나타난 것은 1997년 IMF 금융위기 이후 김대중 전 대통령이 벤처기업 육성과 대졸자 미취업난을 동시에 해결하기 위하여 기업이 6개월 동안 인턴사원으로 채용하면 정부가 1인당 30만 원을 보조하고, 기업이 차비 명목으로 30만 원을 보조한 임시방편 정책이었다. 다만 이 정책은 6개월 동안 한시적으로 운영되었다.

신입 사원을 처음부터 정규직으로 채용하는 것이 부담이 된다고 판단한 기업들이 예를 들어 호텔 요리사 채용 시 2~3년은 인턴으로 채용하고, 그 이후 근무 성적을 평가하여 정규직으로 채용하는 경우가 많다. 기업마다 인턴의 용도가 천차만별이다.

미국 대학의 사례를 보면, 인턴 제도를 전문적으로 활용하는 바, 디자인 전문대학에서는 1년 4학기제(봄, 여름, 가을, 겨울), 즉 쿼터제를 운영하면서 한 쿼터 당 학점은 10학점 이내, 수업은 1주 3일 정도 집중적으로 받으면서 하루 이틀 정도는 기업 현장에서 실습하고,

나머지 시간은 학생들이 각자 자율 학습을 하는 경우가 대표적 사례다. 또 토요일에는 대학 도서관에서 공부하기도 한다.

이때 한 학기, 즉 1쿼터 당 수업 기간은 12주다. 12주가 한 학기인 셈이다. 학기 사이에 2주 정도 휴식 시간이 주어진다. 쿼터제 수업이 전문 기술을 습득하는데 가장 효율적이라고 생각한다. 1주일 활용도가 수업과 현장 실습 그리고 자율 학습이 잘 결합되어 있으므로 공부에 따른 스트레스는 거의 없다. 가장 큰 장점은 학생들이 배운 전문 기술이나 기능이 장기간 방학이 없이 연속적으로 이어지기 때문에 하나의 전문 기술을 체득하는 것이 가능하다.

1년 4학기제를 운영하면 방학이 실제적으로 거의 사라지지만, 기술을 연속적으로 집중해서 배울 수 있는 것이 최대 장점이다. 한국 대학은 여름 겨울 방학이 무려 4개월 가까이 되므로 방학 사이에 기술 단절이 나타난다. 그만큼 시간 활용이 비효율적이다.

이제 한국의 4년제 대학들도 자신의 전공과 관련하여 현장 실습을 적극적으로 개발하는 것이 필요하다고 생각한다. 전문대학의 경우 공업계와 관광, 호텔조리 등과 같은 실용적인 학과는 학생들이 거의 현장 실습을 나간다. 그렇다면 4년제 대학도 실습 의무 학과냐 아니냐를 따지지 말고 전공과 관련한 훌륭한 실습 기관을 찾아서 학생들에게 현장 경험을 쌓는 것이 매우 중요하다고 본다.

사례 중심 교육

미국 대학의 MBA 과정이 전 세계인의 관심을 끄는 것은 경영대학원 학비가 비싸지만, 교육을 사례 중심으로 가르치므로 실제 현장에 활용, 적용, 응용할 수 있기 때문이다. 기업의 성공과 실패 사례를 구체적으로 얘기하고 토론하므로 값진 교훈을 최대한 습득할 수 있다.

미국 대학에서는 정주영학을 강의한다. 한국에서는 정주영학을 강의하는 대학은 없다. 일본에서도 실패학회를 만들어서 정부나 민간 기업이 실패한 사례를 분석, 백서를 발간함으로써 일반 시민들에게 그 내용을 전부 공개하고 있다. 미래를 위해서는 실패 분석이 그만큼 중요하기 때문이다. 한국에서는 삼풍 백화점 붕괴, 성수대교 붕괴, 구포 열차 사고, 세월호 참사 등 수많은 사고를 겪으면서도 그 교훈을 제대로 인식하지 못하고 있는 것 같다. 한국 사람들은 실패를 드러내는 데 몹시 주저하기 때문이다.

원래 사례 중심 강의가 가능한 분야는 의학, 경영학, 법학, 교육학 등이다. 의학이야말로 사례 중심의 메카이므로 더 이상 말할 필요가 없다. 법학은 판례 중심의 교육이 가능하다. 판례가 훌륭한 사례다.

경영학의 경우는 한국에선 아직도 사례가 아니라 이론 중심이다. 최근에는 주요 대학들이 대거 MBA 과정을 개설, 해외로 유출되는 한국 학생들을 잡기에 열을 올리고 있다.

미국 대학 MBA 과정이 유학 비용과 시간이 문제가 되므로 한국 대학의 MBA가 인기를 누리고 있으나, 과거 한국의 특수대학원처럼 학위나 인간적 네트워크로만 활용된다면 큰 의미가 없을 것이다.

특히 경영학 분야에서 성공과 실패 사례를 한국 안에서도 적극 발굴, 조명하는 자세가 필요하다. 왜 모든 경영학적 사례를 외국에서 찾아야만 하는가?

교육학의 경우도 사례가 중요하다. 한국 교육학이 미국 교육학의 영향하에 있어서 그런지 몰라도 교육학 관련 전문 서적에서도 한국적 사례를 많이 찾아보기란 힘들다. 심지어 교육학 관련 전공 서적의 사진에서도 미국의 사례 사진을 게재하는 경우가 있다. 한국 교육에 대한 철저한 현상 분석과 이를 설명할 수 있는 한국적 이론의 정립이 절실하다.

하버드대 경영대학원에서는 역사학을 전공한 석사나 박사를 교수로 임명, 기업의 역사를 가르치고 있는 현실은 우리에게 무엇을 말하는가? 실제 사례 중심의 교육과 학문적 통섭, 즉 경영학과 역사학의 융합을 선도하고 있기 때문이다.

공부의 도약은 어떻게 가능한가?

공부에서는 에너지 축적이 되어야 어느 한순간에 도약이 가능하다. 자기가 아는 것에 대하여 명료하게 말할 수 있기 때문에 도약이 이뤄지는 것이다. 엄밀한 의미에서 학생은 미리 준비한 학습 과정을 통하여 공부의 도약이 가능하다. 한편 불완전하지만 학습자의 의지에 따라서 공부를 몰아붙여서 하는 가운데도 공부나 학습의 도약을 이끌어낼 수 있다. 예를 들어, 학생이 발표와 관련, 사전에 준비 시간이 충분하더라도 막판에 가서 공부하는 버릇 때문에 발표 며칠 전에는 잠을 3~4시간만 잘 수도 있다.

이는 밤샘에 가깝다. 이러한 밤샘이 없다면 학생은 자신에게 부과된 공부를 마무리하기가 어려울지도 모른다. 집중적으로 힘든 노력을 통하여 비로소 학생들의 실력이 자신도 모르게 늘어난다는 점을 명심하는 것이 중요하다. 이러한 과정과 고통이 있기 때문에 공부에 있어서 비로소 도약, 즉 점프가 가능한 바다.

달리 말하면, 끈질기고 집중적인 노력 없이는 학생 스스로가 공부에 있어서 지적으로 높이 점프한다는 것이 불가능하다. 학생들의 경우 밤샘하는 시점이야말로 자신의 능력과 관심 및 집중 등과 같은 모든 역량을 공부하는데 몽땅 털어 넣을 수 있는 절체절명의 순간이다. 이것이 바로 공부의 도약이다.

공부나 글쓰기에서도 나름대로 마감 시간이 설정되어 있다. 시험의 경우 월말고사, 중간고사, 기말고사 등과 같이 날짜가 예측 가능하다. 평소에 열심히 공부한다면 좋겠지만, 그렇지 못할 경우에는 부득이 시험이 임박하면서 공부에 열중하게 된다.

또 글쓰기가 직업인 작가나 논설 위원의 경우도 마감 시간이 임박해야 글이 이뤄진다고 한다. 마감에 가까워질수록 혼신의 힘을 모아서 글쓰는 데만 집중하기 때문이다. 글의 완성도가 높아진다는 얘기다.

평소 공부한 내용이 쌓이고 쌓여서 어느 순간에 도약이 가능한 것이다. 공부의 도약은 스포츠의 도약과 마찬가지로 순간적으로 자신도 모르는 사이에 이뤄진다. 공부나 스포츠에서 도약이 자연스럽게 이뤄지기 위해서는 반복적인 연습이 평소 이뤄져야 한다. 반복적인 연습에 의하여 에너지가 축적되고, 이러한 에너지가 어느 한순간에 폭발하면 비로소 도약이 가능하다.

예를 들어, 철봉을 두 손으로 잡고 발로 차오르기도 마찬가지다. '천재는 태어나는 것이 아니라, 만들어진다.'라고 말하는 이유도 바로 연습의 원칙에 있는 것이다. 구체적으로 말하면, 안데르스 에릭슨 박사가 주장하는 1만 시간의 법칙에 의하여 공부를 한다면 최고 목표에 도달하기 전에 중간에 작은 도약들이 연속적으로 이뤄진다.

정리하자면, 필자는 '결코 포기하지 말라. 끈질기게 달라붙어라. 아는 만큼만 말하라. 모르는 것은 그만두라.'고 말하고 싶다. 그렇다면 우리는 서양의 분석철학자인 비트겐슈타인(Wittgenstein)이 "좌우간 생각될 수 있는 모든 것은 명료하게 생각될 수 있다. 언표될 수 있는 모든 것은 명료하게 언표될 수 있다. 말할 수 없는 것에 관해서 우리는 침묵하지 않으면 안 된다."라고 주장한 내용의 근원적 의미를 천착하는 것이 마땅하다.

자기가 공부하고 있는 내용에 대한 명료한 이해가 되었다면, 이해하고 있는 내용을 밖으로 끄집어내어서 다른 사람에게 명료하게 말할 수 있다는 얘기다. 여기서 공부의 도약이 이뤄지는 것이다. 완전한 이해가 이뤄졌다는 말이다.

이와는 반대로, 명료하게 이해되지 않은 내용은 다른 사람에게 명료하게 전달할 수 없으므로 밖으로 끄집어내어서는 안 된다는 뜻이다. 왜냐하면 이것은 불안전한 앎, 미완성의 앎이기 때문이다. 이로부터 "말할 수 없는 것은 말하지 말라."는 비트겐슈타인의 명언이 우리에게 알려진 바다. 결론적으로 공부에 있어서 도약이 가능한 이유는 말할 수 있는 것을 명료하게 말할 수 있기 때문이다.

공부는 이렇게 조망한다

우리가 공부하는 과정에서 부딪치는 여러 가지 어려움 중에서 하나는 지금 이 순간까지 쌓아 올린 공부란 에너지 축적의 부족이다. 그런데 공부란 현재 단계에서 더 높은 단계로 올라가기 위해서는 공부의 선이해(先理解)가 반드시 이뤄져 한다.

이와 관련, 젊은 학생들의 정신적 상황은 17세기 영국의 경험 철학에 있어서 확실한 토대를 세운 존 로크(John Locke)의 백지설(白紙說, tabula rasa)에 비춰서 설명하면 좋을 것 같다. 경험론이란 우리 인간의 인식은 오직 감각적 경험에 의하여 주어진다는 이론으로, 로크에 의하면 인간은 본유관념을 전혀 가지지 않는다고 한다. 그는 이러한 인간의 마음을 백지에 비유함으로써 백지설을 내세우는 것이다. 공부에 있어서 선이해 이전의 최초 단계가 바로 백지설에 해당한다.

또한 칼 구스타프 융에 의하면, "인간의 두뇌는 동일하다."라고 주장한다. 근원적 의미에서 인간의 본성은 같다는 의미다. 문자 그대로 해석하자면 인종에 관계없이 지구 상 모든 사람의 지능 지수는 차이가 없다는 뜻이다. 미국의 심리학자가 노벨수상자의 IQ를 분석한 결과, 지능 지수와 노벨상은 인과 관계가 없는 것으로 결론을 내린다. 누구나 머리가 동일하기 때문에 백지 위에 그림을 그리는 사람의 열정과 의지에 모든 것이 달려 있다.

학생들이 실제 상황에서 경험하는 바에 의하여 감각에 주어지는 것은 마치 깨끗한 백지 위에 관념이 그려지는 것과 같다. 이러한 백지 위에 선명한 그림을 그리기 위해서는 명석 판명한 공부에 의지하는 것이 바람직하다. 자신에게 주어진 백지 위에 어떠한 콘텐츠를 채우느냐는 전적으로 자신의 손에 달려 있는 것이다.

공부에 있어서 한 단계 높이 올라갈 때마다 공부하는 사람은 내용에 대한 해독이나 해석의 어려움에 부딪친다. 이것은 당연한 일이다. 예를 들어, 100m 높이의 피라미드가 있다고 가정하자. 우리가 계단을 한 단계씩 올라가야 해발 100m의 정상에 도달할 수 있으며, 여기에서 100m 아래를 한눈에 조망할 수 있는 것이다. 이처럼 위에서 아래로 조망하는 능력이 공부에 있어서도 필요한 것이다. 사물 관찰이나 공부에 있어서 전체적 조망이 가장 중요한 까닭이다.

피라미드의 높이가 자기 공부의 높이다. 이것은 바로 자신의 목표 설정과 관련이 있다. 최종 목표에 도달하기 위해서는 중간에 작은 목표에 도달해야 한다. 처음 목표에 도달하면 그다음 더 높은 목표, 즉 새로운 목표를 설정함으로써 궁극적으로 공부에 있어서 도약이 가능하다.

매번 쉬운 공부의 단계에만 머문다면 자신의 성장을 결코 기약할 수 없다. 그 과정이 어렵고 힘들더라도 한 단계 더 높이 올라가야 비로소 그 아래 단계의 독서 내용을 제대로 이해하고 바라볼 수 있는 것이다.

한마디로 공부하는 사람들은 나이에 관계없이 지적 모험을 과감하게 실행하는 자세가 필요한 것이다. 지적 모험 없이는 학문의 발전은 물론 개인이나 국가의 발전이 불가능하기 때문이다.

이렇듯이 공부에서는 항상 위에서 아래로 조망하는 습관을 기르는 것이 가장 중요하다. 그것은 어려운 내용을 공부해야 쉬운 내용을 저절로 알 수 있기 때문이다. 이 어려운 내용이야말로 교수와 더불어 학생들을 이끌어 갈 수 있는 또 다른 스승임에 틀림없다.

공부가 어려운 이유

공부 즉 학문하는 사람의 자질은 상, 중, 하로 구분된다. 상이나 중에 해당되는 사람은 다른 이를 가르칠 자격이 있는 데 비하여, 하에 해당되는 사람은 우선 스스로 배우는 것을 으뜸으로 삼아야 한다. 그럼에도 지금에 와서는 오직 배워야 하는 사람 중 상당수가 선생으로 자처하는 데 근원적 문제가 있는 것이다. 이는 진실로 공부하는 사람이 드문 까닭이다.

설령 가르칠 자격이 있더라도 자질 면에서 유치원이나 초등학교 선생이 결코 대학 선생이 될 수 없다는 점이다. 이 때문에 우리는 공부가 어렵다는 것을 절감하는 바이다. 진실로 공부하기가 어려운 이유를 살펴보면 다음과 같다.

첫째, 학문에 뜻을 둔 사람은 '공부하는 동기'가 뚜렷해야 하며, 또한 '공부하는 자세'를 갖추지 않으면 안 된다. 학문하고자 하는 사람이 제대로 학문의 길에 들어서기가 쉽지 않다고 생각한다. 더욱이 학문의 길에 들어섰더라도 평생 공부하지 않는다면 진실로 공부한다고 말할 수 없기 때문이다.

특히 요즘에 와서는 학문을 인격 수양보다는 출세나 좋은 직장을 얻는 도구로 보는 경향이 많다. 또 상당한 부분은 주변 환경 때문에 학문하는 사람이 과거처럼 공부에만 전념할 수 없는 탓도 있다. 그렇다면 지금 학문하는 사람에게 우리 선조의 공부 자세를 강요할 수 없으므로, 학문에 뜻을 둔 사람이 최소한 10년 이상 공부에 정진할 때 진실로 공부하는 자세가 갖춰진 것으로 보면 된다.

둘째, 공부하는 사람이 지혜로운 선생을 만나기가 어렵다는 점이다. 여기서 선생이란 제자들에게 마음공부를 제대로 이야기할 수 있는 사람을 뜻한다. 예를 들어 공자의 제자 중에서는 안회(顔回)가 심법(心法)을 이었으며, 그 다음으로 정자(程子)와 자사(子思)가 이었다. 이들은 천하의 유명한 사람들이다. 공부하는 사람이 이러한 훌륭한 선생을 만난다면 커다란 인연이라 아니할 수 없다.

셋째, 공부에 있어서는 단순히 머리보다는 몸과 마음으로 뼈저리게 체득하는 것이 무엇보다 중요하다. 달리 말하면 공부한 결과가 실제 경계에 부딪혀서 그 역할을 다해야 하는 것이다. 궁극적으로 공부하는 사람은 안팎일여가 되지 않으면 안 된다. 즉 공부의 경지가 높은 사람은 언제 어디서나 마음속으로 생각하는 바를 조금도 주저함이 없이 행동으로 옮긴다.

넷째, 학문하는 사람이 공부의 결과와 관련해서 자신의 목소리, 즉 독창적인 의견을 제시하는 것이 필요하다. 물론 공자의 논어에서는 '술이부작'(述而不作)이란 말이 나온다. 이것은 "옛것을 다시 정리하여 말할 뿐 엄밀한 의미에서 새로운 창작이란 없다."라는 뜻이다. 우리가 다른 사람의 말을 정리하는 과정에서 인용보다는 내용에 대한 소화력이 문제이다.

필자가 현대적인 의미에서 '술이부작'을 풀이하면, "학문하는 사람이 선현의 업적이나 기존의 연구를 근거로 하여 자신의 의견을 내세워 새로운 내용을 창조하는 것을 말한다." 이때 새로운 내용이란 새로운 학문 · 과학 · 기술 · 문화 등을 지칭한다.[1)]

수업론

훌륭한 교수 강의

훌륭한 강의와 관련해서는 교수와 학생 간 쌍방 소통이 잘 이뤄져야 한다. 대학 수업에서 쌍방 간 소통이 잘 될 수 있는 훌륭한 강의 조건은 다음과 같다.

첫째, 적합한 교재 즉 텍스트의 선정이다. 교재란 수업 교과목과 관련하여 학생이 공부하는데 훌륭한 도구가 되기 때문이다. 이러한 훌륭한 도구와 더불어 교수의 강력한 메시지 전달이 이뤄져야 한다. 교재가 아무리 훌륭하더라도 한 권의 교재가 모든 것을 설명할 수 없으므로 전문가집단의 일원인 교수의 설명이 필요한 것이다.

예를 들어, 과거 유명했던 『성문종합영어』나 『수학 정석』 유형의 교재가 대학에서 나타나기는 어렵다고 본다. 교재는 교재마다 성향이 있기 마련이다. 그만큼 대학 교재는 다양성을 보여주는 것이다. 경우에 따라서는 적절한 교재가 없을 수도 있다. 이때는 교수가 강의에 필요한 내용을 적절히 편집해서 가르칠 수밖에 없다.

둘째, 교수나 가르치는 사람들은 교과목 수업과 관련, 가능하면 많은 데이터를 제공하는 것이 수업 내용을 한층 더 알차게 만든다. 교재가 모든 것을 해결할 수 없으므로 교수는 가르치는 주제와 관련, 끊임없이 데이터를 제공하는 것이다.

이때 제공되는 데이터는 다른 교재의 일부분 복사이거나 논문 관련 내용, 혹은 신문 스크랩도 가능하다. 이러한 다양한 자료는 수업 중 학생들의 관심 전환과 더불어 학습의 집중도를 높이는 데도 유효하다.

셋째, 가르치는 교수의 전문 역량이다. 특히 학생과 교수 사이의 상호작용, 즉 피드백이 전제되어야 한다. 먼저, 수업과 관련해서는 교수는 학생들에게 질문의 기회를 부여하는 것이 바람직하다. 한국 대학 수업과 미국 대학 수업 사이의 근원적 차이는 질문이 있느냐 없느냐에 달려 있다.

우리나라 대학 수업은 고교 수업과 같다. 학생들이 수업에 무관심하거나 잠을 자거나 휴대폰을 만지는 것이 일상이 되어버린 것 같다. 이러한 수업 분위기를 이끌어 가야 하는 책임은 전적으로 교수에게 달려 있다.

한국 대학 교실 형태는 거의 극장식이다. 최소한 한국 대학 교실의 책상을 ㅁ자나 ㄷ자로 배열함으로써 수업 집중도를 높이는 공간 혁명이 필요하다고 생각한다. 공간 구조가 학생들의 사고를 바꿀 수 있기 때문이다. 대학 교실 공간이나 구조가 바뀌면 학생들의 심리적 기저도 변화되어 수업의 효율성을 끌어올릴 수 있다.

대부분 우리나라 교수들은 혼자서 50분 동안 일방적으로 강의 진도에 맞춰서 얘기하다가 나가버린다. 질문도 거의 없다. 침묵으로 일관한다. 대학 수업에서도 쌍방 커뮤니케이션이 절실한 까닭이다.

필자도 27년 전 『문헌비평』 교과목 시간에, 책상 배열을 ㅁ자로 만들어서 서로 얼굴을 마주 보도록 하고, 중간 기말고사 필기시험 대신에 문헌비평 과제물 제출과 수업 중 발표를 한 결과, 학생들로부터 예상 밖에 좋은 반응을 얻었다. 한마디로 교실 공간 구조 혁신은 그것이 조그마한 변화라 하더라도 대학생들이 학습하는 데 심리적 변화, 즉 긍정성을 불러일으킨다.

가르치는 사람의 역할

한마디로 가르치는 선생은 과거 소련의 세계적인 교육심리학자 비고츠키 박사의 주장대로, 배우는 사람의 지적 능력을 한 단계 끌어올리는 역할을 담당하는 것이 가장 바람직하다. 비고츠키 박사가 주장하는 내용이 바로 근접 발달 영역(ZPD) 이론이다.[1] 예를 들어, 가르치는 선생이 현재 능력이 80인 학생과의 상호작용을 통하여 100의 능력으로 끌어올린다면, 이것이 바로 근접 발달 영역 이론에 해당된다.

이와 관련, 아리스토텔레스의 말을 빌리자면, 잠재태를 현실태로 바꿔주는 것이 가르치는 사람의 역할이다. 여기서 잠재태란 개인의 잠재적인 능력을 말한다. 현실태란 학습을 통하여 각 개인이 밖으로 드러낸 실제적인 능력을 뜻한다. 교사와 학생 간의 상호작용을 통하여 학생 개인의 현재적인 능력의 수치가 조금씩이라도 올라가야 한다.

교육에서는 교사, 교수, 기술자, 요리사 등과 같은 각종 전문 자격 소지자가 가르치는 주체로 등장한다. 이들을 전문가집단이라고 부른다. 전문가집단이 바로 훌륭한 교사다.

여기서 교수(教授)란 첫째 직업으로서의 대학 교수를 의미하고, 둘째, 글자 그대로 교수란 가르치고 전달하는 것을 뜻한다. 누가 교수하는가? 바로 전문가집단에 속한 사람들이다.

가장 먼저 가르치는 자는 준비성이 탁월해야 한다. 그러므로 선생 역할을 하는 사람들은 육체적, 정신적 컨디션 조절을 잘해야 한다. 가르치는 자가 어떤 메시지를 전달할 것인가를 그때마다 결정하지 않으면 안 된다. 매시간 당 선생이 하나의 강력한 메시지를 전달할 수 있다면 성공이라고 본다.

가르치는 자가 전달하고자 하는 내용이 가장 중요하므로 가르치는 방법에 대한 끊임없는 노력과 학습이 필요하다. 때문에 배우는 자의 수준 파악이 중요하다. 그들에게 맞는 얘기를 전해줘야 하기 때문이다.

필자는 경험적으로 교육심리학 영역 중 학습심리학에 대한 공부는 누구에게나 필요하다고 생각한다. 교육대학이나 사범대학 학생들은 이미 교직 관련 교과목을 통하여 학습심리학에 대한 지식을 배운다. 그런데 대학교수들 중에서 교육학 관련 전공자를 제외하고는 자발적으로 교육심리학 분야를 공부하는 사람은 드물다. 교육심리학은 비단 가르치는 교사나 교수에게만 필요한 것이 아니라, 배우는 학생들에게도 핵심적인 내용을 전달한다면 상호작용에 의한 학습 효과를 충분히 올릴 수 있다.

왜 첫 시간이 중요한가?

수업에 있어서 학기 첫 시간과 마지막 시간은 학생들로 하여금 교과목에 대한 결정적으로 중요한 의미를 부여한다. 첫 시간에는 한 학기 동안 전개될 학습 내용에 대한 전체적 메시지의 명쾌한 전달이 필요하고, 마지막 시간에는 학습 주제에 대한 핵심적 인식의 상기에 촛점이 맞춰져야 한다.

때문에 학기 첫 시간에는 강력한 메시지 전달하기 위하여 정밀하고 조밀한 수업의 진행으로 학생들을 하나의 문제의식으로 긴장시키는 것이 무엇보다 중요하다. 이렇게 함으로써 주어진 각 교과목에 대한 학생들의 새로운 관심을 불러일으키고, 한 학기 동안 계속적으로 여기에 집중토록 하는 것이 가능하다.

우리나라 대학에서 첫 시간은 강의계획서와 교재를 소개하는 정도로 그치므로 본격적인 수업이 불가능하다. 호주의 대학에서는 첫 주 첫 시간부터 교재를 준비해서 바로 수업에 들어간다. 그야말로 야무진 한 학기 수업이 시작된다.

한 학기 수업이 15주라고 하지만 중간 기말고사를 제외하면 13주에 불과하다. 2학점 수업이라면 첫 주에 2시간 연속 강의가 일반적이므로 첫 주를 이렇게 보내면 귀중한 시간을 갉아먹는다.

물론 일부 교과목에서는 강의 교수가 바로 수업에 들어가는 경우도 있지만, 문제는 학생들이 교재조차 준비하지 않는 가운데 진도만 나간다는 것은 학습 효율성이 그만큼 떨어진다.

또한 1시간 50분짜리 수업인 경우, 교수는 수업 시작 5분 전에 교실에 도착, 정각에 바로 출석을 부르고 수업에 들어가는 것이 맞다. 50분 수업에서 50분을 꽉 채워서 집중적으로 강의하는 것이 중요하다. 강의 시간을 어떻게 효율적으로 배분하느냐는 전적으로 가르치는 교수에게 달려 있다.

여기서 중요한 점은 마지막 50분까지 가르치는 사람이나 듣는 사람이 집중하는 자세가 필요하다. 필자는 경험에 의하면, 40분 정도 지나면 벌써 몇몇 학생들은 교실을 떠날 준비를 하는 것을 자주 목격했다.

한편, 기업이나 공장, 공무원, 공공기관 등도 마찬가지라고 본다. 우리나라 기업의 근무 성향은 집중력이 선진국보다 떨어지고, 노동생산성이 현저히 낮게 나타난다.

필자는 1990년대 초 전 대우자동차 티코 창원공장을 방문, 경영부장인 친구를 만나서 티코 생산 조립 라인을 구경했다. 전 대우 그룹 김우중 회장은 이 공장 생산직 노동자 전원을 기술 도입 회사인 일본의 미쯔비시에 6개월 연수를 보낸 결과, 티코 공장의 노동 생산성이 현대나 기아자동차보다 무려 6%나 높아졌다고 말한다. 그래서 현대 기아자동차 노동자들이 티코 공장에 견학한 것이다.

일본 자동차 공장의 근무 시간이 8시부터라면 15분 전 자기 위치에 가서 8시 정각에 작업이 시작되도록 자동차 부품과 도구 등을 완전히 준비한다. 특히 작업 중 휴식 시간에는 휴식이 시작되는 시점에 부품과 도구 등을 신속히 정리한 후 화장실이나 담배 한 대 정도 피운 후 휴식 시간 10분이 끝나기 전 자신의 위치로 돌아가서 바로 작업에 들어간다.

점심시간이 12시라면 정각에 부품과 도구를 정리한 다음 밥 먹으러 간다. 엄밀하게 말하면, 점심시간이 60분이라 하더라도 일본 자동차 노동자에게는 50분 정도밖에 주어지지 않는다. 일본에서는 하루 근무 시간이 8시간이라면, 정말로 일본 노동자들이 자동차를 생산하는데 몰입하는 순수한 시간을 말한다.

필자가 한때 타고 다니던 티코의 A/S가 필요해서 창원 공장 내 A/S 센터를 방문한 적이 있었다. 12시 40분경 도착해서 살펴 본 결과, 12시 45분 되니까 작업반장으로 보이는 사람이 마침 족구를 하고 있던 동료 직원들에게 경기 중단을 지시하니까 바로 A/S 센터 직원들이 자기 위치로 돌아감으로써 1시 정각부터 작업이 시작되는 것을 봤다.

공부나 작업이나 일에서 가장 중요한 것은 바로 집중 즉 몰입이다. 주어진 시간을 100% 활용하는 것이 진정한 몰입이다. 원래 집중이란 두 가지 뜻이 있는데, 첫째는 불교학의 마음공부에서 나오는 집중(執中)으로 이는 곧 수심(守心) 즉 마음을 지키는 것을 말한다. 여기서 집중이란 마음 닦는 것을 말한다. 둘째 집중(集中)이란 정신적 단어로서 공부하는데 몰입하는 것을 말한다.

수업 중 교수가 말하는 설명에 적극적으로 동참, 질문하고 답하는 것이 중요하다. 수업 중 집중해야 나중 시험 준비를 하거나 필요한 경우에 즉각적인 인출이 가능해야 하기 때문이다. 수업 중 휴대

폰을 사용하거나 딴짓하거나 엉뚱한 생각을 하는 것은 시간 낭비다. 필자가 수업 중 학생들을 살펴보면 너무 조용하다. 학생들이 스마트폰을 열심히 만지고 있기 때문이다. 이처럼 가르치는 사람과 배우는 사람이 주어진 시간을 활용해서 최대한 가르치고 배우겠다는 상호작용의 원리가 작동하지 않으면, 교육의 효과를 기대할 수 없다.

정리하자면, 한 학기 첫 수업도 교수와 학생 간에 공감에 의하여 바로 시작되어야 한다. 첫 주 수업이 집중적으로 이뤄져야 그 이후 수업도 집중의 연속선상에 놓여질 수 있는 것이다. 이것이 한 학기 동안 지속된다면 수업의 효율성이 비로소 달성된다고 본다.

근본적으로 교수가 수업을 적극적으로 이끌어가야 하겠다는 강력한 의지가 바탕이 되어야 하고, 학생들도 동참 의지를 최대한 보여야 할 것이다. 왜냐하면 교육이란 가르치는 사람과 배우는 사람 간의 강력한 상호 작용에 의하여 효과를 나타내기 때문이다.

수업 중 이해와 혼자 공부하기

대학생은 먼저 수업 교과목과 관련한 교재를 구입, 새로운 학문적 내용에 대한 끊임 없는 이해 노력이 선행되어야 한다.

대학에서도 반복적 학습의 중요성은 중고등과 똑같다. 즉 예습과 복습을 철저히 하라는 말이다. 자신의 학문 영역을 천착하기 위해서는 그렇다는 얘기다.

자기가 공부하는 영역과 관련, 체계적인 학습 방법을 새로이 고

안해 내는 것이 필요하다. 공부의 효율성을 높여주기 때문이다. 인문과학이나 사회과학, 자연과학 그리고 의 · 치의학에서는 각기 독자적인 공부 방법이 요구된다.

학생들이 수업을 들은 후 곧장 교실 밖으로 나가는 순간 수업 중 교수로부터 들은 내용이 잘 기억나지 않는 경험을 많이 한다. 한마디로 교수가 수업 중 완벽한 설명을 하므로 마치 듣는 순간 학생 자신이 잘 아는 것처럼 착각하는 것이다. 수업 중에는 거의 이해가 된 것처럼 느껴지기 때문이다. 수업 중 이해된 것과 집에서 혼자 공부하는 것 사이에 간극이 발생하는 것이다. 그리므로 예 · 복습이 필요하다.

학생은 먼저 수업 중 교수 강의를 집중해서 들어야 한다. 공부에서 가장 기본적인 자세는 집중(集中)이다. 이 집중하는 능력이 바로 공부하는 정신력이다. 집에서 혼자 공부하더라도 수업 중 교수의 강의 내용을 100% 이해한 것과 같은 효과를 얻기 위해서는 수업 중 집중과 수업 내용에 대한 프리 노트를 하는 것이 필요하다. 수업 중에는 늘 '만일 내가 집에서 공부한다면, 수업 중 들은 내용을 어떻게 완전히 복구시킬 것인가?'를 마음속으로 깊이 생각하지 않으면 안 된다.

수업 중 학생 본인이 순간순간 방심한 탓에 일관된 내용이 중단되므로, 집에서 혼자 애써 공부하더라도 생각이 잘 안 날 수도 있다. 단지 내가 수업에 참석한 것만으로 근거로 해서 집에 가서도 수업 중 모든 기억이 되살아나리라고 생각하는 것은 잘못이다.

'나는 늘 의심한다. 고로 나는 질문한다.'

데카르트(Decartes)의 주장인 '나는 생각한다. 고로 나는 존재한다.'란 명언을 필자가 잠시 바꿔놓았다. 데카르트는 끊임없는 의심을 요구한다. 이러한 데카르트 정신은 공부를 하는 데도 매우 유용한 가치를 지닌다. 우리나라 대학에서 가장 커다란 병은 '질문 안 하는 것이다.' 수업 중에는 그냥 침묵뿐이다. '왜'가 부재한 것이다.

오바마 전 미국 대통령이 한국을 방문, 내외신 기자들 앞에서 성명을 발표한 뒤 기자들로부터 질문을 받았다. 그런데 예상을 뒤엎고 한국 기자 중에서는 아무도 손을 들지 않았다. 그러자 중국계 미국 국적의 여기자가 오바마 대통령에게 질문을 한 적이 있다. 한국 기자들조차도 기자 회견장에서 질문하기를 싫어하고 있는 것이다.

객관식 수능 고사에 근거하는 한국 대학입시 체제 때문에 수업 중 질문할 필요가 전혀 없다. 대학조차 토론 수업 부재로 일방적으로 교수 위주의 강의가 진행되므로 질문이 필요 없다. 심지어 토론이 절실한 대학 철학과 수업조차도 교수의 일방통행 수업이 지배적이라는 한 조사 결과가 나왔다.

이러한 현상은 대학뿐만 아니라, 기업이나 정부 기관에서도 치열한 토론을 벌이는 회의 문화가 제대로 정착되지 않은 탓이다. 사회 전반적으로 궁금한 내용이나 의심 혹은 질문이 있어도 일부러 밖으로 끄집어내기를 주저하는 한국 사람들의 일반적 정서라고 생각한다. 이러한 사회적 문화에서는 창의력을 발휘하기 어렵다.

미국의 구글 조직 문화는 개방적이다. 기업 구성원이 하루 일과 시간 중 20%를 자신만의 시간으로 자유롭게 사용할 수 있다. 명상을 하든, 새로운 아이디어를 구상하든, 휴식을 취하든 정신적 자유 공간을 제공하는 이유는 순수한 자기 의심을 통하여 더 창의적 아이디어를 만들어낼 수 있기 때문이다. 이러한 의심을 통하여 치열한 논쟁을 벌이는 가운데 새로운 과업이 탄생하는 것이다.

우리나라 사람들은 자신이 잘 모르면서 질문을 안 하는 경우가 많다. 질문하는 것을 창피하다고 생각하기 때문이다. 설령 자기 자신이 질문이 있다 하더라도 내심 다른 사람이 나를 대신해 질문하기를 바란다.

용감하게 내가 먼저 질문을 해야 한다. 나만 모르는 것이 아니라, 다른 사람도 다 같이 모르고 있으므로 내가 질문함으로써 다른 사람도 더불어 알게 하는 데 목적이 있다. 질문은 할수록 지적 깊이가 깊어지므로, 질문은 적극적으로 장려되어야 한다.

무조건 질문하라. 자신감이 생기고 그만큼 사물을 보는 눈이 열린다. 안목이 넓어진다는 얘기다. 열린 교육에서는 질문이 자연스럽다. 질문한다는 것은 의심한다는 뜻이다. 커다란 의심은 커다란 해결책을 가져온다. 그러므로 주저 없이 질문하는 것이 중요하다. 불교 철학에서는 대분심(大忿心), 크게 분노하면서 의심하는 자세로 공부를 하면 크게 깨달을 수 있다고 말한다.

왜 질문인가?

필자는 매 학기 첫 시간마다 학생들에게 교수의 강의 내용과 방법에 대하여 잘 이해하지 못하거나 새로운 의견을 제시하고 싶으면 수업 중이나 연구실에 찾아와서 말하라고 강력히 주문하지만 실제로 관심을 가지는 학생은 거의 없다. 학생들이 모르는 게 있어도 질문을 하지 않는다. 학생의 질문은 교수가 강의한 내용을 제대로 점검할 수 있는 계기가 된다는 점에서 의미가 있다. 일방통행식 강의보다는 문답식 수업이 더 효과적이다. 문답식이 실제로 잘 이루어지기 위해서 모르는 것이 무엇인지 알고 그것을 질문해야 한다.

학생의 경우, 질문이 없는 이유는 첫째, 예습이 없거나, 둘째, 복습을 하지 않거나, 셋째, 수업 시간에 집중하지 않기 때문이다. 그래서 자신이 무엇을 모르는지 모르는 것이다.

질문과 관련하여, 학생들에게 나타나는 일반적인 현상은 학생들이 질문 자체를 두려워한다는 사실이다. 질문의 효용성은 다음과 같다.

첫째, 학생들이 질문하는 것을 아주 창피하게 생각한다. 그럼에도 질문은 왜 중요한가? 질문은 질문하는 당사자뿐만 아니라, 똑같은 의심을 가지고 있는 다른 학생들에게도 커다란 도움이 된다.

둘째, 만일 학생이 질문을 제때 하지 않는다면, 교수는 학생이 무엇을 어디까지 모르는지 확인할 길이 없다. 학생이 보기에 하찮을지 모르는 질문 하나가 교수에게 수업 내용에 대한 중요한 단서를 제공하는 셈이다.

셋째, 학생의 질문이 서로 다르더라도 경우에 따라서는 같은 내용으로 답할 수 있는 것이 많다. 학생의 질문이 빈번해야 교수가 바짝 긴장하여 같은 내용에 대해서도 학생의 이해를 돕기 위하여 서로 다르게 말할 수 있다. 이것이 패러프레이즈(paraphrase), 즉 말바꾸기다. 교수가 동일한 내용을 다르게 설명할 수 있다는 얘기다.

넷째, 학생의 질문이 많아야 교수는 더욱 더 정밀하게 가르친다. 더불어 교수도 연구를 정밀하게 하지 않을 수 없다.

다섯째, 교수는 학생의 질문에 대한 설명으로 일정한 학습 내용을 단번에 총정리함으로써 같은 학습 내용에 대한 반복으로 완전한 이해와 기억이 가능하다.

질문은 의심이다, 우리는 의심하지 않으면 배울 수 없다. 배우는 학생이 크게 의심하면 크게 배운다. 작게 의심하면 작게 배운다. 의심이 풀리면 모든 것이 풀린다. 의심을 풀어야 그것이 바로 각자의 양식이 된다. 의심을 제대로 풀지 않는 가운데 어떠한 내용을 암기하더라도 완전히 자신의 것으로 소화할 수 없다.

학습에 있어서 문답식은 훌륭한 공부 방법이다. 이렇게 하려면 공부하는 사람이 여러 측면에서 많은 준비를 해야 한다. 질문을 통하여 학생은 정확히 몰랐던 사실을 제대로 이해하게 된다. 교수는 학생 질문에 대한 준비로 어떤 사안을 더욱 더 높은 곳에서 다양한 측면에서 조망하는 것이 가능해진다.

질문 요령을 구체적으로 설명하면 다음과 같다.

① 자신이 진정으로 모른다고 생각되는 내용을 들춰내어 마음속으로 검토해보라.

② 질문을 모두 열거하여 문서화하라. 그런데 자신이 모르는 질문을 다시 원점에서 정밀히 사유하면 자신의 지식에 의하여 스스로 해결이 가능할 수도 있으며, 또한 개개의 질문을 관통하는 커다란 줄기에 해당하는 새로운 질문을 만들어 낼 수 있다.

③ 질문을 만들었다면 자신이 이 문제를 해결하기 위하여 평소 수업 시간에 얼마나 많은 노력을 기울였는가 한번 생각해 보라. 질문을 통하여 자신의 자화상을 들여다보라.

④ 이러한 과정을 통하여 질문을 만들어 보면 미리 해결될 수 있는 내용이 저절로 나타난다. 그래도 모르는 내용이 있으면 지체 없이 수업 중 교수에게 물어보는 것을 하나의 즐거움으로 삼아라.

질문이 가능한 이유는 선생이 있기 때문이다. 선생은 무턱대고 학생을 이끌어 갈 수 없다. 공부에 관심이 있는 학생만 이끌어 갈 수 있다. 학생은 책만 봐서는 안 된다. 선생이 딱 집어서 얘기해야 비로소 학생 자신의 의지에 의하여 잘 알아들을 수 있는 까닭이다.

줄탁동시(啐啄同時)라는 말이 생각난다. 이는 알을 깨고 밖으로 나오려는 학생의 의지가 충만할 때 어미가 부리로 탁 쪼아주어야 한다는 얘기다. 스스로 하고자 하는 의지가 부족한 공부는 위험하다. 그러므로 학생은 혼자서 마음대로 책을 읽지 말고, 예단해서는 안 된다. 만일 이렇게 된다면 학생이 착견(着見)을 일으켜 잘못의 구렁텅이에 빠질 수 있기 때문이다.[2)]

토론식 수업

한국 대학 교육에서 토론식 수업이 싹틔울 수 없는 이유는 주입식 교육, 학점 위주 교육, 시험 위주 능력주의, 강의실의 물리적 구조 등이다.

먼저, 토론식 수업과 관련, 필자의 경험을 얘기하고자 한다. 1996년 필자가 『현대문헌비평의 해부』란 저서를 출판한 다음, 그 이듬해 문헌정보과 교육과정 상 ≪문헌비평실습≫이란 교과목을 개설하면서 기존 수업과는 달리 새로운 시도를 했다.

첫째, 교실 책상 형태를 극장식에서 서로 마주 볼 수 있도록 사각형 형태로 바꾼 결과 수업 집중도가 훨씬 높아졌다.

서로 마주 보는 수업 형태를 취한 첫째 이유는 수업을 듣고 있는 학생들의 얼굴을 쳐다봄으로써 옆의 친구들과 쓸데없는 얘기를 하지 않도록 하는데 목적이 있다. 확실히 얼굴을 마주 보면 수업과 관계없는 얘기를 꺼내기 힘들다. 이는 커다란 교실 혁명이다. 또 다른 이유는 학생들이 자연스럽게 발표에 참여하는데 좋은 분위기를 연출할 수 있기 때문이다.

필자는 수업에 들어가서 '수업 중 침묵은 죄를 짓는 행위와 같다.'라고 강조한다. 수업 중 학생들이 침묵을 지키고 있다면 이는 교수나 학생들에게 전혀 도움이 되지 않는다. 많은 등록금을 내고 대학에 다니면서 수업 중 질문이 없다면 그만큼 얻어가는 것도 없다.

둘째, 학생들이 교수와 상의한 후 스스로 선택한 책을 읽고 수업 중 자신의 리포트를 발표하도록 100% 학생 참여와 학생 발표 위주로 확 바꿔버렸다. 필자는 학생들이 책을 충분히 읽을 수 있도록 한달 이상의 준비 기간을 주었다. 4월 초부터 발표에 들어간다. 학생들이 서로 다른 책을 읽고 내용을 비판하는 수업이었으며, 중간고사와 기말고사는 과제물로 평가하였다.

그런데 여름 방학 중 부산 영도에서 문헌정보과에 다니는 2학년 어떤 여학생이 필자에게 편지를 보내왔다. “100% 토론식 수업을 통하여 학생 본인이 비로소 대학생임을 실감하였으며, 이런 좋은 과목을 가르치는 교수님은 4년제 대학에 가서 수준 높은 학생을 가르쳐야 한다.”라는 얘기였다. 이 편지를 읽고 필자도 깜짝 놀랐다.

다만 학생들이 말하지 않을 따름이다. 2년제 대학생이라 할지라도 교수 학생 간에 쌍방작용이 이뤄지는 토론식 수업을 얼마나 갈구하고 있는지를 깊이 인식할 수 있는 바이다. 한마디로 우리나라 대학에서도 대학 강의실에서 실천적인 조그마한 변화가 절실한 것이다. 강의실의 구조를 극장식에서 回형태, 즉 ㅁ자형으로 바꿔보라. 이것은 학생들의 사고 변화를 일으키는데 매우 유용하다. 교육이나 업무상 물리적 구조, 즉 공간이 바뀌면 그러한 공간에서 근무하는 사람들의 사고도 혁신적으로 변화할 수 있기 때문이다.

시험 준비 요령

모든 공부란 시험의 연속선 상에 놓여 있다. 어떠한 시험공부도 벼락치기보다는 평소 철저한 예 · 복습으로 사전에 충분히 대비함으로써 시험 당일 어떤 문제가 나오더라도 적절한 대응이 가능토록 해야 한다.

먼저, 수업 중이나 중간 · 기말 고사를 준비하면서 출제 예상이 가능한 문제를 학생 본인이 만들어봐야 하겠다. 수업 중 교수가 특히 강조하는 부분은 시험 문제로 출제될 가능성이 높다. 필자도 수업 중 중요한 내용에 대해서는 강조하고, 이런 내용은 시험에 나올 가능성이 있다라고 힌트를 주기도 한다.

대학 시험은 주관식 문제가 지배적이다. 우리나라 대학생들은 대학입시 전까지 철저한 객관식 문제에만 몰두한 결과 주관식 답안 작성 능력은 부족한 편이다. 그런데 공부 방법적으로 시험공부나 시험답안 그리고 대학 수업 내용 이해의 핵심은 패러프레이즈(paraphrase), 즉 말 바꾸기다. 패러프레이즈란 재구성을 의미한다.

답안 작성이나 다른 학문적 내용을 제대로 이해하기 위해서는 교재나 수업 중 등장하는 여러 가지 이론과 개념 중심으로 철저한 이해가 이뤄져야 하고,

둘째, 달리 말하면 핵심적 내용이나 주요 개념에 대한 철저한 자기 소화가 잘 되어야 하며,

셋째, 위 과정을 정상적으로 거치면서 새로운 자기 의견을 논리적으로 만들어내는 자세가 공부에서 정말로 중요하다. 구체적으로 말하면, 기존의 주요 이론에다가 자신의 독자적인 의견을 잘 결합함으로써 새로운 의견 창조가 가능해진다.

여하튼 기존 이론이나 개념의 완전한 이해 바탕에서 자기 창조가 가능한 것이다. 기존 이론이나 학문적 내용에 대한 불완전한 이해 상태에서는 새로운 의미의 창조가 불가능한 것이다. 왜냐하면 자기만의 편견에 사로잡힌 독단(dogma)에 빠질 가능성이 높기 때문이

다. 그러므로 기존 학문에 근거하여 모든 논의를 전개하는 것이 가장 바람직하다.

필자가 유아교육과에서 교육심리학 교과목을 강의하면서 중간고사 시험을 치렀는데, 어떤 여학생이 제출한 답안지에서 시험 문제에 대한 기존 이론은 전혀 기술하지 않은 채 자기 의견만 2페이지 분량을 기술한 독단적인 답안지를 본 적이 있다.

여기서는 중간고사나 기말고사 등의 시험 준비와 관련, 필자의 공부 경험이나 강의 경험을 토대로 설명하고자 한다.

다만 평소에도 어려운 학습 내용에 대한 복습이 잘 이뤄진 사람을 전제로 한 것이다. 벼락치기 공부는 절대 사절이다.

또 영어, 독어 등의 어학 교과목, 수학이나 물리학 등의 자연과학 분야, 공학 관련 교과목 등에 대해서는 평소 철저한 예 · 복습이 이뤄져야 한다. 이런 내용은 벼락치기가 안 통하기 때문이다.

첫째, 시험 날짜 기준 2~3주 전에 배운 내용을 에센스 위주로 다시 재정리한다.(1회 재구성)

둘째, 시험 날짜 기준 1주일 전에 거의 이해, 암기하는 데 주력한다.(2회 재구성)

셋째, 시험 날짜 기준, 1일 전(3회 재구성) 본인이 예상하는 출제 문제도 뽑아봐야 한다. 이러한 재구성과 관련, 개인의 차이도 충분히 고려해야 한다.

넷째, 시험 당일(마지막 재구성) 예를 들어, 오전 10시 시험이라면 가능하면 1, 2시간 빨리 시험 교실에 도착, 마지막으로 강의 내용에 대하여 일별해보자. 그리고 지하철이나 버스 안에서도 커다란 줄거리나 개념 위주로 마지막 점검의 기회를 이용하는 것이 중요하다.

시험 전날 수면은 충분해야 한다. 잠을 자지 않는 시험공부는 효과를 못 볼 수도 있다. 특히 시험 기간 중 어느 정도 수면을 취하면서 공부하는 것이 뇌 과학 측면에서 그 효과가 충분한 것으로 증명되었다. 잠자기 전에 집중적, 체계적으로 공부한 내용을 뇌에 입력하면, 잠을 자는 동안에도 뇌가 학습한 내용을 다시 정리해주기 때문이다.

수업과 시험 공부의 재구성

한마디로 공부란 재구성하는 것이다. 대학생이 수업 중 학습한 내용을 그대로 머리에 입력하는 것이 아니라, 부지불식간 자기도 모르는 사이 자기가 이해하는 범위에서 재구성하여 입력하는 것이다. 또 재구성하기 위해서는 부득이 패러프레이즈(paraphrase), 즉 말 바꾸기를 하지 않을 수 없다.

공부에서는 재구성 혹은 재구조화 능력이 중요하다. 여기서 재구조화란 구조를 다시 갖추는 것을 뜻한다. 공부를 잘하는 학생은 재구성 능력이 그렇지 않은 사람보다 더 뛰어나다고 보면 된다. 답안 작성을 잘하는 학생은 재구성 능력이 좋다.

교재, 즉 책이나 교수가 수업 중 설명한 내용을 핵심 위주로 머릿속에 자신이 공부한 내용을 논리적으로 설득력 있게 정리한 것이 바로 재구성이다. 어떤 내용과 관련, 핵심적 키워드를 추출하여 자신의 근거 있는 생각으로 살을 붙여 나간다. 책이나 수업 중 교수의 얘기를 그대로 머릿속에 기억하거나, 답안지에 그대로 베껴 쓸 수는 없다. 그러므로 학생 본인이 수업 중 배운 내용을 다시 정리하여 일목요연하게 에센스 위주로 정리하는 것을 재구성이라고 부른다.

내용 요약이나 필자가 주장하고 있는 초록화 과정을 밟으면 재구성의 작업이 마무리되는 것이다. 국어 시간을 통하여 강조된 요약 훈련은 모든 학문이나 대학 수업을 받는데 훌륭한 도구라고 할 수 있다. 전체적으로 교재나 방대한 데이터의 내용을 머릿속에 입력한 후 나중에 필요한 경우 머릿속에서 출력하여 써먹기 위해서는 이런 재구성 작업이 필요한 것이다.

재구성은 주어진 텍스트의 핵심 내용이나 데이터의 핵심적 내용 중심으로 작업이 이뤄져야한다. 그러한 핵심적 내용은 완전히 무시한 채 자신의 의도대로 아무렇게나 재구성이란 그릇에 담아낸다면, 이는 학문적 독단(dogma)에 지나지 않는다. 재구성하더라도 그 본래 의미가 근본적으로 손상되어서는 안 된다.

자기가 수업 중 학습한 내용을 논리적으로 재정리하여 제3자에게 설득력 있도록 메시지를 전달하고자 한다면, 필요한 도구적 방법으로서 패러프레이즈(paraphrase), 즉 말 바꾸기가 필요한 것이다. 평소 학문적 내용을 두고서 말 바꾸기 위한 연습이 이뤄져야 한다.

패러프레이즈란 전체 내용의 흐름에서 핵심적 키워드는 그대로 유지하면서 문장의 구조 등을 자유자재로 바꾸는 것을 말한다. 답안 작성 시 재구성이나 패러프레이즈 능력을 발휘하는 것이 가장 중요한 것이다. 이것은 바로 답안 작성의 효율성을 뜻한다.

시험 답안지와 리포트 피드백

필자는 학생들이 중간고사 시험 답안지를 한번 살펴보는 것이 기말고사나 다른 시험 준비에 많은 도움이 된다고 생각한다.

필자가 학생들에게 중간고사 답안지를 개별적으로 해당 학생에게 직접 열람시키면서 답안 작성에서 무엇이 부족했는지, 또 올바른 답안 작성은 어떻게 하는지 맞춤식 설명을 한 결과, 기말고사에서 발군의 실력을 보인 학생들이 나타났다.

시험답안지 공개는 학생이 자신의 공부에 대한 확실한 자기반성의 기회를 부여하는 것이다. 왜냐하면 시험답안지 교훈을 통하여 학생 본인이 새로운 도약이 가능하기 때문이다. 이렇듯이 중간고사 답안지를 학생들에게 100% 공개함으로써 충분한 기말고사 대비가 가능하도록 하며, 답안지를 통한 수업의 쌍방 커뮤니케이션으로 학생들이 성적 향상도 가능하다. 이것은 학생들에게 동기부여를 한다는 측면에서 한 번 시도할만한 방법이라고 생각한다.

교수 입장에서는 답안지 공개는 상당한 의지가 요구된다. 중간고사 직후 바로 채점을 해야 하므로 시간적 압박을 받을 수 있기 때문이다. 그러나 학생들을 위한 수요자 입장의 교육을 감안한다면 교수들의 자발적 참여가 필요한 것이다.

한편 교수들은 학생들이 제출한 리포트에 대하여 철저한 피드백을 하는 것이 대학 수업에서 대단히 중요하다. 필자가 대학 시절 경험을 얘기해보겠다. 문헌정보학과 2학년 때 정보학을 강의하는 여자 교수님이 수업을 듣고 있는 2학년, 4학년 학생들에게 리포트를 제출한 바, 필자는 열성을 다하여 200자 원고지 100매 분량으로 리포트를 교수님에게 제출했다. 이 교수님은 내가 작성한 리포트를 다 읽어본 후 코멘트를 달면서 필자에게 격려, 칭찬하는 메시지를 남겼다. 교수의 이러한 정성스러운 피드백이 필자가 계속 학업을 연마하는데 결정적인 계기가 된 것으로 판단된다.

한국 대학 수업에서는 리포트란 하나의 요식 행위에 지나지 않는 경우가 많다. 또 리포트의 점수 편차도 적은 편이다. 따라서 일반적으로 교수들은 학생들의 리포트에 점수를 부여한 후 그냥 돌려주거나 보관하기도 한다.

필자 경험상, 필기시험을 통해서는 거의 두각을 나타내지 않든 학생이 리포트를 통하여 자신의 가능성을 최대한 발휘하는 것을 직접 봤다. 학생의 가능성은 일반적으로 시험 성적을 통해서 나타나고, 리포트를 통해서도 나타나고, 수업 중 발표를 통해서도 충분히 확인할 수 있는 바이다.

교수의 책임은 일차적으로 학생들을 잘 가르치는 능력으로서 평가를 받지만, 다른 한편으로 교수는 학생의 가능성을 발견, 동기부여를 하는 것이 더 중요한 임무라고 생각한다. 물론 학생 자신이 좋은 리포트를 만드는 것이 중요하고, 한 걸음 더 나아가 수업 중 리포트를 논리적으로 발표하는 반복적인 훈련이 필요하며, 아울러 교수의 리포트 코멘트에 따른 피드백이 있어야 하겠다.

학생들은 자신이 고생을 하면서 작성한 리포트를 어떻게 하면 다른 동료 학생들 앞에서 잘 발표할 것인가에 대한 인식이 부족하다.

발표자는 자신이 작성한 리포트를 3~4회 읽으면서 전체 내용을 하나로 꿰뚫은 다음 발표하는 것이 자연스럽다.

학생들은 주어진 발표 시간, 예를 들어 10분이나 15분 안에 자기 의견을 논리적으로 제시하는 훈련이 필요하다. 수업을 통하여 리포트 발표가 정상적으로 이뤄진다면 여러 가지 면접이나 회의 토론 상 문제는 저절로 해결된다. 학생들의 잠재적인 능력을 확인하는데 리포트가 훌륭한 도구임에 틀림없다.

주체성(정체성, identity)

여기서 자기 주체성, 즉 자기 정체성과 관련된 내용은 에노모토 히로아키가 저술한 『나를 찾아 떠나는 자기분석여행』(서울 : 시그마북스, 2012)에서 나오는 내용을 그대로 기술하고자 한다.[1] 다만 한국의 언어적 현실에 잘 부합되도록 재구성하면서 주체성의 개념과 관련하여 필자의 의견도 적극적으로 개진한다. 필자가 이 책에 주목하는 이유는 호텔외식조리과 전공과목 중 하나인 「외식인적자원개발」이라는 교과목의 교재로서 채택한 바가 있기 때문이다. 특히 이 책에서는 자기소개서 작성 시 철저한 자기 심리분석 방법을 시도함으로써 다른 어떤 책보다도 쉽게 논리적으로 설명하는 장점이 있다. 그만큼 설득력이 높다는 얘기다. 여기서 나오는 내용을 정확히 이해하고 있다면 자기소개서 작성 시 필요한 독자적인 자기 역량을 이미 확보한 셈이다.

나는 누구인가?

–자기의 존재적 가치에 관심을 보여야–

- 내가 누구인지를 스스로 개념 정의하고,
- 삶과 죽음의 문제도 함께 생각한다.

우리 젊은이들은 자신의 생각보다는 가족이나 교육 환경에 의하여 성장을 한 탓에 정작 '나는 누구인가?'란 문제에 대하여 생각조차 할 겨를이 없다. 내가 누구인지를 스스로 밝히지 않는다면 21세기 인공지능 시대 홀로서기란 쉽지 않을 것이다.

내가 누구인가에 대한 자기 존재 인식이야말로 인간의 가치를 이해하는 지름길이다. 우리 젊은이들은 이런 문제를 천착할 수 있는 정신적 여유가 없다. 사회 전체적으로 이러한 물음을 너무 소홀히 생각한다. 궁극적으로 자기 문제는 자신이 해결하지 않으면 안 된다.

누가 뭐래도 자기 존재가 최고의 가치를 지닌다. 타인의 시선을 조금이라도 의식할 필요가 없다. 이와 관련, 다음과 같이 철학적 자기 존재에 대한 근원적 질문을 스스로 던지고 답해야 하겠다.

첫째, 나는 누구인가?
둘째, 왜 사는가?
셋째, 어떻게 살아야 하는가?
넷째, 우리는 어디서 와서 어디로 가는가?

여기서 한 걸음 더 나아가 '부모미생전(父母未生前) 본래 면목(本來面目)은 무엇인가'란 질문에도 궁극적으로 답할 가치는 충분하다.

위 다섯 가지 질문을 토대로 나는 누구인지 이른바 '자기 개념' 정의에 답을 하는 것이다.

이러한 질문에 스스로 답하는 것이 자기 주체성을 굳건하게 확립할 수 있는 좋은 계기가 된다. 자기 문제는 자기가 풀어야 한다. 남이 대신 풀 수가 없다. 부모나 철학자는 조언은 할지언정 답을 만들어 줄 수는 없다.

자기 존재 혹은 자기 주체성에 관한 질문은 철학적으로 형이상학이나 형이하학과 관련된다. 왜 사느냐란 질문은 근원적이다. 그런데 철학에서는 아포리아(aporia), 즉 난제라고 규정한다. 이것은 근원적 물음이요 철학적 물음인 바, 이런 의심을 지니면서 인생을 개척해야 어떠한 환경에서도 흔들리지 않는다. 객관식 문제처럼 정해진 답은 결코 존재할 수 없다. 죽을 때까지 스스로 묻고 스스로 답할 따름이다. 왜 사느냐는 가치의 문제와 연결된다. 물질이 아니라 정신적 가치를 뜻한다. 그래서 형이상학적 물음이다.

어떻게 살아가느냐? 우리는 인간으로 태어난 이상 살아야 하고 살 수밖에 없다. 이 질문은 방법의 문제다. 사람으로 태어난 이상 현재와 맞닿아 있는 질문이므로 각자가 얼마든지 소명이 가능하다고 생각한다. 이렇게 본다면 이 질문은 형이하학적이다. 그렇지만 남과 비교할 수 없는 내용이다. 사람은 태어나면서부터 개인 간 성향적 차이가 존재하기 마련이다.

사람은 유전적 선천적 요인과 후천적 요인이 결합, 개인의 성향(disposition)을 구성한다. 그러므로 모든 사람은 사람마다 성향적 차이를 나타내지 않을 수 없다. 같은 민족이라 하더라도 그 안에서는 다양한 모습이 나타나고, 내면적으로 도저히 하나로 동일시 할 수 없는 개성적인 모습이 나타나고 있기 때문이다.

'사람은 어디서 와서 어디로 가는가?'란 질문은 무슨 얘기인가. 한마디로 삶과 죽음의 문제다. 사람의 생명은 유한하기 때문이다. 의학이 아무리 발달하더라도 사람이 죽지 않고 영생할 수는 없다. '어디서 온다는 것'은 태어남, 즉 생(生)을 말하고, '어디로 가는 것'은 죽음(死)을 말한다. 곧 삶과 죽음의 문제를 말한다.

특히 죽음이란 문제는 우리에게 시사하는 바가 크다. 살아 있을 때 죽음의 문제도 함께 생각해봐야 한다. 태어남과 동시에 죽음도 상존하기 때문이다. 공자의 제자가 공자에게 '죽음이란 무엇인가'란 질문을 했다. 공자는 '삶도 알기 어려운 데 죽음까지 알 필요가 없다.'라고 말한다. 공자가 죽음을 정말로 몰라서 하는 얘기는 결코 아니다. 이것은 공자가 그 당시 사람의 근기에 맞춰서 답한 것뿐이다.

죽음이란 두려운 대상이 결코 아니다. 사람의 생명은 누구든지 유한하기 때문이다. 그렇다면 필자는 '죽음이란 몸 바꾸기'라고 간단히 말하고 싶다. 신라 시대 중국까지 널리 알려진 원효 대사가 노비인 사복과의 대화는 이렇다. 원효는 '태어나지 마라. 죽는 것이 고통스럽다. 죽지마라 태어나는 것이 고통스럽다.'라고 말하자, 사복은 '너무 길다.'라고 얘기한다. 이에 원효는 '생사고(生死苦)'라고 간명하게 정리한다. 이렇게 죽음이란 얘기를 끄집어내는 이유는 죽음이란 삶과 결코 분리할 수 없는 한 몸이므로 죽음에 대한 인식이 삶에 대한 가치 인식을 고양시킬 수 있기 때문이다.

왜 젊은이들이 자기 정체성 혼란을 겪고 있는가?

요즘 청소년들은 야무지지 못하다고 말한다. 그것은 부모 세대나 선배 세대의 관점에서 바라보는 것이다. 달리 말하면, 자기 자신다운 삶을 선택할 수 없는 젊은이들이 늘어나고 있다는 얘기다. 그 배경에는 자기다운 삶을 선택하기 힘들게 하는 시대적 요인이 작용하고 있기 때문이다.

정리하자면 이러한 현상은 삶의 다양한 방식에서 기인한다. 다음과 같은 3가지 이유 때문에 젊은 세대들이 심각한 정체성(identity) 혼란을 겪고 있다. 첫째, 부모 세대와 비교하여 엄청 풍요로운 사회에 살고 있다는 얘기다. 자기다움을 어디에서나 추구할 수 있는 풍요로운 사회다. 아르바이트도 여러 가지가 있고, 어떤 일을 하든 근본적으로 의식주 해결이 어렵지 않다. 그리고 정규적인 일과 아르바이트의 경계도 점차 없어지고 있다는 것이다. 더욱이 일과 취미의 경계도 흐릿해지고 있다.

둘째, 다양한 삶의 방식 중에서 자신의 마음에 드는 한 가지를 선택할 수 있다. 이것은 자유로운 사회의 특징을 의미한다. 여러 가지 직업이 널려 있다. 규칙적인 일을 해서 살아갈 수 있고, 취미 삼아 일을 해도 그럭저럭 밥은 먹을 수 있다는 뜻이다. 이제 결혼은 필수가 아니다.

젊은이의 눈앞에 여러 가지 직장이나 다양한 삶이 펼쳐져 있으므로 어느 것이 자신에게 어울리는지 판단하기 어렵다는 뜻이다. 즉 자신이 달성할 수 있는 다양한 삶이 많으므로 이 중 하나만을 선택하기란 쉽지 않다는 것이다.

셋째, 자신의 진로 수정이 자유롭다는 점이다. 전직도 드물지 않고, 직장인이 대학이나 대학원에 다니는 것이 이제는 예사다. 변화가 심한 사회이므로 부득이 직장을 바꿔야 경우가 많이 발생한다.

지금까지 설명한 3가지 이유로 젊은 청년들은 자신의 주체성 혹은 정체성을 둘러싼 질문으로부터 좀처럼 벗어날 수 없다. '나는 누구인가?', '어떤 삶의 방식이 나다운 것인지?' 이런 의문에서 쉽게 헤어날 수 없다. 궁극적으로 불안정한 성인기를 맞이한다. 즉 성인이 되어서도 결코 안정될 수 없다. 그야말로 불확실성의 시대에서 방황하게 된다. 구체적으로 살펴보면, 프리터의 증가, 전직자의 증가, 패러사이트싱글의 존재, 이혼의 증가를 가져온다.

여기서 프리터(freeter)란 free+Arbeiter의 준말로 원래 일본에서 유행하고 있는 집단을 지칭한다. 이 프리터란 자유롭게 아르바이트를 하는 사람을 말한다. 프리터의 사회적 특징을 살펴보면 다음과 같다. 필요한 돈이 모일 때까지만 일하고 쉽게 일자리를 떠나는 사람들로, 일본 노동성은 이들을 아르바이트나 시간제로 돈을 버는 15~34세의 노동 인구라고 정의한다. 이들은 자신에게 어떤 직업이 맞는지 결정하지 못한 젊은이들이 많으며, 일반 직장에서는 일한 만큼 대우를 못 받는다고 생각한다.

이러한 생활을 오래 하면 조직 생활에 적응하지 못하고, 기술 축적도 안 되기 때문에 평생직장을 구하기 어렵다. 평생직장을 구하는 데는 기술과 전문성이 필요한 까닭이다. 그런데 지금은 평생직장이란 말은 이미 사라졌으며, 평생 직업이라는 말도 곧 사라진다고 한다. 이미 테일러 피어슨이 주장한 바와 같이 직업의 종말을 맞이하고 있기 때문이다.

또한 패러사이트싱글이란 패러사이트(parasite)와 싱글(single)의 합성어로, 독립할 나이가 됐지만 경제적 이유로 부모 집에 그냥 얹혀살면서 자기만의 독립적인 생활을 즐기는 사람을 말한다. 패러사이트싱글족은 자기 방에 컴퓨터, TV, 오디오, DVD플레이어 등을 갖추고, 가족과 한 지붕 아래 살지만 독신처럼 생활한다.

이제는 세상이 크게 변화되어서 성인기가 되어도 안정적인 생활을 누릴 수 없게 됐다. 왜냐하면 20대 후반이나 30대가 되어도 프리터의 생활에서 벗어나지 못하는 사람들이 많기 때문이다. 근본적으로 자신의 정체성을 확립하지 못한 채 성인이 되어버려서 성인기가 안정되지 못한 까닭이다.

고정관념(Stereotype) 붕괴

한마디로 전통적 시나리오의 붕괴로 인하여 '내가 누구인가?'란 정체성에 대한 의문을 가지게 된다. 여기서 전통적 시나리오란 바로 고정관념(stereotype)을 말한다. 과거처럼 전통적 사회적 시나리오가 살아있는 사회에서는 다음과 같은 고정관념을 지니게 된다. 즉 남자는 남자답게, 여자는 여자답게, 어른이 되면 새로운 직장에 다니고, 적령기가 되면 결혼한다. 그 이후 남자는 처자를 부양하고, 아이를 키운다. 특히 장남은 부모와 같이 산다. 이와 같은 사회적 시나리오에 의하여 살아가는 것이 그 당시로서는 올바른 삶이고, 안정감을 얻을 수 있으며, 또한 자신감이 생기는 것이다.

위에서 말한 전통적 시나리오가 붕괴돼 개인의 자유가 최대한 존중되는 시대를 맞이하고 있는 터다. 이렇듯이 개인에 대한 사회적 구속이 느슨해지고, 개인의 자유가 존중됨에 따라서 '나답게 살면 좋겠다'라는 생각을 한다. 그렇다면, 도대체 '나답다는 것은 무엇인가?', '어떻게 하면 나다운 삶을 살 수 있을 것인가?'라는 자신의 정체성을 둘러싼 물음이 끊임없이 나타난다. 결국 '"나"라는 존재는 무엇인가?'로 귀결된다.

여기서 다루고자 하는 핵심 테마는 '자기분석'이다. 달리 말하면 '자기 탐구'다. 구체적으로 설명하자면 '나는 어떤 사람인가', '나의 특징은 어디에 있는가', '어떤 삶이 나다운 삶인가'라는 물음에 대한 답을 구하기 위해 우리는 이렇게 자기분석을 하는 까닭이다. 왜 우리는 자기분석이나 자기 탐구를 해야 하는가. 정리하자면, 우리의 부모 세대와 같은 과거 사람들의 행동을 움직인 하나의 규범(norm)이던 사회적 시나리오가 완전히 붕괴되었기 때문이다.

과거에는 더 이상 고민하지 않고 오직 전통적인 시나리오 즉 고정관념을 따라서 살아가는 것이 경제적, 사회적으로 성공 확률이 가장 높았고 안정적이었다. 사회적 시나리오가 그 당시 젊은 사람들의 인생을 이끌어가는 지남철이었다. 지금은 세상이 바뀌어서 청년들이 아무리 노력하더라도 좋은 일자리를 쉽게 얻을 수 없다. 한 시대를 걸쳐 통했던 사회적 고정관념은 이제 그 가치를 상실한 것이다. 궁극적으로 자신의 문제로 돌아가지 않을 수 없게 되었다. 그래서 이른바 자기분석 혹은 자기 탐구의 효용 가치가 충분한 까닭이다.

달리 말하면, 우리는 주체성 상실의 시대에 살고 있다. 주체성이 상실되고 있으므로 자신이 도무지 누구인지 모른다. 주체성 상실의 징후는 다양하다. 이를테면 자신이 도대체 무엇을 하고 싶은지 모른다. 장래 전망이 전혀 그려지지 않는다. 되고 싶은 직업, 하고 싶은 일이 떠오르지 않는다. 무엇을 할 의욕이 없다. 이대로는 안 된다고 생각하면서도 어떻게 해야 할지 모른다. 취직과 결혼이라는 무거운 책임감 때문에 부담이 되는 일로부터 멀리 도망치고 싶다. 주체성 상실은 곧 아노미(anomie) 현상을 의미한다. 아노미란 사회학적 용어로서 무규제 혹은 무절제 상태를 말한다. 이것은 정신적 혼란이다.

이러한 주체성 상실에서는 자신의 이야기, 즉 스토리(story)를 가질 수 없다. 여기서 '자기 이야기'란 자신의 경험이나 주변의 일을 중심으로 의미와 가치를 부여하여 하나의 독자적인 틀로 짠 것을 뜻한다. 자기 이야기가 없다는 것은 '자기다움', 즉 주체성이 없는 상태를 말한다.

주체성(identity) 확립

신분증을 의미하는 ID 카드(Identification Card)는 사회적 소속을 나타내는 것으로 본인이라고 증명하는 것이다. 이에 반해 생활방식이라고 하는 내면적인 것을 나타내고, 본인이라는 것을 증명하는 것이 심리학적으로 말하자면 아이덴티티(identity), 즉 정체성이다.

아이덴티티란 주체성 혹은 정체성을 말한다. 주체성이란 달리 말하면 '나는 무엇인가?'란 질문에 대한 답이다. 즉 '나는 누구인가?'라는 물음에 스스로 답하는 것을 뜻한다.

'나는 누구인가'란 철학적 물음은 이른바 '철학한다는 것'의 근원적 의미와 관련된다. 독일 철학자인 칸트(I. Kant)에 의하면, 삶에서는 가장 본질적 질문이 "나는 무엇을 알 수 있는가, 나는 어떻게 살아야 하는가, 우리는 무엇을 바랄 수 있는가."라고 주장한다.

한편, 한국 사회만큼 주체성이란 단어가 줄기차게 등장하는 나라도 드물다. 특히 언론 보도에 따르면, 개인의 주체성은 물론 남북과 관련된 민족 주체성이란 얘기가 끊임없이 나온다. 그럼에도 기자들을 비롯한 전문가 집단이나 일반 시민들은 이렇게도 중요한 주체성의 의미를 논리적으로 설명을 하지 않는다. 그러므로 논란의 중심에 있는 주체성 혹은 정체성이란 단어에 대한 개념 정의나 개념 해명이 절실한 까닭이다.

따라서 필자가 다음과 같이 주체성의 개념을 정리하고자 한다.[2]

첫째, 국어대사전에 의하면, 주체성(主體性)이란 "일반적으로 행동할 때 자기의 의사나 판단에 바탕을 두고 있으므로, 그러한 태도와 성격을 일컫는다."라고 풀이한다. 여기서 주체성은 바로 정체성(正體性)을 의미한다.

둘째, 국어대사전[3]과 한한대사전[4]에 의하면, "정체란 참된 본디의 형체로 변하기 전의 본래의 몸"을 말한다. 이때 정체는 바로 본심(本心), 즉 진심을 뜻한다. 예를 들어, 상대방이 '네 정체가 무엇인가'라고 묻는다면 이는 네 진심을 솔직히 밝혀보라는 얘기다.

셋째, 개인, 즉 나를 중심으로 설명하자면, 주체성(主體性)이란 나와 다른 사람을 극명하게 구분할 수 있는 오직 나에게만 주어진 것을 말한다.

넷째, 주체성이란 그것이 없으면 나와 다른 사람과의 차이를 찾아볼 수 없다. 같고 다름 중에서 다름을 적극적으로 내세운다. 주체성에서는 내가 곧 주인이다.

다섯째, 주체성이란 독자성이나 유일성과 같은 뜻이다. 바꿔 말하면 주체성은 각 개인의 개성(personality)이 되는 것이다. 여기서 개성이란 독특한 개인적인 성향(disposition)을 의미한다.

여섯째, 철학적으로 설명하자면, 누구에게나 주어진 공통적 성향을 제외하고 오직 나 자신에게만 주어진 특수성이 곧 나 자신의 주체성이요 정체성이다.

일곱째, 주체성 개념의 확장성이다. 이러한 주체성 개념은 비단 개인뿐 아니라, 지역 사회나 민족, 조직 등에도 그대로 적용될 수 있기 때문이다.

이렇게 철저한 자기 탐구를 함으로써 여러 가지 일이나 생활방식, 가치관에서 자신에게 딱 맞는 것을 취사선택하여 자기 나름대로 받아들일 만한 생활방식을 찾아간다. 그 결과 '이것이 나의 생활방식이다.', '나는 이런 사람이다.'라는 것을 분명하게 설명할 수 있다면 주체성의 확립이 이뤄진 것이다.

아이덴티티란 개념은 자기다움을 단적으로 표현하는 말하자면 '자기 정의'같은 것이다. 엄밀하게 말하면 자기 정의란 '자기 개념' 정의를 뜻한다.

조선일보에 의하면, "'나는 누구냐.' 그 답이 행동을 결정한다."

란 칼럼을 통하여, 허태균은 세월호 선장과 일부 선원들이 승객을 버리고 선박을 탈출한 사건에 대한 심리분석과 관련, “선장과 선원의 생각과 행동을 지배하고 있었던 자기 개념이 선장이나 선원이 아니었던 것이 확실한 것 같다. ‘자기(self) 개념’은 인간 행동을 결정하는 중요한 심리 기제 중 하나다.”라고 주장한다.[5)]

자기 개념이란 ‘내가 어떤 역할을 하는 사람이다.’라고 정의할 수 있다. 자기 개념이란 자기 역할에 대한 올바른 인식으로 형성된다. 자기 역할의 이상형이 바로 롤 모델(role model)이다.

에노모토 히로아키가 주장하는 자기 개념이란 용어를 필자가 재구성하면 다음과 같다.[6)]

첫째, 누구든지 자기 자신에 대하여 ‘나는 이런 사람이다’라고 개념적으로 정의할 수 있는 바, 이때 성별, 연령, 성격, 능력, 건강, 직업, 사상, 가치관 등이 상호작용, 형성되는 것이 자기 개념이다.

둘째, 자기 개념은 본인의 행동에 직간접적으로 영향을 미치므로 사람들은 습관적으로 자기 개념에 따라서 행동하기 마련이다.

셋째, 자기 개념을 통하여 비로소 자신의 개성, 즉 ‘자기 다움’(누구답다고 말함)이 드러나므로 이것이 다른 사람의 머릿속에 각인되어 인간성 혹은 인간적 됨됨이로 자리 잡는다.

넷째, 자기 개념이 바뀌면 이에 따라서 자기 행동이나 태도도 바뀐다. 왜냐하면 자신을 규정하고 있는 인간적인 특징은 고정된 것이 아니라, 언제든지 바뀔 수 있기 때문이다.

한편, 자기 개념의 종류는 3가지로 신체적 자기 개념, 능력적 자기 개념, 학업적 자기 개념 등이다. 신체적 자기 개념에는 외면적 신체 이미지, 운동 능력적 신체 이미지, 체질이나 건강 측면의 신체 이미지, 성적 측면의 신체 이미지 등이 포함된다. 신체 이미지가 향상되고 신체적 자기 개념이 긍정적인 방향으로 변화하면 자기 개념이 보다 긍정적인 방향으로 바뀔 수가 있다.

굳은 결심

인생에서 의지나 열정은 그 성공의 분수령이 될 수 있다. 우리가 강력한 의지를 가지기 위해서는 가장 먼저 자신의 인생 목표를 확립해야 한다. 이러한 인생 목표에는 자신의 인생철학이 고스란히 녹아 있어야 하는 것이다. 이것은 자신의 능력이나 역량 개발과 직접적으로 관련되기 때문이다. 그렇다면 평소 자신의 능력이 있다고 생각해야 실제 상황에서 능력을 충분히 발휘할 수 있다는 말이다.

능력에 대한 자신감은 무언가를 성공적으로 잘 수행한 경험, 결국 자신의 유능함을 증명한 경험이 반복적으로 쌓여서 몸에 베는 것이다. 예를 들어, 학교에서 좋은 성적을 거둔 사람은 학업 능력에 자신을 가지게 되며, 친구가 많고 처음 만나는 사람과도 잘 지낼 수 있는 사람은 대인 관계 능력에 자신을 가지게 된다. 이처럼 유능함의 증거가 되는 경험을 함으로써 자기 능력에 대한 자신감이 생긴다.

이와 반대의 인과 관계도 있다. 먼저 자신이 유능하다고 생각하면 무슨 일이든지 적극적으로 도전할 수 있고, 그러한 덕분에 훌륭한 성과를 올린다는 얘기다. 이와 유사하게, 학업적 자기 개념과 학업 성적 간의 관계에서 '기술 발달 모델'과 '자기 고양 모델'의 서로 대립적인 시각을 살펴보자.

'기술 발달 모델'이란 자신이 유능하다는 증거를 먼저 제시하는 것이다. 따라서 기술 발달 모델에서는 우선적으로 기술을 익히는 것이 무엇보다 중요한 까닭이다. 유능하다는 증거, 즉 자신이 이미 이룩한 성과를 근거로 삼아서 어떤 능력에 대한 자신감을 가질 수 있다는 얘기이다. 여기서 능력에 대한 자신감이란 긍정적 자기 개념을 말한다. 예를 들어, 내가 어떤 시험에서 좋은 성적을 받았기 때문에 나는 공부에 자신감을 가질 수 있다는 것이다.

기술 발달 모델이란 어떤 교과목의 공부 기술을 자신의 몸에 익혀서 좋은 성적을 올림으로써 비로소 "나는 이 교과목을 잘 할 수 있다."라는 바람직한 '학업적 자기 개념'이 만들어진다는 말이다.

'자기 고양 모델'이란 먼저 자신의 능력에 대한 자신감을 가짐으로써 나중에 자신이 유능하다는 것을 증명할 수 있다. 따라서 자기 고양 모델에서는 먼저 자신감을 가지는 것이 무엇보다 중요한 이유다. 구체적으로, 자신이 좋은 성과를 낼 수 있다는 강력한 의지나 정신적 자세로 인하여 어떤 일에 열정을 가지고 몰두함으로써 더욱 유능한 성과를 만들어내는 것을 말한다. 예를 들어, 나는 이 교과목에 자신이 있었기 때문에 중간고사 시험에서 좋은 성적을 거뒀다.

달리 말하면, 자기 고양 모델이라는 것은 "나는 이 교과목에 자신이 있어"라고 하는 자신감을 동반한 학업적 자기 개념을 가짐으로써 그 교과목의 실제 성적을 향상시키는 것과 연결된다고 보는 까닭이다.

세상에서 성공한 사람이나 자기 나름의 능력을 발휘하고 있는 사람을 보면 자신감 있는 자세가 좋은 결과와 연결된다는 것을 확인할 수 있다. 자신의 역할과 뛰어난 능력을 발견하고, 굳은 결심도 섰으므로 "나는 이것만은 정말 자신 있어"라는 능력적 자기 개념을 가질 수 있다면 적극적인 자세가 나온다. 결과적으로 그 능력이 발휘되면 점점 능력이 개발되어 자신감도 늘어나는 선순환이 생긴다.

자기 고양 모델이란 불교적으로 말하면 일체유심조(一切唯心造) 사상에 해당된다. 일체유심조란 세상의 모든 일은 마음먹기에 달려 있다는 뜻이다. 마음만 돈독하게 먹으면 이 세상에서 못할 일은 없다는 말이다. 여기서 말하는 자기 고양 모델이란 소위 피그말리온 효과와 거의 동일한 의미를 지닌다. 피그말리온 효과란 다른 사람들의 시선이 초래한 영향을 의미한다.

피그말리온 효과란 다른 사람의 기대 시선에 부응하려고 하는 인간의 성질을 단적으로 나타내는 것을 말한다. 예를 들어, 교사가 어떤 학생에게 '이 아이는 앞으로 잘 할거야'라는 칭찬이나 격려 등과 같은 기대의 시선을 보내면 자신감이 고무된 학생은 교사의 기대에 부응하도록 학생 자신이 스스로 열심히 노력함으로써 마침내 자신의 성적이 향상되는 것을 말한다.

피그말리온 효과에서 우리는 교사의 지도 능력의 중요성을 확인할 수 있다. 이를테면 일상생활을 통하여 멘토의 중요성을 다시 한 번 확인할 수 있는 것이다. 달리 말하면, 피그말리온 효과는 자기 암시나 자기최면의 효과를 의미한다.

성격의 장단점

1. 먼저 자신의 이미지를 그려보자

처음으로 사람과 사람을 만날 때는 외모를 포함한 첫인상이 가장 중요하다. 그렇다면 "당신은 누구입니까? 당신은 어떤 인물입니까?"라는 질문을 받았다면 당신은 어떻게 대답합니까? 이 대답을 20가지로 생각해보자. 똑같은 질문을 20번 반복하여 물어봄으로써 자신이 어떤 인물인가에 대한 이해를 넓혀가는 것이다.

자신의 이미지에는 자신의 성격상 장단점이 모두 포함되기 마련이다. 문제는 자신의 장단점을 딱히 드러내기가 쉽지 않다는 점이다. 자신의 단점을 찾아내기는 쉬울지 모르지만 자신의 장점을 들춰내기란 여간 곤혹스러운 일이 아니기 때문이다. 그런데 자신의 장단점 파악도 끊임없이 종이에 기술함으로써 자연스럽게 찾아내는 것이 가능하다. 이미지나 장단점을 열거하는 연습이 매우 중요한 까닭이다.

자신의 이미지 열거하기(20가지)

이와 관련, 필자가 제시하는 자신의 이미지 기술 요령은 다음과 같다.

- 그냥 부담 없이 생각나는 대로 기술한다.
- 에피소드(episode), 즉 사건 중심으로 생각해본다.
- 앞에서 기술한 내용을 더욱더 세분화시켜 기술한다.
- 성격의 장단점을 포함한 자기 개념을 정의한다.
- 다른 사람이 자신에 대하여 말한 내용도 기술한다.

- 다양한 기술이나 다양한 표현을 사용한다.
- 20가지를 기술한 다음, 뜻이 중복되거나 유사한 내용을 과감하게 정리한다.
- 반복적으로 기술된 내용을 정밀하게 압축한다.
- 마지막으로 기술한 내용을 정리하고 또 재구성한다.
- 이러한 과정을 거치면 마침내 자신의 이미지를 대표적 몇 가지 범주(category)로 나누어 볼 수 있을 것이다.

2. 자신의 장점을 나열해보자

당신은 어떤 장점을 가지고 있는가? 자기 자신을 긍정적인 측면에서 살펴보고, 어떤 점이 자신의 장점인가를 생각하여 10가지를 열거해보자. 방법은 앞에서 설명한 자신의 이미지 기술 요령과 같다.

자신의 장점 열거하기(10가지)

'칭찬이 사람을 키운다'라는 말이 있듯이, 칭찬을 받게 되면 여유가 생겨서 자신감이 생긴다. '자기 성장'이란 말도 마찬가지다. 자신에게는 아직까지 부족한 점, 미숙한 점 투성이라고 자신을 엄격한 눈으로 바라보는 것 또한 자신이 성장할 수 있는 기회를 준다. 자기 성장이란 자신의 부정이 아니라, 자기 긍정을 말한다. 하지만 자신을 지나치게 추궁하는 것은 스스로를 위축시킬 뿐 자신의 장점을 크게 신장시킬 수 없다.

어느 정도 자신감을 가지고 있는 사람이라면, 높은 이상을 향해 자신에게 엄격하게 대하는 것도 좋은 방법이다. 아직까지 자신감을 갖지 못한 단계에서는 자신의 장점, 즉 강점을 찾아 자기 자신을 받아들이는 것이 우선이다. 그렇지 않으면 자신을 성장시키고자 하는 의욕이 생기지 않는다.

현재 자기 자신을 자기 나름대로 긍정하고 좋아하게 되면 이상을 향해 자기 자신을 부추길 수 있다. 여기서 중요한 것은 '긍정적 사고', 즉 세상사를 낙천적으로 보려는 사고방식이다. 자신의 부족함을 자꾸 걱정하는 것보다도 자신의 장점을 잘 평가해서 그것을 키워나가면 성장이 더욱 더 촉진된다.

세상사를 비관적으로 보게 되면 상황이 안 좋은 방향으로 흘러가게 되는 반면, 낙관적으로 보게 되면 상황이 의외로 호전되는 경우를 우리는 자주 볼 수 있다. 자기 성장에도 이러한 점을 응용해 보자. 그러기 위해서는 자신의 장점에 눈을 돌려, 자신이 잘하는 것, 좋은 점을 곰곰이 생각해 본인의 장점을 떠올리면서 그 장점 하나하나를 쓰는 일은 비교적 간단하지만, 구체적인 에피소드(episode)로 나타내는 것은 꽤 힘든 일이다.

여기서 에피소드(episode)란 사건이나 과거의 경험 혹은 장점과 관련된 결정적인 증거를 말한다. 에피소드에 포함되는 구체적인 사례는 사회생활, 군대 생활, 아르바이트, 현장 실습, 학교생활, 개인생활 등이다. 장점을 일일이 열거했지만 자신의 어떤 행동이 그것을 뒷받침해주는지 고민에 빠진 사람들이 많을지도 모른다.

이 경우에는 무조건 과거의 장면, 즉 경험을 떠올려보자. 다른 사람이나 아르바이트하면서 매니저나 손님으로부터 칭찬을 받았던 일, 일상생활을 통해서 기뻤던 일 등 여러 가지 에피소드를 생각해보자. 막연하게 자신의 장점을 생각하는 것이 아니라, 구체적인 에피소드를 떠올리면 자신의 장점을 진심으로 느낄 수가 있다. 자기 성장에는 무엇보다도 이러한 마음의 여유가 필요한 것이다.

3. 자신의 단점을 나열해 보자

이번에는 자신의 단점에 눈을 돌려보자. 자기 자신을 날카롭게 비판하여 자신의 단점을 표현할 수 있는 에피소드 10가지를 나열해 보자. 열거 방법은 자신의 이미지 기술과 같다.

자신의 단점 열거하기(10가지)

자신의 단점을 나열하는 것은 그리 기분이 좋은 일이 아니다. 몇 개를 생각해도 맥이 풀리는 사람이 있을지 모른다. 한마디로 단점과 관련해서는 자신의 단점을 냉철하게 파악하여 그 개선책을 구체적으로 생각하는 것이 무엇보다 중요하다. 달리 말하면 자신의 단점을 확인한 후 일상생활을 통하여 단점의 성향을 최소화 내지는 아예 단점을 없애버릴 수 있는 노력이 적극적으로 이뤄져야 하는 까닭이다.

10가지의 단점을 염두에 두고 과거 경험을 되돌아본 후 엄밀하게 자신의 단점을 드러내는 작업은 매우 힘들 것이다. 적을 이기기 위해서는 먼저 자기를 알아야 하므로, 자신의 단점을 극복하거나 조금이라도 완화하기 위해서 자신의 단점에 눈을 감고 포기할 것이 아니라, 그것을 스스럼 없이 인정하는 자세가 필요하다.

단점을 없애고 자신감의 회복을 위해서는 성격상 부정적 성향을 긍정적인 방향으로 개선하거나 사물을 보는 시각을 바꿀 필요가 있는 것이다. 그러므로 각자의 성격상 바꿀 수 있는 단점과 아예 바꿀 수 없는 단점으로 나누어 보는 것이 필요하다. 성격상 단점을 바꾸고자 하는 노력이 어느 정도 있어야 타인으로부터 인정을 받을 수 있는 까닭이다.

예를 들어, '내 성격이 소극적이다.'라고 말하면 상대방은 이것을 정확하게 이해하기 어렵다. 이 '소극적'이란 개념 자체가 애매하거나 모호할 수 있기 때문이다. 자신의 성격이 소극적이어서 좀 더 적극적인 사람이 되고자 하는 사람은 먼저 자신이 어떤 부문에서 소극적인지 언어적 표현을 통하여 구체적으로 기술하지 않는다면 좀처럼 그 방향을 종잡을 수 없을지도 모른다.

먼저 소극적이란 개념이 함의하고 있는 4가지 다의성을 살펴보자. 첫째, 다른 사람에게 너무 신경을 쓰지 않는 것, 둘째, 다른 사람으로부터 평가를 받는 것에 대해 신경을 쓰는 것, 셋째, 대인관계라 하더라도 친구 관계에서 소극적인 것, 넷째, 미래 진로와 관련, 성공할 수 있는지 의심하는 것 등이다. 이처럼 성격상 단점과 관련, 여러 가지 소극적인 자세가 나타난다.

또한 '자신감이 없다'라는 말의 다의성을 살펴보자. 일반적으로 단점의 배후에는 자신감이 없는 것이 잠재되어 있다. 첫째, 자신의 지적 능력에 대한 자신감이 없는지, 둘째, 다른 사람들로부터 인기를 얻는 대인적 매력이 부족한지, 셋째, 협상력이나 사교에서 자신감이 없는 것인지, 도대체 어떻게 자신감이 부족한지를 본인이 엄밀하게 모르면 대책을 결코 세울 수 없다.

4. 단점 뒤에는 장점이 있다

단점과 장점은 동전의 앞뒷면

"나는 꼼꼼해서 안 된다."라는 사람이 있다. 그는 꼼꼼하다는 점에 얽매여서 전체적인 측면을 잘 볼 수 없으므로 '리더십이 없고, 결단력이 없고, 발상이 부족하다...'라고 한탄한다. 한편으로 우리가 꼼꼼함의 나쁜 점을 말할 수도 있지만, 다른 한편으로 꼼꼼함의 좋은 점도 들 수도 있다.

꼼꼼한 사람에게는 용의주도한 신중함이 있고, 주의력이 있으므로 무슨 일을 하든 확실히 살필 수 있고, 계획을 세울 때는 면밀하게 구체화하는 힘이 있다.

결국 모든 성격에는 좋은 면과 나쁜 면 양면이 동시에 존재한다는 얘기다. 성격이 소심한 사람에게는 마이너스 사고가 배어 있기 때문에 자신이 가진 성격의 나쁜 면으로만 눈을 돌리는 것에 지나지 않는다. 반대로 플러스 사고를 몸에 익혀 자신의 성격의 좋은 면으로 눈을 돌릴 수 있다. 자기 성격의 단점이 걱정되어 어찌할 수 없을 때에는 무작정 그것을 없애려고 하기보다는 좋은 면으로 돌리려고 하는 것이 더 효율적이다.

단점이라는 성격을 없애려 해도 오랜 세월 몸에 배인 성격을 갑자기 변화시키는 것은 꽤 어려운 일이기 때문이다. 오히려 그것보다는 그 성격의 좋은 면을 발견하는 것으로 자신의 몸에 배어 있는 성격을 좋은 방향으로 바꿔 갈 수 있다.

꼼꼼하다는 성격과 동일한 뜻인 '세심한 성격'을 다시 생각해보자. 이것을 긍정적인 측면인 장점에 비추어 보자면 '신중하다, 주의력이 있다, 계획성이 있다, 면밀함이 있다, 실수가 적다' 등으로 바꾸어 보는 것이 가능하다. 이와는 반대로 부정적인 측면인 단점에 비춰 보면 '추진력이 없다, 결단력이 부족하다, 발상이 부족하다, 전체를 보지 못한다' 등으로 바꾸어 해석하는 것이 가능하다.

자신의 단점이 걱정될 때는 그 단점의 이면에 있는 장점을 찾아내어 보자. 자신이 가진 단점의 성격 요소를 완전히 지워 없애는 것이 불가능하더라도, 이 단점을 자신 성격의 장점적인 성향을 살리는 방향으로 전환하는 것은 얼마든지 가능하다.

개념(槪念)

공부는 개념에서 시작, 개념으로 끝난다

학문은 곧 개념 정의요 개념 분석이다. 우리나라 학자들은 미국이나 일본 등과 같은 선진국의 학문적 이론을 소개하는데 집중한 나머지, 수입한 이론을 근거로 하여 새로운 학문적 개념을 만들어내는 데 소홀한 것 같다.

한편, 일본의 학자들은 19세기 중반 이후 메이지 유신부터 서양의 선진 문물을 적극적으로 수입하여 자기 소화를 철저히 한 결과, 독자적인 학문 영역을 구축한 것이 특징이다. 일본 학자들이 쓴 저술을 읽어보면 철저하게 일본 현지화에 성공한 결과, 이러한 이론을 한국 사람의 시각에서 보면 바로 이해되지 않는 내용이 있다. 정리하자면, 학문적 개념에 대한 철저한 자기 해석이 매우 돋보인다는 얘기이다.

기존의 개념이 명료하지 않다면 그런 개념을 재정의하면 된다. 누가 정의하느냐? 학문적 필요에 의하여 개념 정의를 내리고자 하는 당사자가 새롭게 개념 정의를 만들면 된다. 그러므로 개념 정의를 하는 데 반드시 논리적 사유가 필요한 것이다.

개념 정의가 가능하다면 공부의 반은 이뤄진 것이다. 공부의 시작은 개념 풀이에 있는 까닭이다. 특히 사회과학 분야의 공부란 주요한 개념으로 구성되므로 개념 풀이가 필수적이다. 인문과학도 마찬가지다. 자연과학 분야의 공부도 이론과 개념이나 공식 풀이에서 시작된다. 새로운 개념이나 공식의 도출로서 자연과학은 점점 더 진화된다.

대학에서는 공부란 개념 정의를 풀어헤치는 데 있는 것이다. 보통 주요한 개념 정의는 텍스트에서 상세히 설명한다. 그러므로 공부할 때는 가장 먼저 개념 정의를 살펴봐야 하는 까닭이다. 주요 개념 중심으로 연결된 내용을 전체적으로 일별하면 공부가 저절로 이뤄진다.

개념 정의를 더 정확하게 알기 위해서는 국어대사전, 영한사전, 한자 자전, 철학 대사전, 각 학문 영역별 주제 사전을 많이 참고하는 학문적 자세가 무엇보다도 중요하다. 영어나 불어, 독어 등의 언어로 표현되는 개념의 경우 어원사전을 통하여 그 어원을 확인해보는 것이 개념 이해에 커다란 도움이 된다. 그리스어나 라틴어 어원은 철학 분야에서 자주 등장하는 이유가 여기에 있는 것이다.

지금 한국은 한글전용을 채택하고 있으나 한글 어휘의 상당수는 한자에서 유래하므로 개념의 명확한 의미를 확보하기 위해서는 성가시더라도 한자 자전을 찾아보는 것이 필요하다. 한글은 발음 위주의 소리 문자인 반하여, 한자는 그 어원이 담긴 형상 위주의 표의문

자다. 한자 자전에 의지하면, 방대한 개념을 정리 · 정의 · 재정의하는 데 결정적 도구로서 활용할 수 있다. 그런데 이들 사전은 값비싸서 개인이 구입하기 어려우므로 도서관 정보봉사실, 혹은 참고봉사실에 비치된 각종 언어 사전을 적극적으로 활용한다.

이러한 과정을 거쳐서 개념 이해가 잘 된다면 그만큼 공부의 진전이 있다는 얘기다. 교과서, 즉 텍스트에서 나오는 개념 정의를 쉽게 풀어내는 작업이 중요하다. 즉 기존의 개념 정의를 다시 구성, 즉 재구성하는 능력이 필요하다. 책의 각 페이지에는 대부분 주요 개념이 나타나는 바, 이들 개념 중심으로 학생들이 교수의 설명을 들으면서 공부한다.

우리는 책을 읽어가면서 그 주제와 관련, 먼저 핵심 문장 찾기를 시도하고, 다음에는 핵심 단어를 찾아내는 것이 공부의 급소다. 책을 읽다가 나타나는 키워드, 즉 중심 단어가 바로 개념에 해당하는 경우가 많다. 주요 개념에 대한 본래 의미는 물론이거니와 그러한 개념에 대한 자신만의 독자적인 풀이도 중요하다. 왜냐하면 기존 개념에 자신의 학문적 연구 결과에 따른 독창적인 지식을 결합하여 새로운 개념을 창조할 수 있기 때문이다. 개념에 대한 철저한 자기 소화, 즉 자기 이해가 공부의 출발점이 된다. 이렇듯이 모든 학문이나 공부는 개념에서 출발하여 개념으로 되돌아가는 것이다.

반드시 알아야 할 중요한 개념들

-개념, 열거, 귀납, 연역, 명제, 문장-

대학생들은 근원적으로 각 학문 영역에서 논의되는 주요 개념을 배우기 위하여 학교에 다닌다고 해도 과언이 아니다. 대학에서는 학문 영역을 탐구하는 데 개념 정의 · 정리 · 해명 등이 필수적이기 때문이다. 철학 개론이나 논리학, 특히 형식 논리학에 대한 학문적 인식이 공부의 출발점이 되는 까닭이다.

1. 데카르트 논리학 규칙

개념과 관련, 데카르트의 논리학 원칙, 개념 이해, 직관 · 연역의 구분 등은 중요하다. 이 중에서 특히 데카르트는 논리학의 4가지 규칙, 즉 명증성의 규칙, 분해의 규칙, 합성의 규칙, 열거의 규칙 등을 들고 있는 바, 학문이나 공부를 하는 사람들은 커다란 도움을 받을 수 있다.[1)]

첫째, 명증성의 규칙으로 명증적으로 참이라고 인식된 것 이외에는 그 어떤 것도 참된 것으로 받아들여서는 안 되며, 속단과 편견을 피하고 조금이라도 의심할 여지가 없을 정도로 명석 판명하게 내 정신에 나타나는 것 이외에는 그 어떤 것에 대한 판단도 하지 말아야 한다.

둘째, 분해의 규칙으로 문제 해결과 관련하여 검토해야 하는 어려움을 잘 해결할 수 있도록 해당 문제를 가능한 한 작은 부분으로 나누어야 한다.

셋째, 합성의 규칙으로 내 생각을 순서에 따라 이끌어 나가야 하며, 가장 단순하고 알기 쉬운 대상에서 출발하여 마치 계단을 올라가듯이 조금씩 올라가 가장 복잡한 인식까지 이르며, 본래 전후 순서가 없는 경우도 순서를 상정하여 나아가야 한다.

넷째, 열거의 규칙으로 아무것도 빠뜨리지 않았다는 확신이 들 정도로 완벽한 열거와 전반적인 검사를 어디서나 행해야 한다. 특히 데카르트는『정신 지도를 위한 규칙들』의 7규칙에서는 열거의 규칙을 본격적으로 다룬다.[2] 지식을 완벽하게 하기 위해서는 우리 계획에 속하는 것은 지속적이고, 어디에서도 단절되지 않은 사유 운동에 의해 그 전체 및 각각을 면멸히 검사해야 하고, 충분하고 순서 잡힌 열거로 그것을 파악해야 한다.

엄밀한 의미에서 열거란 문제 해결에 필요한 자료를 빠짐없이 수집하고 배열하는 활동을 뜻하며, 귀납이란 개별적인 것에서 일반적인 것을 도출하는 작용을 뜻한다. "귀납이란 명제 내지 명제 결합(이론)을 얻어내는 환원적 추론 방식의 가장 중요한 형태로 일반적으로 귀납은 개별자로부터 보편자로 상승하는 것을 말한다."

데카르트는 연역을 단순한 연역과 복잡한 연역으로 구분하는 바, 단순하고 분명한 연역은 직관에 의하여 통찰되는 데 비하여, 복잡하고 뒤얽힌 연역은 직관에 의하여 통찰되는 것이 아니라, 여러 단계를 거쳐 간접적으로 도출되므로 여기에는 기억의 도움이 필요한데 이를 두고서 열거 혹은 귀납이란 이름을 부여한다.

직관이란 바로 아는 자리이므로 과거를 회상하는 연속적 사유 활동이 필요 없는 반면, 연역이란 바로 알기 위하여 인위적으로 노력하는 자리이므로 연속적 사유 활동과 연속적 운동이 필요하다.

데카르트에 의하면, "연역이란 ① 어떤 하나를 다른 하나에서 끌어내는 순수한 추리, ② 어떤 하나가 확실하게 인식된 다른 하나에서 필연적으로 도출되는 모든 것이다."라고 정의한다. 여기서는 연역이라는 개념은 도출의 개념과 일치한다.

"도출이란 진위 여부가 문제되지 않는 임의의 주어진 명제들로부터 논리적 추론 규칙에 의하여 하나의 명제를 얻는 것을 말한다."

[예] 3+3=6과 5+1=6을 각각 직관, 3+3=5+1을 추론함.

2. 개념(槪念, concept)

모든 공부의 출발은 개념을 명확히 이해하는 데 있다. 개념(槪念)이란 추상작용(抽象作用)과 사상작용(捨象作用)의 결합으로 이뤄진다. 여기서 추상작용(抽象作用)이란 여러 개별자를 경험, 서로 비교하고 그 이동(異同)을 판별함으로써 각각의 특수성을 버리고 공통점만을 끄집어내는 것을 뜻하며, 사상작용(捨象作用)이란 여러 개별자 가운데 나타나는 특수한 성질을 버리는 것을 뜻한다. 여기서 추상되는 성질을 본질적 속성, 사상되는 성질을 개체적 속성이라고 부른다.[3)]

모든 개념은 일정한 의미를 가지며, 이러한 의미는 여러 요소로 성립되는데, 이때 여러 요소를 각각 그 개념의 특성 혹은 속성이라 부르고, 속성의 총화를 '내포'(內包, intention)라고 부르며, 내포가 적용될 수 있는 범위를 '외연'(外延, extension)이라고 부른다.

개념(槪念)은 언어의 표현을 통하여 비로소 명료해지고 완전해지는 것이다. 개념이나 관념의 언어적 표현이 명사(名辭, term)다. 이러한 명사란 사유된 개념을 표현한 것이다. 명사가 모여서 말이 되고, 문장이 된다. 문장(文章, sentence)이란 의미를 전달하기 위하여 사용되는 물리적 실재 혹은 언어적 실재(종이 위에 적혀 있는 기호들과 문법적 실재)를 언급하는 것에 한정된다. 문장은 명제와 동의어로 사용된다.

명제(命題, proposition)는 어떤 속성이 어떤 사물에 속한다든지, 어떤 사물들 간에 어떤 관계가 성립된다든지 하는 것을 반영한다. 모든 명제는 문법적으로 표현되며, 문장이 바로 명제의 언어적 존재형식이라는 점이다. 명제란 용어는 진술(陳述, statement)이라는 용어와 동의어다. 진술이란 인식적으로 사용되고 있는 문장에 의해서 전달된 (참 혹은 거짓인) 사고 내용을 언급하는 것을 뜻한다.

철학(哲學)은 무엇을 하는가?

1. 철학의 선이해(先理解)

일반적으로 철학을 공부하기 위해서는 먼저 철학개론에 접근하지만, 정작 철학 초보자들이 알고자 하는 '철학이 무엇인가'에 대한 명쾌한 개념 정의를 찾아보기란 쉽지 않다. 여기서는 철학개론서에 나오는 내용을 이해하는 데 필요한 근원적인 철학 얘기를 하고자 한다. 철학의 선이해(先理解) 혹은 선지식(先知識)이란 철학을 본격적으로 공부하기 전에 최소한 알고 있어야 하는 철학이나 철학과 관련된 분야의 축적된 지식을 말한다. 이러한 철학적 선이해가 없다면 철학 전문 서적을 읽더라도 항상 '왜 철학인가', '철학은 무엇인가' 등에 대한 근원적인 의심이 사라지지 않는다.

철학을 공부하면서 가장 먼저 부딪히는 어려움은 철학에 대한 개념 정의다. 한마디로 '철학은 무엇을 하는가'라는 질문에 대한 합리적인 대답이 절실한 까닭이다. 그런데 철학의 개념 정의가 명쾌하지 않을 뿐만 아니라, 철학자마다 철학의 정의를 서로 다르게 규정하고 있으므로 철학 초보자들에게는 대단히 혼란스러울 수밖에 없다. 정리하자면, 철학의 개념 정의를 통하여 철학이 무엇인가를 정확하게 알기 어렵다는 얘기다. 철학의 개념 정의가 어렵다면 철학의 개념에 대한 해명이라도 필요한 까닭이다.

누구든지 바로 명쾌하게 철학의 정의를 규정하기란 쉬운 일이 아니다. 그래서 '철학이란 무엇인가'란 커다란 의심을 통하여 철학의 본질을 알아보는 것이다. 또 '철학은 무엇을 하는가'란 질문을 통하여 철학의 역할을 생각할 수 있는 바이다. 철학의 목적과 본질 및 특성을 확인함으로써 철학의 성향(disposition)을 인지할 수 있다. 우리는 근원적으로 철학은 무엇인가, 철학은 무엇을 하는가, 철학은 무엇이어야 하는가, 철학은 왜 필요한가 등과 같은 끊임 없는 의심을 통하여 철학적 성향을 확인하는 것이 가능하다.

여기서 논의되는 철학의 개념 정의와 관련된 내용은 1998년 필자가 경북대학원 철학과 석사 과정에 입학한 이후, 신오현 교수가 1998년부터 2000년까지 인문대학 철학과와 대학원 철학과에서 강의한 「현대철학」, 「현대영미철학」, 「근세철학사」, 「영국 경험론」, 「경험론 연습」, 「형이상학」, 「해석학 연습」, 「합리론 연습」, 「사회비판이론」 등과 같은 철학 교과목을 필자가 직접 강의를 들으면서 노트에 정리한 바, 이 중에서 '철학이란 무엇인가'와 관련된 내용을 전부 뽑아 필자가 재구성한 것이다.

따라서 필자는 신 교수의 철학적 주장을 5가지 범주, 즉 철학이란 무엇인가, 이성 비판, 철학적 기술(記述), 철학자의 임무, 철학 읽기와 쓰기 등으로 나누어서 설명하고자 한다.

이와 같은 철학적 선이해(先理解)의 용도를 정리하면 다음과 같다.

- 철학의 이해를 돕는데 필요한 근본적 얘기다.
- 철학을 전혀 모르는 왕초보를 위한 철학적 메시지를 포함한다.
- 철학의 의미를 더 깊이 천착할 수 있는 좋은 기회다.
- 특히 철학의 정의와 철학적 기술은 다른 책에서는 부분적으로 나타나지만 여기서는 망라적으로 나타난다.
- 필자는 독자들이 '철학은 무엇을 하는가?'를 최소한 10번 이상 읽기를 바란다. 10번 이상 계속 읽으면 독자들은 분명히 철학의 개념에 대하여 스스로 얻는 바가 크다고 본다.

1) 철학이란 무엇인가?

'철학이 무엇을 하는가?' 모든 철학은 철학이 그것에 대하여 말할 수 있는 것이다. '철학은 언어다.' 언어 철학은 사실 세계가 아니다. 철학은 사물 개체에 대하여 말하는 것이다. 비트겐슈타인에 의하면, "'철학의 목적은 상상을 논리적으로 명료하게 하는 것이다.' 철학은 이론 · 학설이 아니라, 활동(activity)이다."라고 주장한다. 여기서 활동이란 분석하고 비판하는 활동을 의미한다. 철학의 주장은 이미 있는 명제를 분명하게 한다. 철학은 과학처럼 할 수는 없다.

또한 철학이란

① 선천적이므로 안으로 알아야 한다.
② 논리학적 학문에 앞서므로 그 기초를 제공한다.
③ 철학은 자명하므로 다른 학문의 기초가 없어도 된다.

그래서 제1철학이다. 철학이란 명석 · 판명해야 하기 때문이다. 다른 학문은 실증적 학문이므로 밖으로 드러나고 보면 안다. 학문은 검증하고 기술하고 연구하면 된다. 그러나 철학은 실증적 한문이 아니다. 철학은 네거티브 학문이므로 안 보이는 뿌리다. 밑에서 뿌리 · 토대가 되는 학문이다.

철학은 현상에 대한 자기 명증적 학문이다. 철학의 역사는 철학의 정체성에 대한 역사다. 철학사를 통하여 철학적 동기를 부여하는 것이 가장 경제적인 방법이다. 또한 그것은 철학이 무엇인가란 질문에 대한 끊임없는 탐구이다. 철학사를 통하여 철학을 공부하는 것은 우리에게 도움이 된다. 철학은 철학사를 통해 이해 · 모방하기 때문이다.

철학이란 지혜 사랑이다. 철학이란 말은 사실을 가르치는 학문이 아니다. 지식이란 알고 있으면 되므로 축적하고 쌓아둔다. 지혜 사랑이란 무엇인가? 자기 성찰이나 자기반성이 없으면 모른다. 그래서 '전문과학자'는 쟁이(engineer)라고 한다. 여기서 쟁이란 기술적 · 전문적으로 일하는 사람을 말한다.

철학은 의미 부여다. 제시된 명제의 의미를 발견하는 것이 철학의 본성이다. 철학은 개연성이나 불확실성과는 관계가 없다. 개연성이나 불확실성은 명제(사태 묘사)와 관련된 것이다.

철학에는 의미가 ① 있음, ② 없음이지 이 중간에 걸쳐있는 추측은 없다.

철학은 명제를 만드는 것도 아니다. 철학은 언어, 의미와의 관계이다. 철학은 귀납적인 것에 동의하지 않고, 과학처럼 개연적이거나 절대적 명제를 제의하지 않는다. 다만 철학은 의미의 명료성이다. 의미가 있도록 분명히 하는 것이 철학이다.

철학(philosophy)이란 궤변(sophism, 소피즘)과 지혜 사랑의 구별이다. 철학이란 지혜 사랑이므로 지식에 빠지지 않도록 하기 위하여 구도(求道)를 한다. 삶과 함께 수용하는 것이 철학의 시작이다. 예를 들어, 자유란 무엇인가를 알았다면 자연적으로 자유와 관련된 개념을 저절로 잊어버리고 자유를 증명할 수 있어야 한다. 철학이란 학문이므로 절대적으로 찾는 것이 있다. 철학자와 철학자 사이의 이심전심(以心傳心)이 있다.

철학에 있어서는 모든 것이 자신에게 달려 있다. 철학은 지금까지의 것을 뒤집어버린다. 사이비 철학과 철학, 참말과 궤변을 구별하는 것이 철학이다. 또한 지혜와 지식 구별, 철학과 과학 구별, 사유와 존재 구별 등이다. 또한 소피아(sophia, 지혜)와 소피스트(sophist, 지식을 지혜인 양 생각하는 사람)의 구별이다.

정리하자면 철학은 근본적으로 개념을 정밀하게 구별 · 구분함으로써 학문적인 혼란을 제거하는 데 목적이 있다. 이것이 바로 철학의 특징이요 철학의 역할이다. 철학은 과학일 수가 없다. 철학적 전망(perspective, 퍼스펙티브)이 중요하다. 긴 시간의 여정을 거쳐야 철학 책을 읽을 수 있고, 철학을 얘기할 수 있다. 그러므로 자기 고백을 해야 한다. 궁극적으로 철학과 과학/과학과 비과학/철학과 비철학의 구분이 가능해야 한다.

2) 이성 비판

철학이라고 말할 때 아이덴티티(identity, 정체성)를 반성해야 한다. 철학은 논리학이 아니다. 철학적 학문의 정체성과 관련하여 철학은 이성이 무엇인가를 비판하는 것이다. 자기반성을 통한 자기 인식이다. 철학이란 이성 비판이다. 모든 과학은 부분적으로 보나, 이성은 전체적으로 보는 동시에, 철학은 이성의 수호자이므로 전문 과학 상호 간 조정 · 재구성이 필요하다.

이성이란 다른 모든 것에 앞선다. 그래서 선험철학이라고 한다. 이성은 객관적 경험이 아니라, 경험의 가능성을 곰곰이 챙겨보는 것이다. 그래서 선험적이다. 철학은 학문이고, 학문의 뿌리가 철학이며, 철학의 뿌리는 형이상학이다. 철학의 근본 개념은 '이성'이고, '이성'은 인간의 구성적 개념이다. 이성의 개념을 통하여 인간의 개념이 드러난다. 그런데 이성을 실현하는 것이 문제다.

인간은 이성적 동물이다. 이런 이성 개념은 철학 전체의 기본이다. 사회 전체가 굴러가는 것은 이성의 실현이다. 자세히 보면 그 가운데 희망적 요소가 있다. 이성이 계속 자기를 계몽하는 것이다. 문화가 다 있으니까 자기를 보고 반성하는 것이다. 계속 끄집어낸다. 궁극적으로 이성의 사회 실현이다. 이런 일을 철학자 혼자서는 못한다. 다른 학자의 도움이 필요하다. 사회 이론을 통한 철학의 실현이다.

철학에서는 “말이 되는가, 안 되는가가 중요하다.” 철학은 기본 전제 조건이다. 대등한 입장에서 원천, 총체적으로 봐야 한다. 자세히 봐야 한다. 철학이란 전체적 · 통일적 · 근원적 물음으로서 지식과는 다른 지혜 사랑이다. 철학의 문제 제기에는 한계가 있다. 우리는 과학을 도외시할 수 없다. 이성의 내 · 외면적 구조를 파악해야 한다. 인간의 자기 보존이란 이성이다.

이성과 계몽이 문명(文明, civilization)이다. 여기서 문명이란 정신적인 것을 뜻한다. 인간은 도구적 이성 · 기능적 이성을 살리지 않을 수 없다. 이성이란 동일성과 통체성의 원리(原理)이다. 여기서 통체성이란 반성 능력이다. ‘이성’은 도구나 원리가 아니라, 인간의 시각에서 인간의 상황을 통일 · 통체적으로 보는 것이다. 실증주의 · 과학 · 기술이 현대에 와서 아무리 무서워도 전체적으로 보는 것이 중요하다.

3) 철학적 기술(記述)

(1) 철학은 계몽이다

철학은 자신의 삶을 위해서 공부한다. 철학은 자신을 위한 학문이다. 수단적 학문이 아니다. 이것이 철학의 특징이다. 철학은 계몽이다. 눈이 밝아지는 것이다. 먼저 있어야 하는 것에 대한 학문이 철학이다. 모든 이성이 철학이다. 과학적으로 보면 철학이 아니다. 바로 보면 철학이다. 일목요연하게 보면 철학이다. 원래 자연이란 있는 그대로 본다. 지혜란 훈련할 수 없다. 그런데 모든 과학은 훈련(training)이다.

철학은 철저(徹底)하다. 철저란 뿌리 근저까지 간다. 상식으로 알고 있는 것을 끝까지 파 내려간다. 철학은 과학에 앞선다. 어떤 경험도 있기 전에 전제하지 않을 수 없는 것, 즉 '선험적 조건'(先驗的 條件)이 있는데, 이것은 전제되어야 하는 원천적 조건을 말한다. 이를 탐구하는 것이 철학이다. 철학이란 과학적 가설 · 검증도 아니고, 신학적 믿음도 아니다. 철학은 모든 곳에 앞서는 물음이어야 한다. 자명해야 한다. 이것이 철학적 발언이다. 철학은 계몽(啓蒙)이다. 철학은 논리 · 약속이 아니다. 철학적 통찰은 논리적 귀결이 아니다. 인간 존재의 근본 조건이기 때문에 철학적 문제이다.

철학은 가장 오래된 역사를 지니고 있다. 개별 학문은 경험적으로 알려져 있으므로 특별한 것이 없다. 경험적 자아나 사회 심리적 시인(私人)이 아니라, 지극히 인간적인 물음, 즉 실존적 물음인 "인간이란 무엇인가?"를 철저하게 물으면 인간의 본성을 알 수 있다. 깨달음이 중요하다. 철학은 느낌이 아니라, 깨달음이어야 한다. 철학은 과학도 종교도 아니다. 철학은 앎(지정의, 知情意)을 강조한다. 과학은 진리에 가까운 가설이다. 철학은 기술, 설명될 수 없다. 철학은 이심전심(以心傳心)이다.

과학은 약속이나, 철학은 약속이 아니다. 여기서 약속이란 과학의 보편성을 의미한다. 절대 확실한 것은 자기명증적이어야 한다. 계명 · 계몽시키는 것이 형이상학이다. 동양철학이 그렇다. 서양철학을 공부함으로써 역사적인 인습적인 생각에서 벗어나고, 인생관 ·

세계관 · 가치관이 자유로운 상태에서 유학 · 불학 · 도학을 보면 정말로 형이상학이라는 것을 절감한다. 계명 · 계몽(enlightenment)이 철학의 주요 목표이다. 사심 없는 생각을 절제 있게 표현하는 것이 학문의 기본 정서다.

철학은 인간적인 번영(human flourshing)을 위한 것이다. 계명 · 계몽은 선불교적 이해가 필요하다. 잘 풀어서 보면, 철학의 역사가 형이상학의 역사로 과학과 구별된다. 말로 표현할 수 없는 것을 억지로 나타낸 것이 '형이상'(形而上)' 자이다. 도덕경에서는 형이상(形而上)을 도(道)로 본다.

철학은 주제가 없으므로 모든 것을 분석하는 그 자체를 분석한다. 그러므로 철학이란 한 상황, 한 사실, 큰 문제와 씨름하면서 전체 문제가 무엇인지를 일이관지하는 것이다. 명석 판명한 것을 추구한다. 형이상학이 이렇다. 사회비판이론과 논리실증주의는 철학이 무엇인지를 모른다. 철학적 발언은 궁극적 실재를 탐구한다. 철학은 보편적 앎을 알도록 강요당한다.

철학에서는 말하는 사람도 듣는 사람도 분명해야 한다. 과학과 철학은 인간의 한 현실이다. 이것이 커다란 상황이요 중요한 상황이다. 그러므로 혼자서 이해할 수 없다. 자기를 바탕으로 자기가 책임질 수 있는 터를 닦아 나가야 한다. 이렇게 하는 데 많은 시간이 걸린다. 철학은 곧 성찰이다. 엄밀한 논리만이 있다. 그래서 철학은 취미일 수가 없다. 철학적 관심은 대대적 모험이다.

철학은 유행에 민감해야 하나, 흉내를 내어서는 안 된다. 총기와 정신이 건강하고, 마음이 맑아야 철학을 할 수 있다. 그야말로 알맹

이가 있어야 한다. 잡소리와 변명을 빼버리고, 좋은 영양분을 섭취하면 남으로부터 신뢰를 회복할 수 있다. 이성적(reasonal), 자연적(natural), 실재적(real)인 것이 가장 근본적이고, 보편적이며, 앞선 생각이다.

철학에도 행동 지침이 있다. 각 철학을 알아보면서 자기가 갈 길을 찾아야 한다. 전부를 볼 수 있는 것이 철학이다. 그러나 과학 전체를 다 알아야 과학을 한다고 말할 수 없다. 철학은 단초가 종말이다.

철학은 지혜다. 철학은 선적 깨달음이다. 철학은 구별이다. 철학은 눈이 밝아지는 것뿐이다. 철학은 21세기를 대비하고, 모멘트가 있어야 한다. 영미 철학은 철학이다. 될 수 있는 한 철학은 각자가 느껴야 한다. 철학은 조망이 가능해야 한다. 플라톤(Platon)도 소피스트(sophist)를 얘기한다. 과학에 대한 철학적 반성이 과학철학이다. 단순한 과학이론이 아니다. 동양철학은 스스로 고민한다.

철학은 진보적(liberal)이다. 철학은 누구나 다 좋아하는 학문이 될 수 없다. 과학은 한 사람의 발견으로 모든 사람에게 영향을 줄 수 있다. 철학은 철학책으로 공부할 수가 없다. 내가 석가 말을 이해하려면 내가 석가이어야 한다. 철학에는 교본이 있을 수가 없다. 어떤 문제에 특유한 관심을 보이는 사람만이 전문가가 될 수 있다. 남의 얘기를 들으면 흑과 백을 가려야 한다. 바로 알아야 한다. 바로 아는 것이 지혜다. 지혜를 사랑하는 사람은 어떤 전제에 얽매이지 않는다.

(2) 철학은 언어다

20세기 철학의 3가지 주제는 언어, 사회, 의식이다. 인간은 말하고, 의식하고, 사회 활동을 하면서 자기 자신을 들여다보고, 명증적으로 깨닫는다. 언어는 20세기 철학의 주요한 주제다. 인간은 이성적 존재, 정신적 존재, 문화적 존재, 곧 언어적 존재이다. 결국 언어가 근본적인 문제이므로 이는 철학적 문제이다. 언어 없이는 이성 · 정신 · 문화도 없다. 언어가 인간 존재 · 인간성의 근본이다. 언어는 철학적 문제이다.

곧 '언어 철학'(linguistic philosophy) 혹은 '언어적 철학'이다. 언어의 철학은 철학이다. 철학하는 방법이 언어적이다. 언어는 논리다. 언어와 논리는 커다란 관계가 있다. 언어적 철학이란 언어를 다루는 철학이 아니라, 언어를 분석하는 것이다. 즉 개념 · 논리를 분석하는 것이다. 언어적 철학은 곧 언어분석철학이다. 수학은 약속인데 비하여, 철학은 수학보다 엄밀하므로 자기 스스로 자기를 통해 확인해야 한다. 철학은 언어 안에 있으므로 언어를 정교하게 사용한다. 분석철학은 더욱더 그렇다.

철학은 상쾌하게 하는 것(refreshing), 고쳐 만드는 것(recasting), 고쳐 말하는 것(rephrase)이다. 즉 철학이란 단어를 바꾸는 것이다. 통일된 정신 아래서 진리가 변경되지 않는 범위에서 다시 써야 한다. 한자보다 훌륭한 철학 언어는 없다. 서양철학의 의미를 한자로 표현되어야 철학의 의미를 알 수 있다. 미국에서는 형이상학적 사유가 없다. 동양의 직관을 인정하지 않는다. 근본적으로 형이상학적 사유에 대한 훈련이 없다. 문화적 체험 속에서 동양학을 하는 것이 중요하다.

세상의 질서가 있는데 그 질서가 언어다. 존재 · 삶을 구성하는 문제를 알고자 함이 철학적 문제이다. 철학적 개념을 아는 것이 삶을 아는 것이다. 단어, 문장, 이론 등 모든 것에는 사이언스(science, 앎)가 들어 있다. 또한 신화, 이성도 앎에 들어 있다.

철학 문화 전통을 이해하는 것이 필요하다. 철학 언어가 다른 언어를 몰고 들어가서 오랫동안 연습한다. 철학은 단계가 없다. 철학은 항상 꼭대기다. 그래서 철학적 글은 어렵다. 체득됨으로써 철학은 들을 수 있고, 말할 수 있다. 이런 세계를 자기식으로 조망하는 것이 중요하다.

철학은 앎을 분명히 하는 오르가논(organon, 도구)이다. 철학은 언어 · 개념적 안목을 가지고 학문을 명료하게 하는 도구 · 방법론이다. 이런 안목으로 본다면 철학의 학문적 역할이 있는 것이다. 철학은 사유다. 언어 말고는 없다. 언어와 논리의 역할은 철학자의 몫이다. 철학에는 논증(argument)이 있어야 한다. 철학은 언어의 예술이다. 철학에는 통계, 표 등이 없다. 철저하게 사유하여 바닥을 봐야 한다. 마음대로 평가해서는 안 된다. 완전히 알 때까지 판단을 보류해야 한다.

4) 철학자의 임무

한마디로 과학은 탐구하고, 철학은 해석한다. 철학, 즉 지혜 사랑은 담론으로 만들어내야 한다. 철학자는 과학자를 대신하여 한 눈으로 이성적, 즉 반성적 시각으로, 다른 한 눈으로 과학을 보편적으로 보면서 과학자의 연구 결과에 어긋나지 않도록 '연구 끝'이 아니라 '분석 끝'이다. 철학자의 임무란 사람의 문제, 이성의 문제를 위하여 전체적 안목에서 이성적으로 분석, 보편적으로 만들어서 해석(interpretation)하는 것이다.

철학자는 언어, 의미, 논리, 추리의 타당성 등을 밝혀야 한다. 그러므로 전체적 사태를 밝히는 데 도움이 된다. 철학의 작업은 이것뿐이다. 결코 철학이 없어진다는 뜻은 아니다. 철학자도 과학자도 사유(speculation)이다. 여기서 speculation이란 가설을 세우는 것을 뜻한다. 과학자는 작은 문제와 관련하지만, 철학자는 큰 문제와 큰 프레임과 관련된다.

자기 의견이 있는 사람이 '철학하는 사람'이다. 철학자는 자기 명증적으로 이해하지 않으면 안 된다. 철학이란 학문이므로 절대적으로 찾는 것이 있다. 철학자와 철학자 사이의 이심전심(以心傳心)이 있다. 철학자는 경험이나 과학적 지식을 탐구, 귀납하여 철학적 명제에 도달한다. 철학적 보편성을 가진 명제를 도출하면, 그 이후부터는 학문성을 높이면 된다.

5) 철학 읽기와 쓰기

철학적 글 읽기는 학문적 글 읽기이므로 철학에서는 글을 완벽하게 읽어야 한다. 플라톤의 국가론에서는 철학자의 자질이 나온다. 철학 공부는 수심(修心) 공부이다. 여기서 수심이란 마음 닦는 것을 말한다. 철학적 개념은 인식, 실재 등과 같은 존재 구성적 개념이다.

철학에서는 "말이 되는가, 안 되는가가 중요하다."

그러므로 철학서 탐독 시 독자들은

① 저자의 주장이 무엇인가?
② 저자의 주장이 맞는가, 틀리는가?

등에 대한 끊임 없는 의구심이 필요하다는 얘기다.

우리는 철학책을 읽으면서 개념이 명석한가를, 논지가 뚜렷한가를 봐야 하는 까닭이다. 철학책 읽기에서는 독자와 저자가 공통적으로 책임져야 한다. 자기 자신이 글을 쓰듯이 꼼꼼히 읽어야 한다. 아무리 잘 쓴 글이라 하더라도 비약이나 구멍이 있기 마련이므로 이를 확인하면서 잘 써야 한다. 자기가 본 것을 보면서 써야 한다. 세상의 모든 독자를 의식하면서 동시에 자기가 자신을 보면서 쓴다. 말이 말을 알고, 의미가 의미를 알아야 의미를 아는 것이다. 말 자체가 의미를 스스로 드러내야 한다. 승복은 하면서 읽어야 배우는 것이다. 글 읽고 쓰는 자체를 생각해야 한다.

정리하자면, 철학은

① 정확히 읽고, 정밀하게 써야 한다.
② 읽기는 다 읽되, 쓸 때는 과감하게 생략한다.
③ 단행본, 사전 등과 같은 다른 문헌도 적극 읽어 본다.

따라서 철학 독자들이 철학 공부를 하기 위해서는 틈틈이 철학사전을 찾아보고, 견문과 지식에 의지하면서 철학적 사유를 훈련하는 것이 필요하다. 먼저 자신의 말이 되는지 안 되는지를 알아야 한다. 근세철학사의 지식을 동원하는 것도 필요하다. 철학이란 개조하는 것이다. 철학 책을 읽는 사람들이 저자와 관련, '그 사람의 생각이 이런가?', '과연 그렇게 생각했는가?' 근본적 차원에서 철학을 생각해야 한다. 그렇게 되면 많은 문제가 떠오르고 그것을 확실히 처리해야 한다. 때문에 철학적 사유 훈련이 필요한 까닭이다.

철학의 의미와 가치

1. 왜 철학의 유용성을 생각하지 않는가?

철학의 유용성이란 철학의 용도를 의미한다. 달리 말하면 철학의 유용성이란 철학을 실제 상황이나 다른 학문을 통하여 적용하거나 응용하는 것을 뜻한다. 여기서 쟁점은 '철학을 배워서 어디에 써먹을 것인가?'에 있는 것이다. 안타깝게도 지금까지 철학의 용도를 구체적으로 우리에게 가르쳐 주는 사람은 아무도 없다.

"스웨덴에서는 학교에서 어떤 내용을 가르치든지 그 내용을 어떻게 써먹을 수 있는지 반드시 이야기하게 돼 있다."라고 초대 한국교육과정평가원장을 역임한 박도순 고려대 명예 교수가 밝히고 있다.[4] 일반적으로 우리나라 대학에서 강의하고 있는 여러 교과목과 관련, 담당 교수들이 그 과목을 배운 후 어디에 써먹을 수 있는지 그 용도에 대해서는 학생들에게 거의 언급하지 않는다.

철학의 용도나 유용성을 필자가 주장하는 이유는 현재 한국 철학은 소위 강단 철학에서 좀처럼 못 벗어나고 있을 뿐만 아니라, 일반적으로 타 전공 대학생들은 철학은 어렵고 골치 아픈 학문 영역으로 생각하고 있기 때문이다. 오히려 철학 아닌 다른 학문 영역에서 공부하는 사람들이 철학의 존재적 가치를 새로이 자각, 활용하고 있다.

왜 철학계는 철학의 유용성을 제대로 말하지 않는가? 철학 개론이나 여타 철학 전문 서적들을 보면 철학의 유용성을 구체적으로 얘기하는 경우는 드물다. 철학이 오직 철학자만을 위하여 존재하는 것도 아니다. 이제는 철학 이외 전공자들이 학적 필요성에 의하여 철학을 유용하게 활용할 수 있는 자구적 방법을 마련하는 것이 적절하다고 생각한다. 왜냐하면 학문의 통섭, 즉 융합의 시대를 맞이하여 개별 학문이 철학과의 연결 고리를 찾아내는 새로운 시도를 할 수 있기 때문이다.

철학자들이 철학적 언어의 재구성을 통하여 다른 학문 전공자들이 쉽게 접근할 수 있는 장치를 마련하는 것이 절실하다. 한국에서는 철학이란 돈벌이 하는 데 전혀 도움이 안 되는 학문으로 인식되고 있다. 학부모나 학생들은 철학이란 좋은 직장을 얻는 데 도움이 되지 않는 도구적 관점에서만 생각하기 때문이다.

미국에서는 철학경영연구소를 설립, 기업이 경영을 하는 데 철학을 적극적으로 활용하고 있다. 1999년부터 2005년까지 HP의 최고경영자(CEO)을 역임한 칼리 피오리나(Carly Fiorina)는 철학을 전공한 전문 경영인이다. 철학경영이란 지식경영과 동일한 구조를 가진다. 지식경영이란 기업이 경영을 하는데 지식을 적극적으로 활용하는 것을 의미한다. 지식경영에서는 지식이 돈이 된다. 철학경영이란 기업이 경영을 하는 데 철학적 내용이나 논리적 도구를 적극적으로 이용하는 것을 의미한다. 달리 말하면 철학적 콘텐츠를 활용 · 응용하면 곧 돈이 된다는 뜻이다.

2. 광의적 의미에서 철학적 성향

여기서는 필자가 광의적 의미에서 철학의 성향(性向, disposition)을 설명하고자 한다. 철학의 성향은 철학의 유용성을 의미한다. 필자는 이 철학의 성향을 철학의 정신으로 규정하고자 한다. disposition이란 단어의 일반적 뜻은 경향, 성질, 기질 등이나, 철학적 의미로는 성향(性向)이란 뜻으로 사용된다. 예를 들어, '금은 왕수에 녹는다'라고 할 경우에는 금은 왕수에 녹는 성향이 있다고 말한다.

엄밀한 의미에서 철학의 성향은 4가지로 정리할 수 있는데 첫째, 인간지향적 성향, 둘째, 가치지향적 성향, 셋째, 분석적 성향, 넷째, 학문 계승 성향 등이다. 첫째와 둘째는 철학의 근본 목적을 나타내며, 셋째와 넷째는 철학의 도구적 방법을 의미한다.

먼저, 인간적 성향이란 인간의 근원적 물음인 '나는 무엇인가?', '나는 누구인가?'에 대한 자기 성찰을 뜻한다. 철학에서는 인간의 심신, 특히 마음에 대한 근본적 탐구를 시도한다. 철학은 무전세의 학문이므로 인공지능시대 빛을 발할 수 있는 학문이다. 인간의 권위가 컴퓨터 알고리즘에 넘어가는 순간, 남용으로 인하여 대재앙이 일어날 수도 있으므로 이를 제어할 수 있는 인간적 나침반이 바로 철학이다.

철학사를 통하여 인간 본성이나 심성에 대한 탐구는 과거부터 지금에 이르기까지 면면이 이어져 온다. 특히 불교적으로 정리하자면, 회광반조(回光返照)라고 말하고 싶다. 회광반조란 자신의 성품에 돌이켜 비춰본다는 뜻이다.

둘째, 과학은 실험에 의하여 증명된 사실에만 근거하므로 가치의 문제에서 점점 더 멀어져 가는 것이다. 그래서 철학은 과학을 철저히 의심하는 까닭이다. 지금처럼 물질만능주의 시대에서는 세계나 경계 대상을 정신, 즉 가치적 관점에서 바라보는 지혜가 절실하다.

셋째, 철학의 분석적 정신은 철학의 백미라고 아니할 수 없다. 철학적 사유에서는 의심을 하나도 남기지 않고 끝까지 분석하는 데 주력한다. 다른 학문 영역에서도 새로운 이론이나 개념 혹은 정의를 창조하기 위해서는 이러한 철학적 방법이 필요한 것이다.

넷째, 철학에서는 사상의 계승 정신이 탁월하다는 점이다. 우리는 철학 역사를 통하여 철학적 이론의 생성과 계승 및 발전을 충분히 확인할 수 있다. 궁극적으로 이것은 철학적 진화라고 하겠다. 철학에서는 정반합의 논리에 의하여 새로운 이론이나 주장이 나타나기도 하고, 반대로 사라지기도 한다.

예를 들어, 영국의 경험론과 합리론이 결합하여 칸트의 순수이성비판이 탄생한다. 마찬가지로 이러한 철학적 사유의 계승 정신은 다른 학문의 발전에도 커다란 영향을 미칠 수도 있다. 철학사란 완전히 사망한 철학적 내용의 단순한 이어붙임이 아니라, 하나의 사상적 흐름 속에서 철학적 본령이 전해지고 있기 때문이다. 이것은 바로 철학의 일이관지(一以貫之)라고 하겠다. 일이관지란 하나의 근원으로서 모든 철학적 영역을 꿰뚫는 것을 말한다.

3. 철학적 유용성의 3가지 형태

현재 한국 사람들의 물질적 풍요로움은 세계 최고 수준이지만,

이와 반대로 정신적 수준은 그렇지 않다고 생각한다. 달리 말하면 철학적 사유가 부족하다는 것이다. 철학적 사유의 부족은 정신적 몰락을 의미할 수도 있다. 필자는 철학적 유용성 3가지를 다음과 같이 얘기하고자 한다.

첫째, 모든 학문의 어머니로서 철학의 유용성이다. 철학이 모든 학문을 포함할 수 있기 때문이다. 이는 철학의 일반성 혹은 보편성을 말한다. 여기서 다뤄지고 있는 철학의 일반적 내용은 인간이나 도덕, 선악 등과 같은 삶의 지혜와 관련된 것이다. 한마디로 철학의 유용성은 무궁무진하다. 철학은 사용할수록 그 용도가 많아지기 때문이다. 아무리 철학을 사용하더라도 철학의 근본은 결코 고갈되지 않는다.

가장 먼저 『철학개론』 혹은 『철학사』만 읽어봐도 누구에게나 유익한 삶의 지혜를 얻을 수 있다. 한마디로 철학이란 그 자체로 우리 모두에게 유용한 학문이다. 무엇보다도 철학은 가치를 추구하기 때문에 자기 자신의 성찰에 근원적으로 도움이 된다. 철학적 사유는 인간 본성의 탐구에 매우 유용한 까닭이다.

철학의 영역은 존재론, 인식론, 가치론 등으로 구분되므로 모든 학문 영역의 토대로써 철학의 의미가 있는 것이다. 철학하는 정신과 방법은 다른 학문 영역에서도 주체적 관심의 대상이 되는 이유이다. 특히 철학은 인간 심성의 탐구나 합리적 사고 형성에 절대적으로 도움이 된다.

미래학자인 유발 하라리는 21세기 인공지능시대를 맞이하여 모든 사람에게 철학의 필요성을 강조한다. 그에 의하면 향후 코카콜

라와 아마존 등이 우리 인간을 해킹하기 위하여 서로 경쟁할 수 있다고 예측한다.

유발 하라리는 컴퓨터 알고리즘에만 엄청난 비용을 투자하는 것에 강력히 비판한다. 이보다 더 시급한 것은 인간 의식에 투자하는 것이다. 이것은 인간 본성을 탐구하는 데도 상당한 노력과 에너지를 집중하라는 얘기다. 여기서 철학의 존재적 가치가 등장하는 까닭이다.

그러므로 유발 하라리도 다른 철학자들과 마찬가지로 '나는 누구인가'란 물음을 강조하는 것이다. 자신이 인생을 통하여 무엇을 진실로 바라는지 스스로 알아야 한다는 얘기다. 소크라테스의 '너 자신을 알라.'는 주장과 바로 상통한다. 하라리에 의하면 생명 기술 혁명과 정보기술 혁명이 결합하여 빅데이터 알고리즘을 만들어냄으로써, 인간 각자의 감정을 인간보다 훨씬 더 잘 모니터할 수 있다고 주장한다. 이러한 상황에서는 인간의 권위는 몰락할 수밖에 없다. 유발 하라리가 주장하는 인간적 대재앙을 막기 위해서는 근원적으로 철학 탐구에 의한 인간성 회복이 절실하다.

따라서 필자는 2,300년 전의 아리스토텔레스 철학이 지금에 와서도 여전히 유효하다고 주장한다. 예를 들어, 전재원이 저술한 『10개의 키워드로 이해하는 아리스토텔레스 철학』(서울 : 역락, 2012)은 고대 3철 중 한 사람인 아리스토텔레스 철학의 개념과 이론을 일반 사람들이 이해하기 쉽도록 배려하고 있다.

이 책을 통하여 저자는 아리스토텔레스 철학이 21세기 현대인에게 삶의 지혜를 조망해주고 있기 때문이다. 달리 말하면 탁월한 철학자의 지혜가 현대인의 삶을 통하여 나침반 역할을 할 수 있다는 것이다. 아리스토텔레스 철학이 시공간을 초월하여 현재 그대로 철학적 유용성을 함의하고 있다는 점이다.

전재원이 분석한 아리스토텔레스 철학은 아리스토텔레스의 주요 저작으로 잘 알려진 『자연학』, 『형이상학』, 『영혼론』, 『분석론(전서)』, 『분석론(후서)』, 『정치학』, 『에우데모스 윤리학』, 『니코마코스 윤리학』 등에서 10개의 키워드, 즉 개념을 선정하고 있는 바, 이것은 아리스토텔레스 철학의 정수를 보여준다. 저자가 철학적 개념에 의하여 선정한 10개의 키워드는 정치공동체, 철학, 인식, 3단논법, 자연, 덕, 고귀함, 쾌락, 감각, 비자발성 등이다.[5)]

철학적 유용성의 두 번째는 협의적 의미에서 각 학문 영역이 철학적 이론을 활용하거나 응용함으로써 학문적으로 설득 논리를 확보하는 것이다. 철학의 탐구 방법은 개별 과학에 응용될 수 있다. 논리학은 사유 훈련과 관련하여 모두 학문 영역에서 필요한 도구이다. 또 인식론도 모든 학문의 기초로서 유효하다.

철학은 인문학의 바탕이 되고, 사회과학의 학문적 지평을 넓히는 데 기여하고 있으며, 특히 자연과학 영역에서도 철학의 존재 가치는 충분하다. 왜냐하면 철학은 과학을 의심하는 데서 비롯되기 때문이다. 철학은 개별 과학들이 학문적 의미에서 논리적으로 설명하는 데 도움을 줄 수 있다.

학문적으로 말하자면, 사회과학이나 자연과학 영역에서 철학을 배워야 하는 이유는 개념(概念)이나 정의(定義)의 명확성 때문이다. 개별 학문에서는 논리학적 방법을 활용하면 새로운 개념의 창조가 자유롭다. 이 경우는 도구적 철학인 셈이다. 이렇게 새로운 개념을 창조함으로써 학문적 진화가 이뤄지는 까닭이다.

또 다른 성공 사례로는 2000년 노벨생리의학상 수상자인 에릭 캔델 박사의 기억 연구를 들 수 있다. 자연과학 전공자들이 자기 학문 영역에서 철학적 지식과 융합하는 사례를 찾아보기란 쉽지 않다. 그럼에도 노벨생리의학상 수상자인 에릭 캔델 박사는 서양철학의 경험론과 합리론을 활용, 이른바 환원주의적 접근법에 의하여 학습과 기억에 관한 획기적 원리를 발견했다. 캔델은 철학의 원리를 세포생물학 연구 과정에서 철저히 활용한 것이다.

셋째로, 철학의 유용성은 개별 학문 영역과 철학이 융합함으로써 획득된다. 전문적 용어로 말하자면 이러한 융합은 바로 학문적 통섭(統攝)이라고 일컫는다. 학문적 통섭은 과거에는 학제적 연구라고 불렀다.

여기에는 두 가지 측면, 즉 광의적 학문 통섭과 협의적 학문 통섭이 있다. 특히 IT 시대를 맞이하여 큰 틀에서 철학은 인문과학이나 사회과학 그리고 자연과학의 결합이 이뤄지는 것은 광의적 학문의 융합이다. 예를 들어, 전자 제품과 관련하여 공학 + 예술 + 철학의 결합이 시도되고 있다. 따라서 철학이 다른 학문 영역으로 침투할 수 있는 새로운 전환기를 맞이한 셈이다.

협의적 학문의 융합으로는 개별 과학과 철학이 정밀하게 결합함으로써 개별 학문 영역에서 새로운 학문의 갈래가 탄생한다. 이를테면 법학 분야의 법철학, 교육학 분야의 교육철학, 사회학 분야의 사회철학 등이다.

법철학 = 법학 + 철학
교육철학 = 교육학 + 철학
사회철학 = 사회학 + 철학

여기서는 개별 학문이 과감하게 철학과의 융합을 시도함으로써 독자적으로 새로운 학문 영역을 개척하고 있는 점이 공통적이다. 따라서 근본적으로 개별 과학이 주체이고, 철학은 어디까지나 객체에 지나지 않는다. 법철학에서는 법학자가 주체이고, 교육철학에서는 교육학자가 주체이고, 사회철학에서는 사회학자가 주체이다. 다만 개별 학문의 전공자들이 철학에 대한 전문성과 융합 범위에 따라서 그 철학적 깊이는 달라질 수밖에 없다.

철학은 마치 불교의 아뢰야식(阿賴耶識)과 마찬가지로 모든 학문을 포섭할 수 있을 뿐만 아니라, 이와 반대로 철학은 모든 개별 학문에 침투하여 용해될 수 있는 것이다. 정리하자면, 타 학문 영역에서는 철학의 존재적 가치와 그 활용도를 새로이 인식할 필요가 있으며, 이제 철학도 철학이 아닌 다른 학문 영역의 학문적 활동에 어떠한 도움을 줄 수 있는지를 곰곰이 생각하지 않을 수 없다. 철학적 가치는 모든 학문 영역에서 빛을 볼 수 있다고 본다. 그러므로 철학 전공자들이 철학적 내용의 생성과 발전에 대한 철저한 고민이 절실하다.

논리학, 합리적 사유를 위한 도구

논리학은 도구(organon)다. 모든 학문의 기초와 형식 과학의 경험에는 자료가 있어야 하는데 자료의 뼈대가 수학과 논리학이다. 논리는 생각이다. 논리는 사람이 만들어낸 것이다. 논리학은 한 주장과 다른 주장을 비교하여 논리의 판단 · 추리 과정이 제대로 되어 있는지를 확인한다. 말의 질서가 논리학이다. 논리학도 철학의 주요 부분이다. 수학과 논리학 그리고 기하학은 자기 근거 설명이 없으므로 내용이 없고, 형식에 지나지 않는다. 논리학은 철학의 방법론이다. 논리학과 철학사 및 과학사는 철학의 보조학이다. 전통적으로 논리학은 철학의 분과학이다. 그러므로 논리학은 철학 안에 들어간다.

논리학은 합리적으로 사유하는 데 유익한 도구임에 틀림없다. 따라서 논리학은 모든 학문 영역의 토대로 자리매김을 할 수 있다. 논리학, 특히 형식논리학은 글쓰기나 논문 · 보고서 작성 및 토론 등에서 적극적으로 활용한다면 그 효과는 상당하므로 누구든지 논리학에 대한 이해는 필수적이다.

논리학의 유용성을 설명하기 위하여 필자는 전재원이 저술한 『로고스와 필로소피아』(대구 : 경북대출판부, 2014)에서 필요한 내용을 요약하고자 한다.[6)]

1. 전제는 앞에 있고, 결론은 뒤에 있는 것인가

논증한다는 것은 근거 혹은 이유를 제시하면서 필자나 화자의 주장을 정당화하는 것이다. '논리적'이라는 말은 '올바르게 논증을 전개하고 있음'을 의미한다. 어떤 글이 논리적이기 위해서는 논증적이기도 해야 하지만 반드시 올바른 논증을 포함하고 있어야 한다.

논리학에서는 이유를 '전제'로, 주장을 '결론'이라고 명명한다.

논증을 분석할 때도 언제나 주장(결론)을 먼저 찾아내고, 그다음에는 그렇게 주장하는 이유(전제)를 찾아야 한다. 전제는 결론을 뒷받침하는 이유 혹은 근거이기 때문에 필자나 화자는 전제를 명료하게 표현해야 한다.

논증은 전제와 결론으로 구성된다. 전제와 결론을 확인하는 데 중요한 실마리가 되는 것은 지시어다. 모든 논증이 지시어를 포함하고 있는 것은 아니지만, 논증에서 지시어가 나타나 있을 때에는 그 지시어에 의해서 전제와 결론을 확인하면 상당히 신뢰할 만한 결과를 얻을 수 있다.

전제 지시어로는 '~이기 때문에', '~에 비추어 볼 때', '~로부터 알 수 있듯이', '~라는 가정하에서' 등이 있고, 결론 지시어로는 '그러므로', '결과적으로', '결론적으로', '~을 함의한다' 등이 있다.

2. 논증적 글쓰기 이전에

논증에 관한 지식은 어떤 종류의 글이든 글을 쓰는 필자에게 도움을 준다. 왜냐하면 논증을 이해하고 있는 사람은 글을 쓰면서, 혹은 쓰고 난 후에 스스로 자기의 글을 논증적으로 분석할 수 있기 때문이다.

이제 논증적으로 글을 쓰기 전에 글을 쓰는 사람인 필자가 미리 알고 있어야 할 사항을 살펴보면 다음과 같다.[7]

첫째, 결론은 글의 어느 위치에 있어도 상관없다. 결론을 먼저 진술하고 나서 그 결론을 뒷받침하는 이유, 혹은 근거를 제시할 수도 있고, 그 반대의 경우도 가능하다. 글의 중앙에 결론이 진술되어 있어도 무방하다.

둘째, 필자는 전제나 결론만을 단독으로 진술하는 것보다 논증을 구성하는 일이 훨씬 더 어렵다는 것을 알아야 한다. 단순히 결론을 진술하는 것이 논증하고 있음을 의미하는 것은 아니기 때문이다.

셋째, 필자는 명령문에도 논증이 포함되어 있지 않다는 것을 알아야 한다. 가령, '조국은 그대를 버리지 않았다. 그러므로 그대는 조국에 충성하라'는 주장에는 얼핏 보기에 논증이 포함되어 있는 것처럼 보인다. 그러나 이 명령문은 참도 아니고 거짓도 아니기 때문에 우리는 이 주장의 타당성을 확인할 수 없다. 이 주장에는 논증이 전혀 포함되어 있지 않다.

넷째, 필자는 인과적 진술을 인과적 논증과 혼동해서는 안 된다.

진술1 내 차는 점화장치에 문제가 있기 때문에 시동이 걸리지 않을 것이다.

진술2 내 차는 점화장치에 틀림없이 문제가 있다. 왜냐하면 시동이 걸리지 않기 때문이다.

진술1은 인과적 진술이기 때문에 논증이 아니다. 이 주장은 사실을 있는 그대로 진술하고 있기 때문에 참인 진술이다. 진술2에는 인과적 논증이 포함되어 있다. 이 진술의 경우에는 참, 거짓이 문제가 되는 것이 아니라, 타당성 여부가 중요하다. 인과적 논증은 연역적 논증이 아니라 귀납적 논증이다. 왜냐하면 시동이 걸리지 않는다는 전제로부터 점화 장치에 문제가 있다는 결론이 반드시 나오는 것은 아니기 때문이다.

다섯째, 논증적 글쓰기를 할 때 필자의 입장만을 제시하는 것은 좋지 않다. 상대편의 주장이 왜 타당하지 않는지를 논증할 수 있어야 한다. 그렇기 때문에 상대편의 주장과 그 근거를 체계적으로 검토하고 분석해야 한다.

정의(定義), 학문적 개념의 창조

공부를 배우는 사람들은 가장 먼저 개념(槪念) 정의를 이해하는 것이 공부의 첫 출발점이 된다. 그러므로 학인(學人), 즉 공부하는 사람들이나 연구자들에게는 개념 정의에 대한 논리적 접근이 필요한 까닭이다.

소위 전문가 집단에 속하는 각 학문 영역의 전문가들이 기존의 개념에 안주하지 않고, 그 개념이 내용상 부족한 부분이 있다면 설득력 있게 개념에 대한 새로운 정의를 내리는 것이 무엇보다 중요하다. 이렇게 함으로써 학문적으로 개념의 진화가 이뤄지기 때문이다. 다만 학문적 용기가 절실히 필요하다.

아직도 우리나라 학계에 있어서는 선진국의 학문적 이론을 국내에 소개하는데 급급하는 경우가 많다. 그만큼 우리나라는 학문의 대외 의존도가 높기 때문이다. 특히 우리 학문에 있어서는 새로운 개념 창조가 부족하다는 얘기다. 정리하자면 세계화(世界化) 시대에 있어서는 새로운 개념을 창조하기 위해서는 누구든지 정의를 체계적으로 새로이 디자인할 수 있다.

예를 들어, 서강대 사회학과 이철승 교수의 저서인 『불평등의 세대: 누가 한국 사회를 불평등하게 만들었는가』(서울 : 문학과 지성사, 2019)에서는 사회학적 관점에서 '세대'라는 개념을 통하여, '불평등'과 '계급'의 생성 과정을 명쾌하게 밝히고 있다. 특히 이철승 교수는 '한국형 위계 구조'라는 새로운 개념을 창안, 한국의 모든 세대가 자기 반성할 기회를 제공하고 있다.[8] 왜냐하면 다양한 개념적 도구에 의하여 세대 간 세대 내 불평등의 구조를 예리하게 들춰내고 있는 까닭이다.

학문적으로 개념 정의와 관련해서는 철학의 논리학 도움이 필요하다. 여기서는 로버트 바움이 저술하고 전재원이 번역한 『비형식 논리학』(대구 : 이문출판사, 2016) 중에서 정의와 관련된 내용을 요약하고, 부분적으로 필자의 의견을 개진하면서 재구성하고자 한다.

1. 정의의 용도

여기서 정의의 용도란 정의를 하는 이유를 말한다. 환언하면 정의의 용도란 정의의 목적으로 풀이할 수 있다.[9]

1) 의미 전달

이것은 일명 사전적 정의(辭典的 定義)라고도 부른다. 의미를 전달하는 정의(reportive definition), 혹은 사전적 정의(辭典的 定義, lexical definition)란 어떤 용어에 대하여 특정한 어떤 집단에 속해 있는 대부분의 구성원들이 정상적으로 이해하고 있고, 정상적으로 사용하고 있는 의미를 전달하기 위해 사용되는 정의를 말한다.

사전적 정의는 특정한 어떤 집단의 구성원들에 의하여 어떤 단어가 실제로 사용되는 방식을 정확하게 전달해 주고 있는지, 혹은 그렇지 않은지를 확인한다. 참인 것으로 판단할 수도 있고, 거짓인 것으로 판단될 수도 있다. 따라서 예를 들어, "총각은 미혼 남성을 의미한다."는 참인 사전적 정의이다. 왜냐하면 일상적 언어 사용에서 '총각'에 일반적으로 주어지는 의미가 바로 '미혼 남성'이기 때문이다.

사전적 정의는 그 범위를 적절하게 제한하여 전문적인 문맥, 혹은 제한된 문맥 내에서 어떤 용어가 사용되는 방식을 전달할 수 있다. 예를 들어, 어떤 단어는 특정 이론의 문맥 내에서 그 단어가 담고 있는 의미에서 정의될 수 있다. 이러한 경우에 우리는 이론적 정의(theoretical definition)를 가지게 된다. 이러한 경우는 학문적 어법에서 흔히 볼 수 있다.

의미를 제한적으로 전달해 주는 정의의 또 다른 경우는 법률적 정의(legal definition)이다. 법률적 정의는 입법부 혹은 사법부 혹은 행정부가 만든 법조문에 명시되어 있는 정의이다. 도로의 특정 구간에 적용되는 도로교통법의 문맥에서 '속도 위반을 하다.'라는 말은 '시속×km를 초과하는 비율로 주행을 하다.'를 의미하는 것으로 정의된다.

2) 새로운 의미의 소개

새로운 의미를 소개하는 것이 필요할 때가 있다. 때때로 이런 일은 '신조어'(新造語)에 의하여 수행된다. 또한 정의를 내리는 사람이 새로운 개념을 명명하는 가운데 소위 약정적 정의(約定的 定義, stipulative definition)를 할수 있다.

약정해서 정의된 단어가 반드시 신조어일 필요는 없다. 일반적으로 받아들여지는 의미가 있지만, 화자(話者)가 새로운 의미로 사용하고자 하는, 따라서 화자가 자기 나름대로 사용할 의미를 약정하고자 하는 단어가 있다면 그러한 단어도 약정해서 정의할 수 있다. 예를 들어, 입법부에서는 새로운 법률을 제정하면서 새로운 의미를 약정하는 경우가 흔히 있다. 법정에서도 새로운 상황에 대처하기 위하여 기존의 법률 용어들의 의미를 확장시키는 경우가 흔하다.

이러한 약정적 정의는 새로운 개념의 창조성을 불러일으킨다. 학문하는 사람들이 자기 학문적 영역의 진화를 위하여 기존 개념에 대하여 새로운 의미를 부여하거나 새로운 개념을 창조함으로써 이것이 약정적 정의로써 역할을 담당한다. 약정적 정의에 의하여 학문적 내용이 더욱 풍성해진다. 달리 말하면, 새로운 개념 정의는 그 학문 영역에서 새로운 지평을 열어주는 것이다.

훨씬 더 명백한 약정적 정의의 예들은 여러 학문들에서 종종 제공된다. 왜냐하면 명명될 필요가 있는 새로운 개념들을 발전시키는 데에는 학문이 가장 적합하기 때문이다. 정신분석학적 전문 용어들은 원래 프로이드와 그의 후계자들 중의 일부가 약정적 정의들을 도입하였다. 이 용어들 중의 일부(가령 '노이로제'나 '승화')는 완전히 새로운 단어들이지만 다른 용어들(가령 '전이'나 '억압')은 이미 존재하고 있던 언어에 새로운 의미가 부여된 단어들이었다.

3) 애매성이나 모호성의 제거

두 개 혹은 그 이상의 명백한 의미를 지니는 단어 혹은 구가 어떤 문맥에서 그 의미들 중에서 어느 의미로 사용되고 있는지가 분명하지 않을 때 애매성(曖昧性, ambiguity)이 존재한다고 말한다. 예를 들어, 어떤 사람이 '나는 밤을 좋아한다.'라고 종이 위에 적어 놓았을 경우에 우리는 그 사람이 '낮과 밤'이라고 할 때의 '밤'을 의미하는지, 혹은 먹는 '밤'을 의미하는지 즉각적으로 알아내기가 힘들다. 이런 경우에 '밤'이란 단어가 '애매하게' 사용되고 있다고 말한다.

어떤 용어가 경계선상의 사례들에 적용되는지, 혹은 적용되지 않는지를 말하기가 불가능하기에 충분할 정도로 그 용어의 의미가 부정확할 때는 모호성(模糊性, vagueness)이 존재한다. 예를 들어, '언덕'이란 단어는 지표로부터 어느 정도 돌출되어야 언덕이 될까? 그런데 언덕이 되기 전의 상태와 언덕을 구분하는 경계선은 어디일까?

마지막 규모에 속하는 모래더미들이 경계선상의 사례들(border-line cases)이라고 알려져 있는 것이다. 만약 어떤 단어가 경계선상의 사례들을 가진다면 그 단어는 모호하게 된다. 애매성 혹은 모호성을 제거하기 위하여 사용된 정의는 의미를 정확하게 하는 정의(precising definition)라고 명명된다.

4) 설득

설득적 정의(persuasive definition)는 특정한 문제나 일에 대한 사람들의 태도 혹은 감정을 변화시키기 위하여 사용된다. 예를 들어, '실업자'는 매거적으로 '백수건달, 폐인, 너무 게을러서 일을 하지 않는 사람, 해고된 사람'이라고 정의될 수 있다. '취업 준비 중인 사람, 자본주의적 경제가 일할 기회를 제공하지 않은 사람'이라고 정의될 수 있다.

이 중에서 첫 번째 정의는 사회 복지혜택의 수혜자를 증가시키는데 반대하도록 어떤 사람을 설득하기 위하여 인용될 수 있다. 두 번째 정의는 사회주의적 경제 프로그램에 찬동하도록 어떤 사람을 설득하기 위하여 인용될 수 있을 것이다. 그러므로 설득적 정의는 보통 다른 어떤 사람의 마음속에 피정의항에 대한 자기 자신의 평가 내용을 심어주고, 다른 사람들의 행동에 심대한 영향을 미치는 것과 맞물려 있다.

2. 좋은 정의를 위한 기준

정의는 인간의 의사소통 과정의 한 부분이다. 따라서 정의는 그것이 제공되는 목적에 부합하도록 행해져야 하며, 또한 정의에 관심을 가지는 청자(聽者)를 고려해서 행해져야 한다.[10)]

1) 비순환성

정의항에 정의되어야 할 단어가 포함되어 있거나, 정의되어야 할 단어가 문법적으로 변화한 것이 포함되어 있을 때 정의는 순환적(circular)이라고 말해진다. '영지수여자'(領地授與者)를 '영지수여를 하는 사람'으로서 정의하는 것은 순환적이고 비계몽적이다.

우리는 이런 종류의 정의를 사전에서 흔히 볼 수 있다. 그러나 좋은 사전에서는 이 순환적 정의가 '영지수여: 다스릴 땅을 나누어 주는 것'이라는 보조적 정의에 의하여 보완될 것이다. 두 정의를 결합하면 순환성이 제거된다.

2) 긍정성

여러분이 정의하고자 하는 거의 모든 단어에는 적용될 수 없는 속성이나 외연이 수없이 많다. 적용될 수 있는 속성이나 외연은 단지 몇 가지일 뿐이다. 따라서 일반적으로 적용될 수 있는 속성이나 외연을 진술하는 긍정적(affirmative) 정의항이 적용될 수 없는 속성이나 외연을 진술하는 부정적 정의항보다 정의의 본질에 훨씬 더 가깝다.

이 규칙의 예외는 그 자체적으로 어떤 것의 부재(不在)를 의미하는 단어들, 가령 대머리(머리카락의 없음)나 무일푼(돈의 없음) 및 미혼(결혼의 없음)이나 죽음(생명의 없음) 등을 위한 정의항이다.

3) 정확성

정의는 너무 넓어서도 안 되고, 너무 좁아서도 안 된다. '피아노'를 '건반이 있는 악기'로 정의하는 것은 너무 넓다. 왜냐하면 그 정의가 오르간, 하프시코드, 아코디언 등을 제거하지 못하기 때문이다. 만약 '피아노'를 '공이와 연결된 건반(이 건반은 공이를 침으로써 현에 반응을 일으키도록 한다)에 의하여 소리를 내는 다리가 3개 달린 악기'로 정의한다면 오르간과 하프시코드 및 아코디언을 성공적으로 제거할 수 있을 것이다. 그러나 이 정의는 수직형 피아노까지 제거해 버린다.

'칼'을 '음식용 기구'로 정의한 경우처럼 짧은 정의가 특히 그렇다. 이 정의는 너무 좁다. 목칼용이나 연필깎이용 칼 등을 제외하기 때문이다. 다른 한편으로 이 정의는 너무 넓기도 하다. 이 정의가 포크와 숟가락도 포함하기 때문이다. 정의가 피정의항에 의하여 명명된 사물의 가장 두드러진 특성(칼의 경우에 '절단하는 데 사용하는 도구'라는 특성)을 언급하지 못할 때 그와 같은 착오가 생긴다.

4) 명료성

사기(詐欺)의 개념에 대한 정의를 살펴보면 다음과 같다.

> 간사한 마음가짐, 혹은 의식적으로 거짓 진술을 함으로써 다른 사람들에게 오류를 받아들이도록 하는 것, 혹은 참된 사실의 은폐

정의는 그것을 지향하고 있는 사람들에게 이해될 수 있어야 한다. 이런 관점에서 위의 정의는 명료성(clarity)을 결여하고 있다. 따라서 우리는 언제나 우리가 목표로 하고 있는 청중의 지식수준과 어휘력을 측정하고자 노력해야 하며, 그 결과를 바탕으로 정의하고자 노력해야 한다.

독서론(讀書論)

○○●○

왜 독서인가

우리나라는 세계 최고 수준의 인터넷 국가라고 일컬어진다. 특히 젊은 세대가 인터넷 사용을 주도하고 있으므로 한국이 인터넷 강국을 계속 유지할 것으로 보인다. 인터넷에는 인간적 상호 교류뿐만 아니라, 우리 모두에게 필요한 유익한 정보도 널려 있다.

조직적이든 개인적이든 인터넷 사이트에는 누구든지 글을 올릴 수 있으므로 엄청난 정보가 교류되고 있다는 점이 인터넷 사회의 새로운 모습이다. 사이트에 게재되는 정보 중에는 근거가 확실하여 믿을 수 있는 정보가 있는가 하면, 믿을 수 없는 정보도 수두룩하다. 사이트상에 올라와 있는 정보의 진위 문제는 결국, 개인적 즉 독자의 판단으로 돌려질 수밖에 없다.

개인적인 능력에 의하여 정보의 높낮이를 구분하기란 여간 어려운 일이 아니다. 예를 들어, 사람들의 질병과 관련된 정보는 병원의 의사들로부터 입수하는 것이 합리적이나, 사이트에 떠도는 근본 정체가 분명하지 않은 질병 관련 정보는 오히려 사람들의 질병을 더 악화시킬 수 있다.

인쇄매체든 전자매체든 여기에 게재되는 정보의 질적 수준을 판단할 수 있는 능력을 우리가 갖추지 않으면 안 된다. 정보의 질을 판단하는 능력이란 평소 일상생활을 통하여 꾸준히 쌓은 독서 능력에 의하여 갖춰지는 것이다. 인터넷 시대는 정보가 너무 많이 흘러 다니는 까닭에 이러한 정보 중에서 자신에게 필요한 수준 높은 정보를 가장 빨리 찾아내는 능력이 무엇보다 중요하다.

이렇게 중요한 정보 해석 능력은 바로 독서 능력에 의하여 결정된다. 우리가 매체를 인쇄매체와 전자매체로 구분하고 있으나, 이들 매체에 수록되는 것은 똑같이 정보다. 하루에도 수없이 컴퓨터 화면에 떠오르는 정보에 대한 정확한 판단 능력을 갖추지 못한다면 우리 앞에 놓여 있는 정보는 한낱 쓰레기에 지나지 않을지도 모른다. 정보의 질적 판단이 중요한 상황에서 독서의 중요성은 인터넷 시대라 하더라도 결코 줄어들지 않는다. 오히려 그 중요성은 더 커진다.

우리나라가 OECD 국가 중에서 독서를 적게 하는 것으로 나타났다. 21세기 문화의 시대에 우리가 문화적인 콘텐츠를 개발하여 외국에 수출하기 위해서는 창의적인 정신이 강력히 요구된다. 이것도 바로 독서에 의하여 결정되는 것이다. 독서는 사유 활동의 근본이므로 독서에 의한 영감이나 새로운 아이디어의 창출이 가능하다. 아무리 세계화 시대라 하더라도 자국의 이익을 대변하는 약육강식의 냉혹한 국제 사회에서 모방은 더 이상 설 자리가 없다.

한국이 진정으로 IT 강국이라면 지금부터 국가적인 차원에서 독서를 가장 중요한 덕목으로 삼아야 하겠다. 독서에 근거하지 않는 IT는 공허한 메아리에 지나지 않는다. 독서에 기반해야 기초가 튼튼한 새로운 아이템 개발이 끊임없이 가능한 것이다. 그러므로 인터넷 시대에도 독서는 계속되어야 한다.

엄밀한 의미에서 우리가 인터넷 강국에 진입하기 위해서는 강력한 정보 해석 능력으로 무장하여 각 매체에 유통되고 있는 훌륭한 정보를 찾아서 빨리 소화하는 가운데, 자신의 의견도 적극적으로 제시함으로써 새로운 정보를 창조하는 것을 근본으로 삼아야 한다.

독서, 뇌 세포의 활성화

21C에 들어와서 일상을 통하여 널리 사용되는 말 중의 하나가 바로 웰빙이다. 웰빙(wellbeing)이란 원래 복지와 행복을 뜻하는 포괄적 용어이나, 일반적으로 웰빙이란 건강 혹은 건강과 관련된 먹을거리를 뜻한다. 이것이 더욱 확대되어 갖가지 웰빙 상품이 시중에 쏟아져 나오고 있다. 지금 육체적인 건강을 위한 운동이나 먹을거리에는 전 국민이 떠들썩할 정도로 대단한 관심과 돈을 투자하고 있으나, 정신적 건강에는 명상이나 요가가 고작이다. 육체적 웰빙만큼 정신적 웰빙도 적극적으로 실행되어야 한다.

우리의 인생에 있어서는 삶의 질이 가장 중요하다. 과거처럼 죽도록 공부하고, 죽도록 일만 하고, 죽도록 휴식만 취하는 시대는 이미 지나가고 있다. 성공적인 삶이란 학습(교육), 일(활동), 여가(가족) 중 어느 하나만을 고집하는 것이 아니라, 일상생활을 통하여 3가지를 동시에 추구하면서 균형을 유지하는 실천적인 삶을 의미한다.

특히 나이가 들어서도 정신적인 기능을 정상적으로 유지한다면 생산 활동을 촉진할 뿐만 아니라, 그것은 다시 육체적 건강에도 중대한 영향을 미치므로 노화가 진행되는 가운데서 노인 스스로가 평생 학습을 통하여 삶의 질을 개선하고자 하는 강력한 의지를 지니지 않으면 안 된다.

의학적인 연구 결과에 따르면 정신적 활동을 많이 할수록 알츠하이머병이나 치매에 걸릴 확률이 낮아진다고 한다. 나이가 들어서도 활발한 지적 활동에 참여한 사람은 그렇지 않은 사람에 비하여 알츠하이머병에 걸릴 확률이 1/3로 낮아진다. 여기서 지적 활동이란 독서, 그림, 뜨개질, 퍼즐 등과 같이 뇌에 자극을 주는 모든 활동을 포함하는 넓은 개념이다. 그러나 TV나 영화 보기 등과 같은 수동적 활동은 알츠하이머병을 낮추는데 아무런 도움이 되지 않는다.

한마디로 독서에 의한 뇌 세포의 활성화가 가능한 것이다. 사람 뇌의 무게는 1.4kg 내외이지만 성인의 뇌에는 대략 1,000억 개의 뉴런, 즉 신경세포가 있는데, 이것은 우리의 감각기관을 통하여 들어오는 각종 정보를 전달하는 역할을 담당한다. 신경세포인 뉴런은 세포체, 수상돌기, 축색돌기로 구성되어 있으며, 축색돌기의 끝이 다른 뉴런의 수상돌기와 연결해 만나는 지점을 시냅스라고 부른다. 근본적으로 지적 활동이나 두뇌 훈련에 의하여 뇌를 자극하려는 의도적 시도는 뇌 세포 사이의 시냅스 연결을 강화시킴으로써 뇌 세포의 활성화를 가져온다.

새로운 여행, 새로운 음식 만들기, 새로운 취미 활동, 양손 사용

등의 활동과 새로운 학습, 독서, 글쓰기(시, 소설, 수필, 자서전 등) 등의 새로운 정신적 도전은 뇌의 망상 조직의 조장을 자극한다. 독서에 의한 뇌 세포 활성화로 정신적 건강은 물론 젊음을 유지하는 지혜가 절실하다고 하겠다.

또한 독서는 누구든지 신체 조건이 하락하는 한 혼자서 할 수 있다는 장점이 있다. 독서는 운동처럼 팀이나 도구가 필요 없다. 눈으로 읽을 수 있다면 누구든지 즐길 수 있는 훌륭한 정신 활동이다. 어린 시절부터 잘 형성된 독서 습관은 무덤에 이르기까지 우리에게 유익함을 제공하는 획기적인 활동이다. 마치 물을 마시듯이 틈틈이 독서를 열심히 해보자. 지혜의 눈이 저절로 열릴 것이다.

독서도 개인 역량

21세기 인디넷 시대 독시 능력이 곧 개인직인 역량이다. 독서를 통하여 새로운 인생의 길이 나타난다. 책 속에 훌륭한 구루(guru), 즉 선생이 존재한다. 더욱이 지식경영 사회에서는 지식이 곧 돈이다. 정보사회에서 가장 중요한 정보해독 능력도 바로 독서로부터 나온다.

지식경영의 의미는 두 가지로 나뉜다. 첫째는 지식경영이란 기업이 경영을 통하여 지식을 적극적으로 활용한다는 의미다. 눈에 잘 보이지 않는 지식 재산이 기업경영에서 매우 중요하기 때문이다. 둘째는, 기업이 경영 상 획득한 중요한 지식은 바로 사업화를 통하여 돈으로 바꿀 수 있다는 얘기다.

아무리 인터넷 시대라도 하더라도 핵심적인 정보해독 능력은 궁극적으로 독서를 통하여 형성됨을 미국 학자들이 과학적으로 증명한 바가 있다. 아무리 전자매체의 장점이 뛰어나더라도 종이 매체는 정보해독 능력 측면에서 결정적인 우위를 나타낸다.[1] 인터넷상 정보도 정확하게 스스로 해독하는 것이 가장 중요하다. 인터넷상에는 출처 불명의 정보가 넘쳐나고 있으므로 그 진위를 판단할 수 있는 정보해독 능력은 필수적이다. 이러한 해독 능력은 어디에서 나올까? 바로 종이 책을 통하여 형성된 독서 능력에 기인한다. 빌 게이츠를 비롯한 세계적으로 성공한 CEO들의 공통점 가운데 하나가 바로 독서광이라는 점이다. 책을 읽지 않으면 결코 성공할 수 없다.

한국 사람은 독서량이 다른 선진국에 비하여 적다. 한국에는 영세한 출판사들이 너무 많다. 구멍가게 수준의 한 사람이 운영하는 이른바 원 맨 컴퍼니 형태의 출판사가 많다는 얘기다. 이처럼 사람들이 책을 안 읽으니까 한국에서는 출판사가 돈을 벌기가 상당히 어려운 실정이다.

대학에서는 교수가 필요한 얘기를 수업을 통하여 100% 모두 전달할 수 없다. 단지 교수란 담당 교과목을 통하여 핵심적 얘기를 하면서 관련된 학문 방향에 대하여 가이드 라인을 제시하는 정도에 불과하다. 그 이후 공부는 학생 스스로 독서를 통하여 지식을 습득하고 점차 확장한다. 이것이 진정한 대학 공부다.

한국 대학생과는 달리, 미국 대학생들은 공부하는데 서로 다른 학문과 결합하는 이른바 융합 정신이 훨씬 뛰어난 이유가 바로 독서 때문이다. 예를 들어, 역사학이나 영문학을 전공하는 학생은 공과대학 기계공학과에 가서 필요한 교과목을 듣기도 하고, 역으로 공과대학 학생은 역사학이나 철학 같은 교과목을 신청하기도 한다. 근본적으로 미국에서는 학문 간의 융합, 즉 통섭으로 새로운 이론이나 기술이 탄생할 수 있는 충분한 토양을 갖추고 있다.

대학생이 책을 읽어야 하는 이유는 교수가 수업 중 말하지 않는 내용이 너무 많기 때문이다. 따라서 미국 대학생은 수업 중 교수 강의 내용을 제대로 이해하기 위해서는 수업 전후, 도서관에서 자료를 찾고 탐독하는데 대부분 시간을 보낸다. 학업 내용과 관련된 독서가 잘 이뤄지니까 수업 중 활발한 발표, 토론이 가능한 것이다. 더욱이 수업 중에는 질문이 활발하게 이뤄진다. 공부의 왕도는 책을 많이 읽음으로써 학문에 대한 자기 소화 능력을 개발하는 데 있다.

독서, 자기 가능성 발견

독서를 하는 이유는 사람마다 다르다. 어떤 사람은 전문 지식을 얻기 위하여, 또 어떤 사람은 새로운 정보를 얻기 위하여, 혹은 여가를 즐기기 위하여 독서를 한다. 우리나라에서는 새로 바뀐 교육과정에 의하여 독서가 필수로 지정되었다. 학생이 재학 중 독서 결과를 틈틈이 교사와 상담한 후 생활기록부에 기록하여 대학입시의 전형자료로 삼는다.

위에서 언급한 독서의 목적에 공통되는 점은 독서에 의하여 독자들이 새로운 내용의 획득이나 발견이 가능하다는 것이다. 새로운 지식과 정보 및 사실의 발견을 위해서 독서를 한다. 독자가 독서를 통하여 나타나는 책의 내용을 이해하거나 암기하는 데 중점을 둘 수 있으나, 궁극적으로 책 속에 드러나는 내용을 독서하는 자기 자신에게 비춰보는 것을 제1의 목적으로 삼지 않으면 안 된다. 이렇게 함으로써 자신과 관련하여 창의적인 아이디어나 새로운 생각의 발견이 가능하기 때문이다. 달리 말하면 독서를 통하여 자신의 발견, 즉 자신의 가능성을 찾으라는 얘기다.

짧은 인생 동안 현재는 물론 미래에 대비하기 위하여 자기 자신의 내면에 잠자고 있는 새로운 가능성을 독서에 의하여 발견할 수 있다면 이것이 가장 경제적이다. 고대 철학자인 아리스토텔레스가 말한 대로 우리 인간의 심연에 잠자고 있는 가능태를 현실태로 바꿔나기 위해서는 독서에 의지하는 것이 가장 바람직하다. 독서란 독서를 하는 그 순간에 완성되는 것이 아니다. 학교생활에서 독서를 통해 자기 가능성을 발견하고, 이것을 사회생활을 통하여 실천할 때 비로소 독서는 완성되는 것이다.

교육이란 학생 스스로가 자기 가능성을 발견하도록 하는 데 근본 목적이 있는 바, 교육이 곧 독서로 이어지는 이유이다. 그러므로 독서가 대학 입시용 독서에 머무는 것이 아니라, 일생을 통하여 새로운 가능성의 발견으로 지속할 때 참다운 가치가 나타나는 것이다.

자신의 가능성 발견을 통하여 우리는 독서의 즐거움을 얻을 수 있다. 즐거움을 얻기 때문에 독서를 계속하는 것이다. 독서의 즐거움은 마음에 고요함을 가져다준다. 서양의 해석학자인 가다머는 교육은 자기 교육이라고 말했듯이 독서도 자기 독서인 까닭이다. 자기 가능성의 발견과 즐거움 및 마음의 고요함은 오직 독서하는 사람에게만 주어지므로 독서에 의한 창조적인 영감의 획득은 얼마든지 가능하다.

독서가 돈이다

21세기는 지식경영사회라고 부르기도 한다. 왜냐하면 기업이 생산성 향상으로 이윤을 창출하기 위해서는 지식경영이라는 새로운 패러다임을 도입하기 때문이다. 전통 사회에서는 돈을 많이 가진 사람이 부자로 여겨졌으나 정보사회에서는 정보가 곧 재화가 되고 돈이 되는 것이다. 왜냐하면 우리가 가지고 있는 정보를 바탕으로 필요한 경우에는 언제든지 새로운 이익 창출이 가능하기 때문이다. 지식경영사회에서는 지식이 곧 재화요 돈이다. 기존의 지식 위에 자신의 독자적인 관점을 개입시켜 새로운 지식의 창조가 이뤄져야 한다. 이러한 지식이나 정보는 소위 지적 자본 혹은 지적 자산이라고 일컬어진다. 지적 자산의 대표적 내용이 특허다. 기존의 상품과는 차별화되어 상품화 할 수 있는 아이디어가 바로 특허다. 특허나 지식 그리고 정보 등을 관통하는 보편적인 말이 아이디어라고 할 수 있다.

창조적인 아이디어는 우리 자신이 일상 생활에서 집중적인 정신활동을 통하여 얻는 경우도 있으나, 독서를 통하여 자신에게 적절한 아이디어를 얻는 것이 효과적인 방법 중의 하나다. 우리 자신에게 지적 자극이나 외부적인 자극 없이 스스로 아이디어를 만들어 내기에는 새로운 경험과 많은 노력이 필요하다. 그러므로 손쉽게 독서를 통하여 새로운 아이디어 창조가 필요한 까닭이다. 나보다 더 훌륭하거나 다른 전문 분야에서 지식을 쌓은 사람의 경험이 오롯이 한 권의 책에 고스란히 담겨 있기에 책은 아이디어의 보고라고 해도 과언이 아니다.

한 조사에 따르면, 우리나라 최고 경영자들이 기업경영에 필요한 정보를 확보하는데 제1의 수단으로서 책을 꼽고 있는 것으로 나타났다. 우리나라에서도 독서의 안목을 가진 최고 경영자들이 기업의 직원들에게 창조적 정신을 불어넣기 위하여 독서경영을 실천하는 것으로 잘 알려져 있다. 예를 들어, 기업이 기업경영에 도움이 되는 책을 선정하여 독후감을 홈페이지에 게재함으로써 지식을 공유하고, 이를 바탕으로 새로운 지식을 창조하는 것이다.

이렇게 창조된 지식을 다른 사람과 공유하는 자세가 근본적으로 중요하다. 자신의 새로운 창조적 지식을 다른 사람과 공유함으로써 이것을 수용한 사람이 자신의 생각을 적극적으로 결합, 새로운 지식의 창조가 가능한 것이다. 이처럼 지식 공유를 통하여 지식의 선순환이 이뤄져야 한다.

지행합일 독서

독서도 지행합일(知行合一)을 위한 독서가 되지 않으면 안 된다. 우리가 어떤 사실에 대하여 제대로 알고 있다면 반드시 일상을 통하여 실천해야 한다. 누구든지 제대로 실천하지 않으면 아는 것을 진실로 안다고 말할 수가 없는 까닭이다. 일찍이 중국의 왕양명은 지행합일(知行合一)을 주장했다. 알면 곧 실천한다는 얘기다. 알고도 실천하지 않으면 모르는 것과 다름없다.

우리나라 현대사를 통하여 소위 안다고 하는 사람들, 즉 고위직 공무원, 정치인, 장군, 경제인, 심지어 전직 대통령까지도 줄줄이 부정부패와 연루되어 공직을 떠나거나 교도소로 가는 것을 볼 때 이들은 진정으로 아는 것이 없다. 왜냐하면 그들은 국민의 공복으로서 부정을 알면서도 공직의 업무상 정의를 몸소 실천하지 않았기 때문이다. 정의를 실천하지 않고 부정을 저질렀기 때문에 국민의 분노를 피할 길이 없었다. 오히려 소시민들이 성실하게 양심적으로 살아가고 있다.

정치란 무엇인가? 아리스토텔레스는 정치학을 실천학의 범주에 넣으면서 정치의 근본 목적은 국민을 잘 살게 하는 데 있다고 말한다. 우리나라는 각 분야를 통틀어 정치가 가장 후진성을 면하지 못하고 있어서 국민의 원성을 듣고 있다. 그다음으로 공무원의 자세가 끊임없이 도마 위에 오르고 있다. 과거에 비하여 부분적으로 공무원의 일하는 태도가 개선되고 있으나, 진정으로 국민의 고통과 삶의 질을 생각하는 정도는 국민의 눈높이 수준에 도달하지 못하고 있는 실정이다.

여기서는 중국 역사상 국민의 공복으로 성실히 임무를 수행하면서 자신이 알고 있는 지적인 내용을 올곧게 실천한 왕양명(王陽明)과 소동파(蘇東坡)를 언급하지 않을 수 없다. 왕양명(王陽明)은 소위 양명학파를 주도한 철학자인데, 원래 그는 고급 관료로 낮에는 공무원으로 백성을 위하여 헌신하고, 밤에는 그를 스승으로 존경하면서 따르는 수많은 제자를 위하여 오직 마음 공부와 관련된 지행합일적 강의를 실행한 훌륭한 철학자요, 국민의 아픔을 자신의 일처럼 생각한 청백리임에 틀림없다.

왕양명은 철학자 이전에 고급 관리로 지행합일 사상을 주창한 바, 알면 반드시 실천해야 한다는 뜻이다. 이러한 사상의 근저엔 사서 즉 논어, 맹자, 대학, 중용의 일관된 의미가 관통되고 있다. 지행합일의 본래적 의미를 이해하기 위해서는 사서(四書)의 근본을 알아야 한다. "알면 바로 실행한다."는 왕양명의 본의는 간단한 것 같지만, 깨달은 이가 아니고서는 실행하기가 실로 어렵다.

시인으로 우리에게 널리 알려진 소동파(蘇東坡)는 이른바 3소 중의 한 사람으로서 원래 직업이 시인이 아니라, 요즘 말로 하면 행정고시 출신의 고급 관료이다. 소동파라고 하면 청백리 정신을 대표한다. 동파(東坡)란 호도 소동파의 친구가 동쪽 언덕의 작은 땅을 그냥 줬다는 얘기에서 유래한다. 그는 청빈한 고급 관리로서 백성을 위한 삶을 살아오면서, 거침없이 왕의 정책을 비판한 까닭에 10년 이상 귀양살이를 하는 가운데도 오직 자신의 마음을 다스리면서 귀양 후 다시 공직에 나아가서는 항상 백성의 마음을 자신의 마음으로 여기고, 오직 공직을 통하여 백성의 편에서 일한 까닭에 그의 올곧은 청백리 정신은 지금까지 회자되고 있는 것이다. 소동파는 귀양과 복직을 되풀이하면서도 자신을 위한 여유로운 삶을 즐기지 않았다. 그는 오로지 백성을 조금이라도 잘 살게 하는 데 관심을 가지고 이를 실천한 것이다.

이처럼 알고 실행하기 위해서는 가장 먼저 일상적인 독서를 행하지 않으면 안 된다. 우리는 사회생활에 필요한 모든 내용을 학교나 평생교육에 의지하여 배울 수는 없으므로 스스로 학습하는 이른바 '자기 학습'의 기반을 마련해야 한다. 정상적인 학교 교육을 받았다면 자기 학습은 얼마든지 가능하다고 생각한다. 이러한 자기 학습의 훌륭한 도구가 바로 책이다. 스스로 지식경영사회에 적극적으로 동참하기 위하여 책을 통한 지식의 흡수에 혼신의 노력을 기울이는 것은 당연하다. 그렇다면 독서의 제1의 목적을 지행합일에 두는 것이 가장 적절하다고 본다.[2)]

글쓰기

글쓰기 과업

– 누구든지 맞닥뜨려야 하는 숙명적 과업 –

1. 글쓰기 잠재력을 일깨워라

(과업1) '나는 읽는다. 고로 나는 존재한다.'(독서)
(과업2) '나는 쓴다. 고로 나는 존재한다.'(글쓰기)
(과업3) '네 영혼 속에 잠자고 있는 글쓰기 잠재 능력을 밖으로 끄집어내라.'(잠재력)

먼저, 위 3가지 명제는 데카르트의 유명한 명언인 '나는 생각한다. 고로 나는 존재한다.'라는 내용에서 필자가 힌트를 받아서 재구성한 것이다. 글쓰기의 전제 조건은 바로 과업 1에 해당하는 독서다. 독서력이 바탕에 깔려 있어야 한다는 얘기다. 글쓰기가 어렵다고 생각되는 여러 가지 이유 중 하나가 독서 능력의 부족이다.

한마디로 독서 능력이 글쓰기 능력이다. 신문과 책을 많이 읽는 것이 글쓰기를 하는 데 결정적으로 도움이 된다. 전자매체가 인쇄매체를 압도하는 사회적 환경 변화 속에서는 부득이 사람들이 책 읽기를 멀리할 수밖에 없다.

달리 말하면, 독서 능력은 곧 정보해독 능력을 의미한다. 정보가 전자매체인 인터넷상 무한정으로 산재하더라도 정보의 진위나 가치를 판단하는 능력은 바로 독서에서 비롯되기 때문이다. 그러므로 독서의 생활화가 이뤄져야 하겠다. 독서가 지적 활동의 중심이요 글쓰기의 바탕이 된다.

둘째, 사람들이 학교생활, 직장생활, 사회생활 등을 통하여 실제적 행위에 있어서 만나는 것이 바로 과업2인 글쓰기다. 달리 말하면, 요람에서부터 무덤까지 누구든지 글쓰기로부터 자유로울 수가 없다. 초중고에서는 국어 교과목이나 시험은 글쓰기와 직접적인 관련이 있다. 대학에서는 본격적으로 학문 활동이 이뤄지면서 시험이나 리포트 작성, 혹은 논문 작성 등을 통하여 본격적인 글쓰기 활동이 전개된다. 직장에 가서도 끊임 없는 보고서 작성과 PT 등이 요구된다. 여하튼 한국 사람이 가장 힘들게 여기고 스트레스를 가장 많이 받는 범주 중 하나가 글쓰기다.

셋째, 글쓰기란 IQ처럼 선천적인 것이 아니라 후천적인 바, 과업3인 각 개인의 잠재적 능력을 밖으로 끄집어내는 집중적인 노력이 절실하다. 글쓰기는 자신의 노력 결과다. 자신의 머리를 결코 탓할 필요가 없다.

2. 글쓰기 아포리아(aporia, 난제)

여기서 아포리아란 난문(難問), 즉 어려운 문제라고 풀이한다. 글쓰기를 실천하는 데 가장 어려운 문제는 다음과 같다.

① '도대체 무슨 말을 하고 싶은 거지?'
② '어떻게 하면 사람을 움직이는 절실한 문장을 쓸 수 있을까?'
③ '다들 바쁜데 한눈에 결론을 알 수 있도록 쓸 수는 없는 거야?'

①은 메시지 전달력을 말한다. 글쓰기는 본인이 어떤 내용을 다른 사람에게 전달할 것인지 그 메시지 내용이 명확하지 않으면 안 된다. 글쓰기에서는 메시지가 곧 생명력이다. 문장이 다소 불완전하더라도 메시지가 강력하다면 일차적으로 글쓰기 과업은 완수된다.

②는 감동적인 문장을 쓰라는 얘기다. 왜냐하면 글이란 감동적으로 절실하게 쓰지 않는다면 다른 사람을 합리적으로 설득할 수 없기 때문이다. 타인의 마음을 사로잡아야 주어진 메시지를 두고서 상호간 공감대 형성이 가능해진다. 이러한 공감대가 사회적 발전이나 진보의 토대가 되는 것이다. 글쓰기란 타인과 공감할 수 있는 가장 정교한 도구라고 생각한다.

③은 글쓰기가 지면 제한을 받는 것을 의미한다. 따라서 글쓰기 마무리 상 결론 도출이 반드시 필요한 것이다. 예를 들어서, 부득이 신문 글쓰기에서는 결론을 미리 제시해야 한다. 언어생활에서는 공간적 제약을 충분히 극복할 수 있지만, 글쓰기 작업에서는 지면 제약, 즉 공간적 제약을 받는다.

예를 들어, 신문 칼럼 게재 시 200자 원고지 8매 분량이 허용된다. 이와 같이 좁디좁은 공간 속에 글 쓰는 사람이 모든 내용을 집어넣기 위해서는 문장 설계도를 효율적으로 그리지 않으면 안 된다. 마치 건축 시공자가 건축 설계도에 따라서 집을 짓는 것과 똑같다. 건축 설계와 건축 시공이 일치돼야 훌륭한 건물이 완성된다. 그러므로 글을 쓰고자 하는 사람은 자신의 강력한 메시지를 상대방에게 설득력 있는 논리로 전달하는 것이 무엇보다 중요한 것이다.

3. 글쓰기는 숙명적 과제

미국이나 영국, 호주 등에서는 초등학교부터 저널(journal) 쓰기를 강조한다. 저널이란 곧 글쓰기를 말한다. 특히 미국 대학입시에서는 일반적으로 에세이(essay) 쓰기가 입학하는 데 상당히 중요한 요소로 작용한다. 여기서 에세이란 수필을 의미한다.

미국 대학 에세이는 한글로 번역하면 200자 원고지 7~8매 정도에 불과하다. 미국 대학에서는 이러한 짧은 글을 통해서도 지원자의 잠재적 능력의 발굴이 얼마든지 가능한 대학 입학 시스템을 갖추고 있다. 미국 대학에서는 입학한 이후부터 본격적으로 학문적 글쓰기가 시작된다. 이것이 바로 리포트나 논문이다. 대필이나 표절은 찾아보기가 어렵다. 이미 미국에서는 초등학교부터 표절 교육을 강조하기 때문이다.

한국에서도 대학입시와 관련, 자기소개서 작성이 필요하다. 그런데 이와 관련, 대필이 상업적으로 유행하고 있는 바, 각 대학에서는 자기소개서 대필 · 표절 확인을 위한 프로그램을 운영하고 있다.

또 대학생들이 졸업 후 회사에 취직하면 바로 만나는 것이 보고서 작성이다. 보고서의 핵심은 글쓰기다. 이처럼 글쓰기란 태어나서 죽을 때까지 자기 자신의 역량을 다른 사람 앞에서 줄기차게 드러내지 않으면 안 된다.

4. 글쓰기 책이 도움이 되는가?

한마디로, 글쓰기 관련한 책들은 동서고금을 막론하고 하나의 도구에 지나지 않는다. 그 이유를 살펴보면 다음과 같다.

첫째, 단 한 권의 책으로는 결코 글쓰기를 완전하게 정복할 수 없다. 이를테면, 한때 대학입시 준비생들에게 선풍적 인기를 끈 『수학정석』이나 『성문종합영어』 등을 들 수 있다. 정리하자면 국내의 글쓰기 책들은 백가쟁명이다. 저자들이 다양한 관점에서 자신만의 독특한 경험담을 전개하고 있기 때문이다.

둘째, 그렇지만 국내외 훌륭한 작가들이 강조하는 글쓰기 책들은 롤 모델임은 분명하다. 이러한 책들을 통하여 유사성 확인이 가능하다. 왜냐하면 서로 다른 작가들 사이에서도 공통적 얘기를 들춰낼 수 있기 때문이다.

셋째, '글쓰기 주체는 바로 당신이다.' 글쓰기 책에서는 어디까지나 글을 쓸 수 있는 방법을 얘기할 따름이다. 글을 쓰는 당사자는 바로 자기 자신이다. 이것이 바로 태어나서부터 죽을 때까지 겪어야 하는 숙명적인 글쓰기 과업이라고 아니할 수 없다.

5. 치유의 글쓰기 인생의 동반자

21세기는 치료(therapy) 시대다. 다음과 같은 말이 자주 나타난다.

- 인문학 치료, 철학 치유
- 문학 치료, 독서 치료
- 치료 레크리에이션(therapeutic recreation)
- 글쓰기 치료(writing therapy)

한마디로 글쓰기는 정서적 심리적 측면에서도 상당한 치유 효과를 나타낸다는 것이다. 글쓰기를 통한 자신의 마음 치유가 가능하다는 얘기다. 독서 = 글쓰기인 바, 글쓰기 치료란 독서 치료보다 뒤에 나타났지만, 얼마든지 사용이 가능하다.

인문학 치료란 포괄적 용어로 우리나라에서는 최근 인문학 열풍을 타고 등장한 말이다. 한국에서는 철학이 강단 철학이란 이유로 사람들로부터 관심을 받지 못하고 있다. 그런데 21세기 지식경영 사회에서는 오히려 철학의 역할을 잘 활용한다면 그 의미는 자못 크다고 하겠다. 철학이 현실적 문제를 해결하는데 중심에 서야 하는 새로운 시대에 살고 있기 때문이다. 미국에서는 '철학경영 센터'를 통하여 기업경영 문제를 해결하는 데 동서양의 철학적 사유 정신을 적극적으로 활용 · 적용 · 응용한다는 얘기다. 셰퍼드 코미나스(Sheppard B. Kominars)에 의하면, 글쓰기의 치유 효과로서는 육체적 이점, 정신적 이점, 자신의 가치관 확립 등을 제시한다.[1)]

글쓰기 세상을 움직인다

- 글쓰기 성공을 보장한다 -

사례 1. 대통령 선거

필자는 제18대 대통령 선거와 관련, 대통령 후보자들의 라디오 연설 20분짜리를 직접 들어본 후, P 후보의 대통령 당선을 사전에 예상했다.

사례

여당 대통령 후보의 라디오 연설(20분)

P 후보자의 키워드는 다음과 같이 3가지로 정리된다.

첫째, '대통령으로 당선되면 정치를 통하여 국민을 행복하게 만들어주겠다.'
둘째, '사회복지정책을 적극 추진하겠다.'
셋째, '경제 민주화를 실천하겠다.'

연설 원고의 바탕은 글쓰기다. 방송을 통하여 혼자서 20분 동안 말을 한다는 것은 시간상 엄청난 양이다. P 후보자의 연설은 그야말로 간명하다. 군더더기가 전혀 없다. 그만큼 국민에게 설득력이 높을 수밖에 없다.

고대 철학자인 아리스토텔레스는 정치를 하는 근본 목적이 백성을 잘살도록 하는 데 있다고 이미 천명한 바이다. 또한 아리스토텔레스는 정치를 하는 목적이 행복에 있다라고 주장한다. 정치 연설의 쟁점은 간단한 슬로건이다. 경제 정책의 바탕으로 사회복지 정책과 경제 민주화를 내세운다. 글쓰기 관점에서 문장 설계도가 완전한 것이다.

이념적으로 본다면, 분배는 바로 좌파들의 일반적인 성향으로 간주된다. 그렇지만 우파 대통령 후보가 좌파의 분배 논리를 잘 포장해서 정치적 슬로건으로 내세우는 데 성공한 것이다. 결국 P 후보가 막판 야당 후보의 추격을 뿌리치고 당선되었다.

사례

야당 대통령 후보의 라디오 연설(20분)

M 후보자의 연설 상 쟁점이 되는 키워드는 다음과 같다.

첫째, '정치가 뭔지 잘 모르겠더라.'
둘째, '변곡점'이란 단어를 사용한다.

당시 야당 후보자는 국민을 상대로 설득력을 얻는 데 결국 실패했다. 막판 치열한 추격을 했음에도 상당한 표 차이로 낙선했다. 먼저, 정치가 뭔지 잘 모르면 정치를 하면 안 된다는 얘기다. 대통령 후보로서 강력한 열정이 부족했다는 뜻이다. 또 야당 후보가 중학교 수학 교과서에 나오는 '변곡점'이란 어려운 단어를 사용함으로써 설득력의 빈곤을 가져온 것이다.

전 한국 갤럽 박무익 회장에 의하면, 당시 야당 대통령 후보자가 국회의원직을 내던지고 모든 것을 걸면서 집중하지 못한 것을 강조한다. 이와는 달리 상대방 여당 대통령 후보는 국회의원직을 내던지면서 선거에 올인해 대통령에 당선되었다는 말이다.

사례 2 '기적은 종이 위 글쓰기에서 나온다.'

첫째, '나는 신문에 만화를 연재하는 유명한 만화가가 될 것이다.'(처음 글귀)
둘째, '나는 세계 최고 만화가가 되겠다.'(두 번째 글귀)
셋째, '나는 퓰리처상을 받을 것이다.'(세 번째 글귀)

위 사례는 세계적 만화가인 스콧 애덤스의 얘기를 말한다.[2] 한마디로 목표 설정이 너무나 분명한 것이다. '꿈은 이루어진다.'라는 말이 있다. 스콧 애덤스가 두 번째 글귀는 하루에 15번이나 썼으며, 세 번째 글귀는 하루에 무려 16번이나 썼다고 한다. 마침내 그 꿈이 이루어진 것이다. 그렇다면 '글쓰기는 이루어진다'라는 격언이 가능한 것이다.

어떻게 쓸 것인가 1

- 누구나 글 쓸 수 있다 -

작가 1. 서정오

옛 이야기 저술가인 서정오에 의하면, '글쓰기 면허증은 필요 없다.'라고 단호히 말한다. 서정오의 글쓰기 키워드는 3가지다.[3]

첫째, '이 세상 모든 사람들이 다 작가다.'

둘째, '이제는 정말로 일하는 사람들이 글을 써야 한다.'
셋째, '모든 어른들이 동화 작가가 돼야 한다.'

서정오 작가는 글쓰기를 두려워하는 사람들에게 엄청난 자신감을 불어넣어 주고 있다. 누구나 글을 자유롭게 쓸 권리가 있음을 천명하는 것이다. 우리 모두가 가능성을 지닌 예비 작가라는 의미다.

작가 2. 브렌다 유랜드

작가인 브렌다 유랜드(Brenda Ueland)는 '자유롭게 신나게 써라.'고 주장하면서 3가지 글쓰기 키워드를 제시한다.[4)]

① '누구나 재능을 가지고 있다.'
② '누구나 독창성이 있다.'
③ '글쓰기는 자기 확신이 가장 중요하다.'

브렌다 유랜드는 이와 더불어 '누구나 표현하고 싶은 욕구가 있다.'라고 말한다. 먼저 자기 생각을 망설이지 않고 글로 표현하기 위해서는 '자기 확신'이 가장 중요하다. 글을 쓰기 위해서는 자신의 재능이나 독창성을 굳건하게 믿는 것이 필요하다.

작가 3. 육쌍수 기자

전 국제신문 육쌍수 기자(현, 고교 교사)에 의하면, '글쓰기란 노력이 80%, 재능이 20%다.'라고 주장한다. 우선 글쓰기는 자신의 노력이 80%를 차지한다고 말한다. 보통 신문사 신입 기자들은 취재 현장에서 2년 동안 선배 기자들로부터 기사 작성 요령을 습득한다. 그런데 고참 기자가 돼서 신입 기자들에게 기사 작성 교육을 해보면, 문득 '나 자신도 신입 기자 시절엔 글쓰기 실력이 턱없이 부족했겠구나.'라고 느낀다고 말한다.

작가 4. 김원우

소설가 김원우의 글쓰기 키워드는 3가지다.[5)]

① '독서 방법'
② '책 읽기 = 글쓰기'
③ 독서 → 독후감 → 소설가 자질 발견

김원우는 책 읽기가 왜 글쓰기인가를 잘 설명하고 있다. 김원우는 독서에 의한 독후감을 써가는 도중 소설가의 자질을 발견하고 소설가 직업을 가진 자신의 경험담을 강조한다.

작가 5. 로버타 진 브라이언트

로버타 진 브라이언트(Roberta Jean Bryant)가 제시하는 글쓰기 제7법칙을 재구성하면 다음과 같다.[6)]

1. 글쓰기 제1법칙
   - 글쓰기는 행동이다(배짱)
   - 무조건 써라(끈기)
   - 다작하라(시행착오)

2. 글쓰기 제2법칙
   - 열정적으로 써라(신명)
   - 몰입하라(집중)

3. 글쓰기 제3법칙

- 정직하게 써라
- 알몸을 드러내라
- 독창적인 것에는 진통이 따른다

작가 6. 필자

필자가 제시하는 '글쓰기 10계명' 중에서 5가지만 기술하면 다음과 같다.

- 글쓰기 두려워하지 마라(용기)
- 매일 30분 글을 써라(습관)
- 생각나는 대로 글을 써라(수정)
- 자신의 관점에서 글을 써라(창의력)
- 글쓰기, 독서, 말하기는 하나로 통한다(일이관지)

어떻게 쓸 것인가 2

- 논리적 근거 마련 -

1. '글쓰기 토대'

이미 설명한 바 있는 데카르트(Rene Decartes)의 4가지 규칙은 글쓰기에 그대로 적용된다.

① 명증성의 규칙
② 분해의 규칙
③ 합성의 규칙
④ 열거의 규칙

명증성의 규칙에 의하면, 글쓰기에서는 명석하고 분명한 내용을 주장하는 것이다. 다른 사람의 글을 통해서도 명석하고 분명한 것을 취한다. 분해의 규칙에 의하면, 대(大)에서 소(小)로 점차 좁혀가면서 글을 쓴다. 합성의 규칙에서는 글을 쓰는데 순서 만들기다. 열거의 규칙에 의하면, 우리가 글을 쓸 때에는 필요한 내용을 전부 열거한 다음, 이들을 범주(category)로 나누어 본다. 즉 유사성이 있는 내용을 같은 그룹으로 묶으면 글쓰기가 쉬워진다.

2. '수사학적 설득 방법'

글을 작성하는 데 수사학과 논리학, 즉 형식 논리학은 반드시 필요한 지식이다. 정의하자면, '수사학(rhetoric)이란 말을 통하여 다른 사람을 설득하는 것을 말한다.' 수사학이란 말을 논리적으로 구성하는데 그 생명력이 달려 있다. 말이 중요한 이유는 이것이 곧 글로 연결되기 때문이다. 점차 어려운 정도로 열거하자면, 생각(意) → 말(言) → 글(書)의 순서다. 자신의 생각을 말로 표현하기 위해서는 마음속에서 어느 정도 정제 과정을 거쳐야 한다. 또 자신이 뱉은 말을 중심으로 글을 쓰기 위해서는 거의 완전한 정제 과정이 필요하다. 이러한 과정이 바로 글쓰기의 퇴고, 즉 수정이다.

수사학 3가지 요소는 에토스, 로고스, 파토스다.[7)]

① 에토스(ethos)(유대감 쌓기)
② 로고스(logos)(이해시키기)(이성)
③ 파토스(pathos)(마음 움직이기)(감정, 감성)

에토스(ethos)란 자신의 주장을 세우는 기반으로 청중과의 좋은 관계를 유지하는데 관심을 기울인다. 로로스(logos)란 이성으로 주장의 본질이다. 이 로고스에 의하여 청중을 논리적으로 이해시키는 것이다. 파토스(pathos)란 감정으로 청중들의 마음을 움직이는 것을 말한다. 말하는 사람의 주장하는 내용이 청중과의 공감이 이뤄질 때 파토스가 가능한 것이다.

3. 3의 원리(3's law)

아트 마크먼(Art Markman)이 주장하는 3의 원리는 글쓰기, 즉 문서 작성 시 그대로 적용할 수 있다. 정의하자면, '3의 원리란 사람이 어떤 사건이나 장면 인식과 관련, 한순간에 지각할 수 있는 것에도 한계가 있는 바, 나중에 최종적으로 기억할 수 있는 것은 대략 3가지 정도로 압축, 조직화 되는 것을 말한다.'[8)]

예를 들어, 야구 경기 관람 시, 관중은 한 번에 3가지 정도, 즉 투수, 타자, 공 등에 관심을 집중한 나머지, 다른 관중이나 득점판, 땅콩 장사 등에는 무관심하게 된다. 3의 원리란 심리학에서 나오는 이른바 '스키마(schema)의 원리'와 비슷하다. 스키마의 원리에 의하면, 사람들이 어떤 사물의 움직임을 관찰할 때 전체적 윤곽, 즉 줄거리만 대충 파악한다는 얘기다.

달리 말하면, 어떤 움직임의 시작부터 끝까지 모두 지각하는 것이 아니라, 그저 자신의 눈에 띄는 순간 한 두 장면만 포착한다는 말이다. 스키마의 원리에 의하면, 교통사고 목격자는 사건의 전체 과정을 본 것이 아니라 순간적으로 몇 장면만 볼 수 있다는 뜻이다. 그렇다면 목격자가 법정에서 진술은 신중하게 이뤄져야 하는 까닭이다. 왜냐하면 목격자가 법정에서 자신이 보지 못한 부분도 마치 본 것처럼 꾸며서 말할 수도 있기 때문이다. 목격자의 위증 가능성을 주의하지 않으면 안 된다.

어떻게 쓸 것인가 3

- 문장 설계도 원칙 -

일본의 글쓰기 전문가인 나카지마 다카시에 의하면, 글쓰기에서 3가지 핵심 포인트를 제시한다. 먼저 '감동적인 문장'을 강조한다. 감동적인 문장의 핵심은 다음과 같다.[9)]

① 정확한 메시지 전달
② 상대방의 마음을 움직이는 문장
③ 쓰고 읽는 사람의 마음이 공감하는 문장

나카지마 다카시의 감동적인 문장은 앞에서 설명한 수사학 설득 방법과 근본적으로 뜻이 같다.

또한 나카지마 다카시는 '문장 사명'을 기술하고 있는 바, 첫째, 상대방의 문장 소화력이나 이해력을 최대한 감안하면서 기술한다.

둘째, 전반부에 결론이나 키워드를 바로 제시하라고 말한다.[10)]

글쓰기에서는 글을 읽는 대상이 누구냐는 대단히 중요하다. 독자의 눈높이에 해당하는 내용을 집중적으로 구성해야 하기 때문이다. 그래서 상대방의 소화 능력이나 이해력을 충분히 감안하지 않을 수 없다. 특히 두 번째 얘기는 신문 기고나 칼럼 작성 시 꼭 필요한 내용이다. 글쓰기 전반부에서 결론이나 핵심적 키워드를 바로 제시하면 그 이후 글쓰기 전개가 쉬워진다.

마지막으로, 나카지마 다카시는 '문장 설계도 원칙'을 다음과 같이 설명한다.[11)]

① 문장에서 무엇을 전달할 것인가?
② 전달하는 최선의 방법은 무엇인가?
③ 어떤 스토리 전개가 가장 효과적인가?
④ 문장 수정(퇴고)

첫 번째는 글쓰기에서 메시지 전달력을 강조한다. 두 번째는 가급적이면 결론이나 키워드를 전반부에 먼저 제시, 나중에 풀어가면서 쓴다. 세 번째, 스토리 전개와 관련, 박스 형태 글쓰기를 강조한다. 이것은 내용 전개 상 아주 핵심적인 줄거리를 열거한 다음, 이들 중심으로 글쓰기에 주력한다는 뜻이다. 마지막으로 자신이 쓴 글을 최종적으로 점검한다. 이것을 퇴고라고 한다. 문장 수정은 약간의 틈이라도 발생하지 않도록 철저히 이뤄져야 하는 것이다.

패트릭 G. 라일리(Patrick G. Riley)가 주장한『One Page Proposal』(서울 : 을유문화사, 2003)은 사업 계획서 작성 시 필요한 글쓰기 원칙으로 '문장 설계도 원칙'과 상통한다. One Page Proposal(원 페이지 프로포절)이란 그야말로 1 페이지짜리 제안서를 말한다. 사업계획서 작성 시 전체적 사업 내용은 얼마든지 그 분량 조절이 가능하지만, 사업계획서 첫 페이지에서는 전체적 사업 개용의 핵심이 A4 용지 한 장안에 담겨져야 한다는 뜻이다. 여타 사업 내용은 부록, 즉 첨부 문서로 처리한다. 여기에서도 글쓰기 주요 원리들이 그대로 적용된다.

필자가 기존 One Page Proposal과 관련, 여기에서 나오는 내용을 재구성하여 3가지 키워드를 제시하면 다음과 같다.

첫째, 박스 형태 글쓰기
둘째, 주요 근거 제시와 관련 3의 원리 적용
셋째, 취사선택

박스 형태 글쓰기란 글쓰기 내용상 범주(category)화해서 유사성이 있는 내용끼리 한 그룹으로 모은다. 주요 내용은 열거부터 먼저 하라는 뜻이다. 결론과 관련해서는 최대한 압축, 결론이나 주요 항목에 따른 3가지 이유를 제시한다. 이것이 글쓰기에서 3의 원리다. 셋째는 글쓰기 과정상 취사선택은 불가피하다.

글쓰기에서는 최대한 '생각 자료'를 많이 끄집어 내놓은 다음 그 이후부터 과감한 가지치기에 나선다. 글쓰는 사람이 글쓰기와 관련, 근거가 될만한 '생각 자료'를 과감하게 없애는데도 용단이 필요하다. 보통 자신의 노력이 아까워서 써놓은 글을 버리기에는 너무 아까워하기 때문이다.

취사선택과 관련하여 서양철학에서 나오는 '오캄의 면도날'을 생각해보자. 남자가 면도기로 수염을 깎을 때 불필요한 수염은 인정사정 볼 것 없이 싹싹 밀어버리면 끝이다. 이처럼 불필요한 것을 완전히 없애버리는 것을 오캄의 면도날이라고 부르는 까닭이다.

한편, 글쓰기와 관련, 요약(要約)의 중요성을 확인해보자. 독서나 국어 교과목에서는 요약 훈련을 강조한다. 요약도 스포츠처럼 반복적인 훈련으로 자기 체득이 되어야 한다. 복잡한 내용을 한마디로 정리하는 것이 요약이다. 이를테면 책 한 권의 내용을 한 문장으로 표현한다. 단순히 요약만이 아니라, 요약 과정상 기존의 의견서에다가 자신의 독창적인 의견을 결합, 새로운 의견을 창조하는 것이 가장 중요하다.

게리 스몰(Gary Small)에 의하면, 요약에 의한 '기억의 확장'을 설명한다. 이를 토대로 필자가 3가지로 재구성하면 다음과 같다.[12)]

① 요약이란 지식의 조직화를 통하여 이루어지는 바, 최적 상태에서 기억 유지가 가능하다.
② 효과적인 요약문 작성은 나중에 기억 회복 시 쉽게 인출이 가능하다.
③ 요약이란 책에서 나오는 내용을 다른 표현으로 기술하는 이른바 패러프레이즈(paraphrase), 즉 문장 바꾸기인 바, 이는 재구성과 연결된다.

한편, 필자는 요약과 관련 초록화 작업이란 문헌정보학적 관점을 제시하고자 한다. 전제 내용을 읽으면서 내용을 분석하고 핵심적 개념 중심으로 주제를 분석한 다음, 추출된 개념을 완전히 재구성하여 초록화 작업을 시도한다. 예를 들어, 한 권의 책을 초록화 과정을 통하여 30p 요약 → 10p → 5p → 1p 요약 → 한 문장 요약 → 한마디 요약이 가능해진다.[13)]

창의적 글쓰기

- 뇌 세포 활성화 -

1. '창의적 작가'

앨리스 플래허티(Alice W. Flaherty)에 의하면, '창의적 작가'의 뇌 과학적 특성을 언급한다.[14)]

① 신경학적 연구 결과에 의하면, 창의적 작가는 아이디어의 새로운 생산, 달리 말하면 창의력과

② 복잡한 아이디어를 편집하는 데도 능숙하다고 한다. 이것은 재구성 능력을 의미한다. 지식 경영 사회에서는 정보나 지식의 재구성이 중요하다.

③ 이러한 창의적 능력은 '창의적 휴가'에 의하여 구체화, 활성화 된다고 한다. 즉 휴식이나 일시적 판단 중지, 기분 전환 등과 같은 '정신적 휴식'을 뜻한다. 집중과 휴식의 교대가 잘 이뤄져야 하는 것이다.

2. '창의적 뇌 세포 활성화'

김대식 교수에 의하면, 창의적 활동에 의한 뇌 세포 활성화를 다음과 같이 강조한다. 이는 재구성 능력과도 관련 있다.[15)]

1) 조합하여 기억하기

정보를 얻어서 저장하는 대표적 방법이 조합(association)이다. 뉴런(neuron, 신경세포)끼리 상호작용 할 때 뇌파가 발생하고 시냅

스(synapse) 사이에 커다란 변화가 생김으로써 뇌의 조합이 일어난다. 이것은 시냅스 활성화를 의미한다. 정보 과잉 사회에서는 기존의 유용한 정보를 적극 활용하는 자세가 필요한 것이다. 21세기는 연결 사회요 결합 사회이기 때문이다.

학습 능력과 기억력 향상을 위하여 배우는 것 사이에서 좋은 조합을 잘 만들어주는 것이 중요하다. 성장 사회가 아니라, 성숙 사회에서는 에디슨의 발명처럼 이 지구상에 없는 새로운 물건을 만들어내기란 실로 어렵다.

그렇다면 기존에 나타난 것 중에서 서로 다른 것을 결합하거나 재구성함으로써 새로운 물건이나 정보를 만들 수 있다. 따라서 창의적 뇌 활동으로 뇌 세포 상 시냅스를 활성화시키는 것이 관건이다. 이러한 시냅스의 활성화는 학습 능력과 기억력을 향상시킬 수 있기 때문이다.

2) 양손 사용

오른손잡이는 왼손을 의도적으로 써보라는 얘기다. 그 반대도 마찬가지다.

3) 새로운 경험

- 뇌란 변화가 없는 틀에 박힌 것을 아주 싫어함
- 남들이 다 하는 것 안 따라하기
- 예술 작품, 음악 감상, 백화점 상품 구경, 여행
- 새로운 외국 음식 맛보기 등

4) 잠자기 직전 공부하기

공부에서 벼락치기는 금물이다. 시험 기간 중 새벽 공부보다는 밤 공부가 더 효율적이다. 밤에 집중적으로 공부한 다음 어느 정도 수면을 취한다면 우리가 수면을 취하고 있는 동안에 뇌 세포에 의하여 무의식적으로 간밤에 한 공부가 저절로 정리된다는 것이다.

뇌 과학

뇌를 알면 새로운 세상이 보인다

뇌 과학을 제대로 이해한다면 독서나 글쓰기는 한층 더 쉽게 이루어질 수 있다고 생각한다. 머리가 좋아야 글을 잘 쓸 수 있다고 생각하는 사람이 많다. 달리 말하면, 자신은 머리가 나쁘므로 글쓰기를 잘할 수 없다는 편견을 가지게 된다는 것이다.

먼저, 뇌 구조부터 살펴보자. 대뇌는 대뇌반구이며, 대뇌 피질은 대뇌 바깥 부분이다. 대뇌반구는 좌반구와 우반구로 구분되며, 좌우반구는 각각 4개의 주요한 엽(葉)으로 구성된다. 여기서 대뇌반구 4엽(葉)이란, 언어 이해와 의미론을 담당하는 측두엽(側頭葉), 판단 · 행위 · 운동 · 언어를 생산하는 전두엽(前頭葉), 두정엽(頭頂葉), 시각 정보 처리를 담당하는 후두엽(後頭葉)을 각각 말한다.

좌반구는 언어 생산과 이해, 논리적 사고, 연속적 사고와 관련하며, 활동적 긍정적 기분을 자극한다. 우반구는 공간적 사고, 감정적 사고, 음악과 시각적 이미지와 관련하며, 우울한 기분을 자극한다.

좌반구 손상은 오른쪽 팔다리 마비, 우반구 손상은 왼쪽 팔다리 마비를 각각 동반한다. 좌반구와 우반구는 상대적 역할이지 절대적 역할은 아니다. 좌반구와 우반구는 상호 작용한다는 뜻이다.

좌뇌는 언어를 담당하는 브로카(Broca) 영역과 베르니케(Bernicke) 영역으로 구분되며, 브로카는 언어를 만들어내는 부분, 베르니케는 문장 전체를 이해 · 처리하는 부분이다. 브로카 영역이 손상당하면 말을 하는 데 지장이 있으며, 베르니케 영역을 손상당하면 무슨 말을 하는지 이해하는 것이 불가능하다. 오른쪽 뇌에서는 브로카와 베르니케가 없다.

뇌의 무게는 약 1.35kg에 지나지 않는다. 뇌는 인간 뇌의 가장 기본적 단위인 신경세포(neuron)로 구성되며, 개수는 약 1천억 개 정도다. 하루에 2~3천 개 정도의 신경세포가 사라지지만 전체 개수에서 차지하는 비중은 무시해도 괜찮을 정도다.

신경세포인 뉴런(neuron)의 특징은 다음과 같다.

첫째, 인간은 출생 이후 뉴런 결합이 경이적으로 증가함으로써 인간은 유연해지고, 자신만의 독특한 삶을 추구한다.

둘째, 규칙적 운동으로 인간 뇌는 새로운 결합을 만들어내고, 낡은 결합을 버리면서 융통성을 강화한다.

셋째, 특히 인간 뇌는 외부 자극에 즉각 반응하고 적응할 수 있으며, 또 인간에게 무슨 기술이라도 개선, 세련되게 할 수 있다.

이와 같은 뇌의 특징 때문에 나타난 것이 뇌 가소성(可塑性) 이론이다. 정의하자면, '뇌(brain) 가소성(可塑性)이란 뇌가 상황에 따라서 과거의 방식을 바꿔 스스로 새롭게 정비하는 능력을 의미한다.' 인간의 뇌에서는 '유의미한 경험'에 따라서 항상 새로운 것을 취하며, '새로운 신경세포'가 만들어진다. 뇌 과학에서는 새로운 경험, 즉 새로운 음식 맛보기나 새로운 나라 여행하기 등을 적극 권장한다. 이러한 새로운 경험을 통하여 뇌 세포가 적극적으로 활성화되기 때문이다.

뉴런은 세포체(cell body), 수상돌기(dendrite), 축색돌기(axon)로 구성된다. 축색돌기와 수상돌기가 만나는 지점을 시냅스(synapse)라고 부른다. 이러한 시냅스는 뉴런들 사이를 연결하는 일종의 접촉점으로 빠른 속도로 정보를 교환하는 장소다. 해마의 신경세포 중 가소성(可塑性)이 있는 곳이 뇌 세포와 세포 사이를 연결하는 시냅스 부위인 바, 이것을 '시냅스 가소성'이라고 부른다. 육체적 활동이나 독서나 글쓰기 등의 정신적 활동은 시냅스 활성화를 가져오므로 적극 권장되는 까닭이다.

기억의 비밀을 찾아서

1. 뇌 과학을 알면 성적이 향상된다

50년 전에는 교육 당국이 인간의 지적 능력을 평가하는 편의적 도구로서 IQ(지능지수)를 사용한 적이 있으며, 지금도 사용하고 있다. 그런데 1980년대 이후부터는 하버드대 심리학과 교수인 하워드 가드너 박사가 제안한 다중지능이론이 새롭게 등장한다.

정리하자면, 지능지수(IQ)란 어떤 사람을 대상으로 이를테면 수리 능력, 언어 능력, 공간 능력 등과 같은 지적 능력의 총합을 지수로 표시한 것이다. 그런데 IQ란 선천적, 생득적이다. 심리학자의 연구에 따르면, 지금까지 노벨상 수상자와 IQ는 상관관계가 전혀 없는 것으로 증명됐다. 따라서 하워드 가드너 박사는 다중지능이론이란 이름 아래에서 인간의 지능을 8가지로 구분하는데, 누구든지 이들 중에서 한 가지 이상 뛰어난 능력을 가지고 있으므로 이를 집중적으로 개발하라는 주장이다.

한마디로 뇌 과학을 제대로 이해하고 실천한다면 학습 효과를 최대한 끌어올릴 수 있다는 뜻이다. 특히 교육심리학의 주요 분야인 학습심리학에서는 학생들의 학습 효율성을 집중적으로 논의하고 있는 까닭이다. 왜냐하면 학습심리학의 실천으로 좋은 성적을 얻을 수 있기 때문이다.

여기서는 학습심리학의 주요 내용인 기억을 중심으로 살펴보고자 한다. 필자는 니콜라스 카의 『생각하지 않는 사람들』(서울 : 청림출판, 2010)에서 나오는 뇌 가소성의 원리와 노벨생리의학상 수상자인 에릭 R. 캔델의 『기억을 찾아서』(서울 : 랜덤하우스, 2009) 등에서 나오는 기억 이론인 시냅스의 활성화 및 장기기억의 전환을 요약, 재구성하면서 부분적으로 필자의 의견을 개진하고자 한다.[1)]

2. 뇌 가소성, 새롭게 정비하는 능력

1) 기억 확장의 메커니즘

하워드 가드너 박사의 다중지능이론을 현실적으로 받아들인다면, 가장 먼저 뇌 가소성 이론에 주목하지 않을 수 없다. 뇌 가소성은 신경 가소성 혹은 시냅스 가소성이라고 부른다. 가소성이란 신축적, 유동적이라는 뜻이다.

뇌 가소성이란 뇌 세포가 고정된 것이 아니라 새로운 환경이나 경험에 잘 적응하는 능력을 말한다. 스포츠나 공부는 '왕도가 없다. 오직 반복된 연습이나 경험을 강조'하는 까닭이다. 같은 경험이 반복될 경우에는 뇌 세포의 시냅스 간 결합이 강화됨으로써 학습이나 스포츠의 효율성이 높아지기 때문이다.

뇌 세포는 특정한 환경에 적응하면서 끊임없이 변화한다. 쉽게 설명하자면, 머리는 쓰면 쓸수록 좋아진다는 얘기다. 즉 기억력이 향상될 수 있다는 얘기다. 철학적으로 말하자면, 지능지수(IQ)는 유전적, 생득적, 선천적이므로 칸트의 이성주의에 입각하지만, 다른 한편으로 후천적인 노력인 새로운 경험이나 지식에 의하여 시냅스가 활성화될 수 있으므로 로크의 경험주의에 근거하는 것이다. 엄밀히 말하자면 뇌 가소성의 원리를 이해함으로써 얼마든지 기억의 확장이 가능한 까닭이다.

2) 뇌 어떠한 환경에도 적응할 수 있는 능력

뉴런이 활동할 때 파동은 체세포에서 축색 돌기 끝으로 흐르는데 이 돌기에서는 신경전달물질이 분출된다. 이 신경전달물질이 시냅스들 사이에서 이곳저곳으로 흐르면서 뉴런들은 서로 소통하고 복잡한 세포의 통로를 따라 전자 신호의 전달을 감독한다. 사고와 기억, 감정들은 모두 시냅스를 통한 전기화학적인 상호작용을 통해 일어난다.

같은 경험이 반복될 경우 뉴런 사이 시냅스 간 결합은 보다 농축된 신경전달물질의 배출과 같은 생리학적 변화나, 기존 수상돌기와 축색돌기에 존재하는 새로운 시냅스 끝부분에 새로운 뉴런의 생성을 이끌어내는 등의 해부학적 변화를 통해 더욱 강력해지고 많아진다.

뇌 과학에서 핵심은 시냅스의 활성화이다. 뇌 세포의 활성화는 시냅스 활성화를 의미하고, 궁극적으로 이것은 기억력의 향상, 달리 말하면 기억력의 확장을 가져오는 것이다. 집중적이고 지속적인 가소성은 건강하고 정상적으로 기능하는 신경시스템에서도 목격되었다. 그 결과 신경과학자들은 뇌가 언제나 유동적이며, 환경과 행동의 작은 변화에도 적응력이 뛰어나다는 결론을 내렸다.

3. 기억의 비밀, 시냅스의 연결 강화로

1) 장기기억에 대한 세포생물학적 이해

노벨생리의학상 수상자인 에릭 캔델(Erick Kandal) 박사가 환원주의적 접근법에 의하여 세포생물학 측면에서 학습 및 기억에 관한 주요한 원리들을 발견한 것은 획기적이다. 왜냐하면 에릭 캔델이 환원주의 관점에서 생명과학적 속성을 물리 · 화학적 속성의 총체로 규정하면서 엄밀하게 풀이하고 있기 때문이다.

결정적으로 에릭 캔델은 세포생물학의 관점에서 장기기억의 메커니즘에 몰입한 결과, 학습을 통하여 단기기억을 장기기억으로 전환하는 데 있어서 반복적 연습이 결정적으로 작용한다는 것을 확인했다. 에릭 캔델이 발견한 주요한 원리를 두 가지로 정리하면 다음과 같다.[2)]

첫째, 군소의 꼬리나 머리에 충격을 가하여 민감화를 일으키면 아가미 움츠림 반사가 강화되고, 그와 동시에 시냅스 연결이 강화되었다. 습관화가 일어날 때 감각뉴런의 활동전위는 운동뉴런에 약한 시냅스 전위를 일으켜 덜 효율적인 소통을 하는 반면, 민감화가 일어날 때는 운동뉴런에 강한 시냅스 전위를 일으켜 더 효율적인 소통을 한다.

특히 시냅스의 습관화와 민감화와 관련하여, 에릭 캔델 박사는 17세기 이후 서양 사상을 지배한 상반되는 두 철학인 경험론과 합리론을 적용한 점은 탁월하다. 영국의 경험론자 존 로크는 정신이 선천적인 지식을 가지고 있지 않으며, 오히려 경험에 의해 채워지는 빈 서판(tabula rasa, 타블라 라사)과 같다고 주장했다. 우리가 세계에 관하여 아는 것은 모두 학습된 것이며, 우리가 어떤 관념을 더 자주 만나고, 그것을 다른 관념들과 더 효율적으로 연결할수록 그 관념이 정신에 가하는 힘은 더 지속적이라는 것이었다.

인간은 학습적 경험에 의하여 자신이 알고 있는 기존의 지식과 최근 습득한 지식이 체계적으로 결합됨으로써 새로운 지식의 영역이 확장된다. 이러한 지식 영역의 확장성은 곧 인간 기억의 확장성을 뜻한다. 기억의 확장성에 있어서 결정적으로 매개 역할을 하는 것이 바로 시냅스의 가소성, 즉 시냅스의 활성화이다.

반면에 독일의 합리론 철학자인 임마누엘 칸트는 우리가 특정한 앎의 틀을 내장하고 태어났다고 주장했다. 칸트가 선험적 지식이라 부른 그 틀은 감각 경험을 수용하고 해석하는 방식을 결정한다.

둘째, 주어진 화학적 시냅스의 세기는 두 가지 방식으로 교정될 수 있다. 즉 학습에 의해 매개회로(mediating circuit)가 활성화되느냐, 아니면 조절회로(modulatory circuit)가 활성화되느냐이다.

매개회로의 뉴런들이 활성화되면 '같은 시냅스 세기 변화'가 일어난다. 시냅스 약화 현상이 일어난다는 뜻이다. 습관화가 그런 경우다. 다른 한편 조절회로의 뉴런들이 활성화되면 '다른 시냅스 세기 변화'가 일어난다. 시냅스 강화 현상이 일어난다는 의미다. 민감화가 그런 경우다. 단기기억은 몇 분 동안 지속하는 반면, 장기기억은 며칠 혹은 그보다 더 오랫동안 지속된다. 행동학적 실험들은 단기기억이 자연적으로 장기기억으로 전환되며, 그 전환은 반복에 의해 일어난다는 것을 보여준다. 완벽해지려면 연습을 해야 한다.

2) 반복적 연습, 장기기억으로 전환

과학적으로 말하자면, 장기기억이냐 단기기억이냐 그 분기점은 단백질의 합성에 의하여 결정된다. 왜냐하면 장기기억은 시냅스가 새로운 연결의 성장과 관련되므로 여기서는 성장을 위해 새 단백질 요소의 합성이 반드시 필요하기 때문이다. 그런데 단기기억은 새로운 단백질의 합성이 필요로 하지 않는다.

구체적으로 말하자면, 단백질 키나아제 A의 활성화이다. 만일 그 시냅스에서 단백질 키나아제 A가 활성화되지 않는다면 그 시냅스 상 연결 강화는 결코 일어나지 않는다.[3] 궁극적으로 장기기억으로의 전환을 위해서는 의도적인 연습이나 경험이 필요한 까닭이다. 즉 반복적 학습이나 연습에 의하여 기억 저장의 영속화가 가능한 것이다. 정리하자면 연습은 완벽함을 만든다. 장기기억을 위해서는 반복이 필수적이다.

뇌 과학, 지능 지수(IQ)를 넘어서다

- 다중지능이론과 개인지능이론 -

1. 다중지능이론

하버드대 교육심리학 교수인 하워드 가드너 박사는 기존의 IQ 이론을 넘어서는 새로운 이론인 다중지능이론을 제시한다. 가드너 박사에 의하면, 인간의 지능을 8가지로 구분하는 바, 언어 지능, 음악 지능, 논리 수학 지능, 공간 지능, 신체 운동 지능, 인간 친화 지능, 자기 성찰 지능, 자연 친화 지능 등이다.[4)]

다중지능이론에 의하면, 인간에게는 개인적 차이는 존재하지만, 사람들은 8가지 지능을 가지고 태어나므로 이 중에서 1가지 이상 분야에 뛰어난 지능을 찾아내어서 적극적으로 활용한다면 그 분야에서는 전문가 경지에 도달할 수 있다는 얘기다. 또한 8가지 지능은 기본적으로 교육에 의하여 어느 수준까지 계발할 수 있다고 본다. 그런데 8가지 지능은 서로 독립적으로 존재하는 것이 아니라, 항상 서로 영향을 주고받는다.

2. 개인지능이론

인간 승리의 주역인 스콧 배리 카우프만(Scott Barry Kaufman)에 의하면, 인간의 재능과 관련, 3가지 키워드를 제시한다.[5)]

첫째, '재능이란 선천적 능력이 아니라, 어떤 영역의 규칙을 숙달하고자 하는 성향과 열정이다.'라고 정의한다.

둘째, '지구상 존재하는 모든 뇌는 저마다 의미를 만들어내고자 한다.'

셋째, '인간의 뇌는 경이로운 가소성(可塑性)과 가능성을 보여 준다.'

카우프만 박사는 다음과 같이 '개인 지능 이론'을 제시한다.[6]

첫째, '지능이란 개인적 목표를 추구할 때 일어나는 참여와 능력의 역동적 상호작용이다.'라고 주장한다.

둘째, 특정한 '개인 목표'를 달성하는데 창의적 생각 · 암묵적 지식 · 열정 · 직관 등과 같은 다양한 인지 과정도 충분한 가치가 있다.

셋째, 개인 목표 달성에 이르는 방법은 무수히 많으므로 개인의 고유한 목표, 성격, 정서적 과정을 모두 고려해야 한다.

3. 창의성

또한 카우프만 박사는 인간의 창의성과 관련, 다음과 같은 의견을 제시한다.[7]

첫째, 열정과 영감은 학습 곡선을 가속화함과 동시에 엄청난 창의성을 촉발시킨다.

둘째, 누구나 자신의 재능을 발견하기만 하면, 그것을 학습하는 과정은 지극히 빠른 속도로 진행될 수 있다.

셋째, 누구나 특별한 수행 능력을 보일 수 있는 바, 문제는 자신만의 독특한 창조적 표현 방식을 찾아내는 일이 중요하다.

정리하자면, 누구든지 자신의 재능과 열정 및 창조적 아이디어가 잘 결합한다면 창의성 즉 창의력을 얼마든지 발휘할 수 있다는 얘기다. 창의력은 학습에 의하여 가능하다는 미국의 창의력 전문가인 밥 파이크 박사의 주장과 일치하는 것이다.

독서나 경험을 통한 기존의 지식에다가 자신만의 독자적인 의견을 결합함으로써 새로운 창의력이 가능하다는 얘기다. 여기서 중요한 것은 창의력은 발견자의 내면에만 존재하는 것이 아니라, 다른 사람과의 정보 공유를 통하여 새로운 창의력의 발생이 가능하도록 한다는 점이다.

4. 의도적 연습과 10년의 법칙

한마디로 하워드 가드너 박사의 다중지능이론이나 스콧 배리 카우프만의 개인지능이론은 공통적으로 개인이 가장 잘 할 수 있는 분야를 찾아내어 열정적인 노력을 기울인다면 지능 지수(IQ)를 충분히 넘을 수 있다는 얘기다. 그런데 자신의 가능성을 발굴해서 어느 정도 열정과 노력을 투자하느냐가 관건이다.

이러한 전문적 노력과 관련, 가장 설득력이 높은 논리는 에릭슨 박사가 주장한 1만 시간 법칙 혹은 10년 법칙이다. 여기서 노력이란 바로 '의도적 연습'을 말한다. '의도적 연습이란 현재 수행 수준을 향상시키고자 명백한 목적에 따라 고도로 구조를 잘 갖춘 체계적 활동을 뜻한다.' 의도적 연습에는 강도 높은 노력과 집중력이 필요하다. 탁월함이란 한 영역에서 10년 동안 점증적, 지속적 '의도적으로 연습한 결과'이므로 이것이 바로 10년의 법칙을 뒷받침한다.

독서하는 뇌, 글쓰기 바탕이다

독서가 곧 국력이다. 미국, 영국, 독일은 독서율 80% 국가로 국가 경쟁력과 혁신 지수에서 최상위권을 유지하고 있다. 한국은 1년에 책 한 권도 읽지 않는 국민이 전체 35%를 차지한 바가 있다. 독서 사회학적 연구에 의하면, 책을 많이 읽는 아이가 사회에서 성공할 확률이 높다고 한다. 특히 인쇄 매체상 종이 글이 SNS 글보다 이해와 기억 효과가 무려 40%나 높다. 더욱이 다독에 의하여 독해력, 기억력, 추론 능력, 창의력 등이 복합적으로 발달한다. 이러한 능력들은 직장에서는 필수적이므로 그만큼 학창 시절에 심층적 독서를 하는 것이 중요하다. 더욱 놀라운 점은 독서를 많이 한 학생이 독서를 하지 않는 학생보다 일자리 얻는 비율이 무려 20%나 높다는 것이다.

한마디로 독서의 뇌 과학적 가치는 독서가 인지 발달을 촉발시키는 데서 나타난다. 독서의 인지 발달 촉진 이론은 미국의 신경과학자인 매리언 울프(Maryanne Wolf) 교수에 의하여 밝혀졌다. '독서하는 뇌'가 창의력을 발휘한다는 얘기다. 독서도 어디까지나 후천적인 능력에 지나지 않는다. 인지 발달 촉진이란 '인간은 독서란 발명품을 통하여 뇌 조직을 재편성했으며, 재편성된 뇌는 인간의 사고 능력을 확대시켰을 뿐만 아니라, 결국 인간의 인지 발달을 바꿔놓았다.'는 것을 말한다.[8]

'독서하는 뇌'는 매우 성공적인 양방향 역학으로 구성되며, 특히 독서하는 뇌가 가소성(可塑性) 구조로 되어 있기 때문에 비로소 학습이 가능하다는 뜻이다. '독서 형성'이 된다는 것은 뇌 안에서 이미

생리적, 인지적 변화가 일어났다는 얘기다. 인지 발달 촉발에 의하여 독서의 생활화가 이루어지고, 누구든지 의도적으로 노력을 기울인 사람은 이른바 '0.5초 숙련된 독서가'의 경지에 올라갈 수 있다. 이 0.5초는 숙련된 독서가가 어떤 단어라도 읽을 수 있는 시간이다.[9)]

독서란 쉽게 말하면, 신문이나 책을 읽는 것을 말한다. 위에서 설명한 대로 인쇄 매체상 읽기는 정보 해독 능력을 충분히 길러주는 데 기여한다. 인쇄 신문이나 책을 지속적으로 읽다 보면 본인도 모르는 사이에 문장 독해 능력과 글쓰기 능력이 향상된다.

리더(reader)가 리더(leader, 지도자)가 된다. 책을 많이 읽는 경영자들이 지도자로서 배출된다는 얘기다. 연구에 의하면, 세계적 CEO(최고 경영자)들의 독서량이 일반인보다 무려 5배나 높다고 말한다. 한국 기업체 CEO 중에서는 이른바 '독서 경영'의 실천으로 기업 활동에서 독서를 활용, 구성원의 창의적 능력을 향상시키는 사례가 많다.

한 분야와 관련해 100권의 책을 읽으면 숙련된 독서가의 수준에 도달함으로써 그 분야의 책도 저술할 수 있을 것이다. 필자는 독서와 관련, 읽은 내용에 대한 요약이나 재구성을 통하여 독서 D/B를 구축해보라 권하고 싶다.

읽은 책 내용에 대한 서평(書評, book review)도 원고지 10매 분량으로 만들어 보자. 자신이 읽은 책의 완전한 소화가 가능하기 때문이다. 독서를 하면서 책의 앞부분 여백이나 별도의 노트에 메모를 하면 나중에 다시 볼 경우에 시간과 노력의 절약을 가져온다.[10)]

시간관리 · 공간관리

시간은 금(gold)이다

먼저 시간의 상념을 생각해보자. '우리에게 시간이란 무엇인가?' 시간이라고 말한다면 머리에 떠오르는 것을 노트에 적어보자. 각자가 시간에 대하여 고민해보자는 얘기다.

필자는 다음과 같이 시간의 성향을 정리하고자 한다.

첫째, 시간 = 돈(gold)

시간을 잘 활용하면 돈을 벌 수 있기 때문이다. 3가지 금이란 얘기가 있다. 즉 황금, 소금, 지금을 말한다. 시간은 황금처럼 소중히 여긴다는 말이다. 소금이 우리 몸에 꼭 필요한 것처럼 시간도 누구에게나 소중한 생명과 같다는 뜻이다. 시간은 한번 지나가면 타임 머신을 타고 되돌아갈 수가 없다. 그래서 지금이 가장 중요하다는 말이다. 라틴어에는 carpe diem(카르페 디엠)이라는 말이 나온다. 이것은 '현재에 충실하라.'는 뜻이다.

둘째, 시간 = 삶의 질(quality of life)

21세기에서는 일상생활을 통하여 삶의 질을 강조한다. 양이 아니라 질이란 말이다. 삶의 질을 결정하는 중요한 요소가 바로 시간이다.

셋째, 시간 = 행복

삶의 질에 만족하면 행복감을 느낄 수 있다. 행복이란 남이 주는 것이 아니라 내가 느끼는 것이다. 행복은 지극히 주관적일 수밖에 없다. 삶의 질을 생각한다면 시간을 어떻게 잘 활용하느냐가 중요하다. 이건 전적으로 개인에게 달려 있다.

우리가 시간을 어떻게 바라볼 것인가? 이것이 시간의 딜레머라고 하겠다. 달리 말하면 시간의 아포리아(aporia, 난제)다. 필자는 이와 관련, 5가지를 제시하고자 한다.

① 시간의 유한성

시간은 사실상 무한대다. 편의상 시간을 과거, 현재, 미래로 구분할 따름이다. 그런데 사람들은 왜 시간이 부족하다고 생각할까? 항상 시간 부족에 시달린다는 얘기다.

② 시간의 평등성

누구에게나 시간은 동일하게 주어진다. 시간을 어떻게 효율적으로 사용하느냐는 전적으로 자신의 책임이다. 그래서 '소년이노학난성 일촌광음불가경'(少年易老學難成 一寸光陰不可輕)이란 말이 나온다. 풀이하자면, 소년은 늙기 쉽고 학문은 이루기 어려우므로 아무리 짧은 시간이라도 가볍게 여기지 말라는 뜻이다.

③ 시간의 활용성

시간은 돈이요 금이다. 물리적 시간 부족이 아니라 시간 활용이 관건이다. 시간을 효율적으로 관리하는 지혜가 절실하다. 시간 집중, 즉 시간 몰입을 실천하는 것이 무엇보다 중요한 까닭이다.

④ 시간의 철학성

시간이란 단어는 우주(宇宙)나 세계(世界)란 개념과 관련된다. 우란 공간을, 주란 시간을 각각 의미한다. 불교적 용어인 세계란 삼세(三世) + 삼계(三界)의 의미를 지닌다. 삼세란 과거, 현재, 미래를 뜻하는 시간 개념이다. 삼계란 욕계(欲界), 색계(色界), 무색계(無色界)를 뜻하는 공간 개념이다. 욕계는 욕심의 세계, 색계는 물질의 세계, 무색계는 정신적 세계를 각각 의미한다.

⑤ 시간의 방향성

과연 시간은 흐르는가? 즉 시간이 과거에서 현재로 미래로 흘러가는가? 그런데 과거는 이미 없고, 미래는 아직 없다. 현재만이 남는다. 그런데 현재라고 할 만한 것이 있는가? 현재라고 하는 순간 그것도 과거로 변한다. 카르페 디엠(carpe diem), 즉 현재 충실하라고 말한다. 시간을 지배하는 자가 세상을 지배할 수 있기 때문이다.

왜 우리는 시간에 쫓기는가?

현대인은 '쫓기는 삶'(overwhelmed)을 살아가고 있다. 늘 시간의 압박을 받고 있다는 얘기다. 미국의 워싱턴 포스트지 여기자인 브리지드 슐트(Brigid Schulte, 62)는 결혼하여 아이와 남편을 둔 가정주부이자 직장인으로 쫓기는 삶과 관련, 다음과 같이 4가지를 설명한다.[1)]

첫째, 현대인은 '초긴장 상태'로 살아가기 때문에 자신에게 주어진 시간을 자기 마음대로 마냥 쓸 수 없다. 등교나 출근으로 허겁지겁하는 것이다. 맞춤 직업 시대 만일의 사건에 대비 준비해야 할 일들이 너무 많다는 뜻이다.

둘째, 분 단위, 시간 단위로 자신이 해야 할 일 목록을 점검하면서 동시에 여러 가지 일을 처리하고 있으나, 항상 하루의 마무리 끝에는 '할 일은 다 못했구나'라고 '좌절감'을 느낀다는 것이다.

셋째, 브리지드 슐트 기자처럼 직업인으로 항상 쫓기는 삶에 빠지면 직장과 가정 양쪽에서 죄책감을 느낀다. 직장 여성들이 직장이나 가정에서 100% 완벽하지 못한 것에 대한 내면적 갈등이다.

넷째, 직장 여성으로 직장과 가정을 양립하다가 보니까 특히 여성 본인이 자신의 삶을 통하여 '자신의 독자적 시간을 거의 갖지 못한 것'에 대하여 상실감을 느낀다.

그렇다면, '쫓기는 삶'에서 벗어나는 방법을 생각해보자.

첫째, 시간 관리 문제가 아니라, '활동 관리'의 문제다. 자신이 해야 하는 활동을 균형 감각을 가지고 조정하는 것이다. 자신이 하루 동안 처리해야 할 활동을 대상으로 우선순위를 결정해서 중요한 것부터 처리하는 것이다.

둘째, 일하는 리듬을 찾아라.[2)] 공부, 일, 휴식 중에서 하나를 선택, 일정한 시간 동안 집중한 다음 반드시 휴식을 취하라는 얘기다.

최고의 아이디어나 순간적 통찰력도 휴식이나 샤워 중에서 일어나는 사례가 허다하기 때문이다.

셋째, 모든 활동에서 우선순위를 선정, 시간을 분산하라. 이것은 분산적 시간 투자를 말한다. 작은 일이라도 매일 30분씩 지속적인 시간을 활용하는 것이다. 작은 시간이 오랫동안 축적되면 나중에 유용한 결과를 얻을 수 있기 때문이다.

시간 심리학 법칙과 몰입

– 스티브 테일러 · 칙센트미하이 박사의 주장 –

먼저, 스티브 테일러(Steve Taylor) 박사의 주장인 시간의 심리학 법칙 4가지를 다음과 같이 설명하면서 필자의 의견도 제시하고자 한다.[3)]

첫째, '몰입하면 시간은 빨리 흐른다.'

미하이 칙센트미하이 박사에 의하면, 이러한 '능동적 몰입'을 플로우(flow)라고 말한다. 플로우 상태에서는 몇 시간도 몇 분처럼 지나간다. 즐거울 때 시간은 쏜살같이 흘러간다.

둘째, '몰입하지 않은 상태에서 시간은 천천히 흐른다.'

행복한 시간은 눈 깜짝할 사이에 지나간다. 이러한 시간은 집중할 수 있는 시간이요 바쁜 시간이다. 고통스러운 시간은 더디게 흐른다. 이러한 시간은 집중 못하는 시간이요 우울한 시간이다.

셋째, '새로운 경험 · 환경에서는 시간이 천천히 흐른다.'

자신이 지금까지 경험하지 못한 새로운 일을 하게 될 경우에는 두려움이나 호기심을 동시에 가지면서 몰두하게 되므로 시간이 천천히 흘러가는 것처럼 느낀다. 새로운 경험을 통해서는 특히 뇌 세포의 활성화로 인하여 뭐든지 수용하기가 쉬워진다. 기억력의 확산이 가능하므로 한가하게 여길 틈이 없다.

넷째, '나이가 들수록 시간은 빨리 흐른다.'

은퇴 등으로 인하여 나이가 점차 많아질수록 새로운 것에 집중할 수 있는 기회가 현저히 줄어든다. 나이가 들수록 활동(activity)이 중요한 까닭이다. 직장에서 은퇴하면 과거 직장 생활과는 비교가 안 될 정도로 활동량 자체가 많이 줄어든다. 먼저, 사회적 교류가 감소한다. 나이가 들수록 사회적 관계가 줄어들면 자연적으로 정서적 심리적 활동도 축소된다. 이러한 결과로 종국에 가서는 인지적 능력도 저하될 수밖에 없다.

필자는 미하이 칙센트미하이(Mihaly Csikzentmihayli) 박사의 몰입을 위한 7가지 조건을 아래와 같이 정리하면서 필자의 의견도 개진하고자 한다.[4] 칙센트미하이 박사에 의하면, 몰입은 곧 창조성을 말한다. 우리나라 대기업들은 공통적으로 인재 채용 조건으로 열정과 인성 및 창의력을 요구한다. 이 중 열정이 바로 몰입과 관련이 있는 것이다.

① 분명한 '자신의 목표'가 있어야 한다.

누구든지 자신의 환경에서 도달 가능한 명확한 목표를 설정하는 것이 매우 중요하다. 커다란 목표에 도달하는데 나타나는 작은 목표를 중간에 성공적으로 수행함으로써 성취감이나 자신감을 확보하는 것이 필요하다. 이를테면 인생 노정상 작은 성공을 맛보라는 얘기다. 이만큼 중요한 자신 인생 목표 설정은 반드시 문서로 작성해야 한다. 문서화 과정을 통하여 뼈저리게 자신의 인생을 체득할 수 있기 때문이다.

② 자신이 어느 정도 잘하고 있는지를 알아야 한다.

소크라테스가 주장한 '너 자신을 알라.'(know yourself)란 격언을 기억하면 된다. 이 뜻은 자신의 '무지(無知)의 지(知)'를 알라는 얘기다. 즉 나 자신이 모르고 있다는 사실을 알아야 한다는 말이다.

자신의 역량 파악과 더불어 자신이 무엇을 잘 할 수 있는지 그 가능성을 확인하는 데도 관심을 모아야 한다. 21세기 역량 강화 시대에서는 자신이 잘 할 수 있는 분야에 자신의 역량을 전부 투자하는 것이 가장 효율적이기 때문이다.

③ 자신의 도전과 능력이 균형을 이루어야 한다.

무슨 일이든지 고통을 동반하지 않으면 결코 얻는 것이 없다. 이것은 앞에서 설명한 근접 발달 영역(ZPD)이론과 관련이 있다. 항상 도전 목표는 자신의 능력보다는 높게 잡아야 한다. 비고츠키 박사의 ZPD 이론에 의하면, 잠재적 발달 수준이 도전 목표가 된다. 따라서 도전 목표를 단번에 너무 높게 설정하면 자신의 능력 범위 밖이 되어서 과업을 달성할 수 없다. 이와는 달리 도전 목표가 너무 낮으면 자신의 역량이 발전하지 않는다. 도전과 능력 사이에 최적의 균형 감각이 필요한 까닭이다.

이러한 균형을 이루기 위해서는 자신의 성향(disposition)을 철저히 파악하는 것이 필요하다. 한마디로 '내가 누구인지를 알아야 한다.'라는 얘기다. 달리 말하면, 이것이 바로 자기 주체성, 즉 정체성의 문제다. 자기 자신을 알아야 자신의 인생 목표 설정이 가능해진다. 에노모토 히로아키에 의하면, 이를 자기 개념이라고 말한다. '자기 개념'이란 내가 어떤 사람인지 자신이 주체적으로 정의하는 것을 말한다.

④ 행위와 인식이 하나가 되어야 한다.

도전과 자신의 능력이 일치하면 몰입이 가능하다. 이것은 바로 물아일여(物我一如)를 말한다. 말하자면 지행합일(知行合一)이다. 몰입하는 순간 자신을 잊어버린다.

⑤ 방해받는 것을 피한다
⑥ 자기 자신과 시간 그리고 주변을 잊어야 한다.

이렇게 되면 몰입은 저절로 이루어진다. 새로운 아이디어나 창의력이 샘물처럼 끊임없이 솟아날 것이다.

⑦ 경험 자체가 목적이어야 한다.

경험은 지식이다. 아는 것이 힘이다. 이것은 인식론적 관점에서 말한다. 경험을 통하여 계속적으로 지식의 확장이 가능하므로 몰입이 가능할 뿐만 아니라, 창의력의 확보도 가능하다.

80/20 법칙

80/20 법칙은 8대 2 법칙으로 리처드 코치(Richard Coch)의 주장이다. 달리 말하면 이것은 우리가 잘 알고 있는 파레토 법칙(Pareto's Law)을 뜻한다.[5)]

1. 파레토 법칙(Pareto's Law)

이른바 80/20 법칙인 파레토 법칙은 100여 년 전, 이탈리아 경제학자인 빌프레도 파레토(Vilfredo Pareto)(1848~1923)가 최초로 발견한 이론이다.

이것은 파레토 원리, 80/20 규칙, 최소 노력 원리, 불균형 원리라고 부른다. 리처드 코치에 의하면, 이 파레트 법칙을 80/20 법칙이라고 부른다.

2. 80/20 법칙의 의미

노력 · 투입량 · 원인의 작은 부분이 결합되어 대부분의 성과 · 결과를 이루어낸다는 법칙이다.

투입량 20%가 산출량의 80%를 만들어내고, 원인 가운데 20%가 결과의 80%를 도출한다는 뜻이다. 예를 들면, 어느 제과 회사에서 매출 80%를 차지하는 과자 종수를 조사한 결과, 전체 과자 종류 중에서 20%를 차지한다는 것이다. 이것은 대단히 중요한 내용이다. 왜냐하면 과자 전체 종류 중에서 판매가 되지 않는 하위 종수 10~20%는 과감히 생산 중단함으로써 생산이나 반품 등에 따른 제과 회사의 손실을 최소화할 수 있기 때문이다. 기업경영에서 손실이 줄어든다는 것은 이익이 그만큼 증가한다는 얘기다.

정리하자면, 전체 노력(몰입)의 20%에서 전체 성과의 80%를 만들어낸다. 한마디로 80/20 법칙은 현실적으로 기업경영이나 일상생활을 통하여 적용이 가능하므로 이를 적극적으로 활용한다면 기업의 생산성이나 효율성을 높일 수 있다.

시간 관리를 하는 데 가장 먼저 참고해야 할 내용은 리처드 코치가 주장하는 80/20 법칙이다. 어떤 일을 처리하는 데 각 개인에게 주어진 하루 전체 시간 중에서 필요한 부문에 20%의 시간을 배분, 집중함으로써 부문마다 각 80%의 효과를 올린다는 얘기다. 예를 들어, 자신이 하루 쓸 수 있는 시간이 총 6시간이 된다고 할 때, 이를 세 가지 일을 하는데 분산, 집중적으로 투자한다면 80/20 법칙에 따라서 3×80%=240%의 효과를 올릴 수 있다는 말이다.

사례 1

백화점도 80/20 법칙이 지배한다

- 백화점을 비롯한 유통업계에서는 상위 20% 고객이 전체 매출의 80%를 발생시킨다.
- (서울)모 백화점은 상위 20% 고객 매출이 실제적으로 79%까지 육박함.
  (서울)모 백화점은 상위 20% 고객 매출이 실제적으로 85%까지 도달함.[6)]

사례 2

모 제과 회사 과자 매출

- 모 제과 그룹이 판매 부진으로 부도 위기에 몰리자 외부 용역을 의뢰한 결과, 80/20 법칙을 이 제과 공장에 그대로 적용함으로써 회사가 위기를 극복한다.
- 이 제과 회사 전체 품목 중 상위 20% 제품이 전체 매출 비중의 80%를 차지하고 있는 바, 잘 팔리지 않는 하위 20% 과자를 생산 중단한다. 왜냐하면 이렇게 팔리지 않는 제품은 결국 회사에 반품됨으로써 상당한 물류비용이 증가하기 때문이다.

사례 3

레스토랑 술안주 메뉴 개발

일반 음식점인 레스토랑에서는 저녁 술 안주로 수십 가지 메뉴를 전부 준비한다면 결국 인기 없는 메뉴의 식재료를 버리게 된다. 부산 서면에서 아르바이트를 하던 필자의 제자인 호텔외식조리과 남학생이 80/20 법칙에 의하여 손님이 거의 찾지 않는 하위 20% 메뉴를 만들지 않음으로써 수익 증대 효과를 올린다.

최상 · 최악의 시간 활용법

1. 최상의 시간 활용법(10가지)

리처드 코치가 주장하는 최상의 시간 활용법 10가지를 필자가 다시 분류하여 4가지 범주로 나누어 설명하고자 한다.[7)]

1) 자신이 잘할 수 있는 일을 하라

① 자신의 인생 목표에 맞는 일을 한다.
② 항상 하고 싶었던 일을 한다.
③ 자기만의 창의성을 살리는 일을 한다.
④ 다른 사람에게 맡기면서 나는 비교적 즐겁게 할 수 있는 일을 한다.

엄밀한 의미에서 좋아하는 일과 잘하는 일은 다르다. 그 일치가 문제다. 일반적으로 말하면, 좋아하는 일 = 잘하는 일이지만 그렇지도 않는 경우도 있기 때문이다. 자신이 좋아하는 일이라고 해서 항상 잘하는 일이 아님을 알아야 하겠다. 이건 자신의 능력이 뒤따라야 하는 문제다. 거꾸로 잘하는 일에 대해서는 자신의 역량이 확실히 뒷받침해주고 있는 바, 언제든지 자신이 마음만 먹으면 바로 실천에 옮길 수 있는 충분한 토대가 이미 마련되어 있는 것이다.

④번 얘기도 중요하다. 예를 들어, 호텔외식조리과 학생이 졸업 후 요리사 경험을 쌓은 다음 레스토랑을 오픈했다고 가정하자. 이 경우는 셰프가 사장인 동시에 요리사이므로 주방과 홀을 동시에 관리하다 보면 시간이 어느 정도 지나서 레스토랑 경영이 안정적으로 접어든다. 이후에 주방이나 홀은 전적으로 직원에게 맡겨놓으

면서 일주일 중 하루나 이틀은 출근하지 않고 자기만의 시간을 가질 수 있다.

2) 80/20 법칙을 적용할 수 있는 대상을 찾아라

⑤ 80%의 성과를 만들어내는 20%의 일을 한다.

⑥ 최소의 시간으로 최대의 성과를 거둘 수 있는 혁신적인 방법을 생각한다.

⑤번과 관련, 자신의 개인적 역량을 파악한 후 자신이 충분히 잘할 수 있는 일을 선택한다면 이러한 효과를 얻을 수 있다. 그러므로 최대한 효과를 올릴 수 있는 대상의 선정이 중요한 까닭이다. ⑥번은 경제원칙을 말한다. 이것도 잘할 수 있는 일과 관련이 있다. 자신의 역량을 최대한 발휘할 수 있는 분야는 혁신적, 창의적 방법으로 생각할 수 있기 때문이다.

3) 지금 당장 실천하라(carpe diem)

⑦ 지금 아니면 평생 할 수 없는 절호의 기회라고 생각하는 일을 한다.

일하는 데는 때(時)가 있다. 일할 수 있는 때(時), 즉 기회가 무한정으로 우리 앞에 놓여 있는 것은 결코 아니다. 흔히 인생에 3번의 기회가 온다고 말한다. 기회를 포착한다면 바로 실천에 옮기라는 얘기다.

4) 고정관념(stereotype)에서 탈피하라

⑧ 상식을 벗어난 시간 활용법을 익힌 유능한 사람과 함께 일을 한다.
⑨ 다른 사람이 '넌 할 수 없어'라고 말한 일을 한다.
⑩ 다른 분야에서 누군가가 큰 성공을 거둔 일을 한다.

우리가 혁신적으로 일하는 데 가장 필요한 자세는 고정관념(stereotype)에서 벗어나는 것이다. 남들이 하던 대로 평소 자기가 생각하던 대로 행동하는 것이 바로 고정관념이다. 고정관념을 따라가면 분명히 리스크, 즉 위험은 적다. 이미 남들이 다 개척한 안전한 길을 뒤따라 가기 때문이다. 그러나 이러한 분야는 성장 가능성이 낮다.

새로운 일자리를 만들거나 새로운 분야를 개척하는 데는 이러한 고정관념은 더 이상 유효하지 않다. 새로운 일에 도전하기 위해서는 고정관념을 단번에 격파하지 않으면 안 된다. 특히 우리나라 사람들에게는 고정관념에 지나치게 얽매여 있다고 생각한다. 교육 분야와 전문 직업 분야가 대표적이다. 이러한 분야에서는 경쟁이 치열한 탓에, 소수의 사람에게 이익이 돌아가고, 나머지 사람들에게 돌아가는 보편적 과실은 너무 적다. 고정관념의 반대가 되는 것이 다양성이요 융통성이다.

2. 최악의 시간 활용법(10가지)

우리가 철저히 피해야 할 내용이다. 이들 10가지를 3가지 범주로 나누어 볼 수 있다. 즉 자신의 역량이나 고정관념 그리고 수동적인 자세와 관련된 내용이다.[8)]

1) 자신의 능력으로 도저히 따라갈 수 없는 일을 한다

① 원래 시간보다 2배나 더 걸린 일을 한다.

이러한 일은 안 하는 것이 좋다는 얘기다. 다른 사람보다 2배나 더 걸리는 일은 그만큼 비효율적이기 때문이다. 이러한 일은 자신의 능력 밖에 있기 때문이다. 이와는 달리, 남들보다 일하는 데 걸린 시간이 반밖에 안 된다고 한다면 그런 일은 충분히 할만한 가치가 있다.

2) 고정관념에 박힌 일을 한다

② 특별히 소질이 없는 일을 한다.
③ 재미없는 일을 한다.
④ 항상 같은 일을 같은 방법으로 한다.
⑤ 사이클을 예상할 수 있는 일을 한다.

3) 수동적인 일을 한다

⑥ 신뢰할 수 없거나 능력이 부족한 사람과 일한다.
⑦ 타인으로부터 부탁받은 일을 한다.
⑧ 타인은 거의 관심을 보이지 않는 일을 한다.
⑨ 전화를 받았기 때문에 일을 한다.
⑩ 항상 방해받는 일을 한다.

1만 시간 법칙

스웨덴 출신의 심리학자이며 현재 미국에서 대학 교수로 학생들을 가르치고 있는 안데르스 에릭슨(K. Anders Ericsson) 박사가 창안한 내용이 바로 '1만 시간의 법칙', 달리 말하면 '10년 법칙'이다.

어떤 분야에서 탁월한 전문가 경지에 도달하기 위해서는 1만 시간의 체계적인 연습이 필요하다는 법칙이다. 이 이론은 신경과학이나 심리학 분야에서 각 분야의 전문가 집단을 대상으로 사례 연구를 통하여 고안된 이론적 근거가 충분한 법칙이다.[9)]

소위 천재로 알려진 예술가, 스포츠 선수, 과학자 등의 전문가들도 실제적으로 자신의 분야에서 1만 시간 이상 지속적인 노력을 기울인 노력가들이라는 점이 공통적이다. 환언하면, 천재가 아니라 노력으로 전문가의 경지에 도달했다는 얘기다. 달리 말하면 노력, 즉 연습만이 성공을 보장한다는 것이다.

물론 모든 사람이 1만 시간 법칙에 따라서 노력한다면 반드시 성공한다는 얘기는 결코 아니다. 적어도 10년 동안 자신이 일하는 전문 분야와 관련, 1만 시간을 투입한다면 최고의 전문가는 아니라 할지라도, 최소한 그 분야에서 인정받을 수 있는 차선의 전문가 위치에는 도달할 것으로 본다.

2008년 미국의 경영 사상가인 말콤 글래드웰(Malcom Gladwell)이 그의 저서인『아웃 라이어』(Outlier)(경기 파주 : 김영사, 2009)를 통하여 1만 시간의 법칙을 전 세계적으로 알리는 데 크게 성공한다.

1. 1만 시간의 법칙

[개념 1] 자신의 전문 분야 역량 개발과 관련하여, 1만 시간을 투입하는 공식은 다음과 같다.

10,000시간=1일 3시간X365일X10년

단, 학생이나 직장인의 경우 방과 후나 퇴근 후 자신의 전문 분야를 개발하기 위하여 공부하는데 투입한 순순한 시간 총량을 말한다.

[개념 2] 10,000시간=1일 일정량 이상 연습한 시간의 총량

연구 결과에 따르면, 보편적 수준에서 공통적으로 누구든지 10년 안팎으로 자신의 분야에서 노력, 1만 시간을 투자하면 소위 전문가 수준에 도달할 수 있다는 얘기다. 다만 개인적인 성향의 차이에 따라서 10년 더 걸리는 사람도 있고, 덜 걸리는 사람도 있을 것이다. 여기서 10년이란 세월은 평균적으로 말하는 것이다.

2. 1만 시간 법칙의 다른 이름은

- 1만 시간의 연습
- 1만 시간의 준비
- 1만 시간의 몰입
- 1만 시간의 노력

3. 의도적 연습과 10년 법칙

의도적 연습이란 자신의 현재 수준을 향상하고자 분명한 목적에 따라서 자신의 재능을 활용하면서 체계적으로 활동하는 것을 말한다.

한 분야에서 10년 동안 지속적 '의도적으로 연습한 결과'이므로 이는 곧 10년의 법칙을 의미한다.

'재능이란 선천적인 능력이 아니라, 어떤 분야의 규칙을 숙달하고자 하는 개인 성향과 열정의 결과를 뜻하기 때문이다.'

4. 1만 시간 법칙의 실천으로 행운을 잡는다

필자가 교수 생활을 하면서 가장 곤혹스러운 일이 바로 학생들에게 '열심히 공부하라'는 메시지를 전달할 때다. 습관적으로 교사나 교수들은 그냥 학생들에게 열심히 공부하라고 얘기하지 않을 수 없다. 엄밀한 의미에서 공부하는 정도가 문제다. 무조건 학생들에게 열심히 공부하라고 촉구하는 건 설득력이 없다. 그렇게 말하면 학생들이 전혀 뼈저리게 받아들이지 않는다.

안데르스 에릭슨 박사의 10,000시간의 법칙이야말로 교수가 학생들에게 공부하라고 설득할 수 있는 가장 훌륭한 도구라고 생각한다. 필자는 지금까지 1만 시간의 법칙을 제외하고 효과적인 시간 집중 메시지를 결코 본 적이 없다.

사례 1

빌 게이츠의 행운의 여신

수학 천재인 빌 게이츠는 어린 시절부터 컴퓨터 프로그래밍에 눈을 뜨면서 하버드대학에 입학하였으나 중퇴한 후 마이크로 소프트 회사를 창업해 소프트웨어 분야에서 세계적 거인으로 등장한다.

여기서 빌 게이츠가 단지 머리가 좋다는 이유만으로 성공한 것이 아님을 알아야 하겠다. 빌 게이츠는 유복한 가정환경에서 자라 이미 8학년부터 고등학교 졸업할 때까지 5년 동안 컴퓨터 프로그래밍을 공부할 수 있는 특별한 기회를 얻었다. 이미 1960년대 말과 1970년대 초에 빌 게이츠는 인근의 대학에 가서 컴퓨터 프로그래밍을 공부할 수 있는 좋은 인연을 만들었다.

그렇지만 빌 게이츠는 회사를 창업하기까지 7년 동안 끊임없이 오직 컴퓨터 프로그래밍에 몰두한 결과, 마침내 마이크로소프트사를 창업해 성공한다. 여기서 우리는 천재인 빌 게이츠가 컴퓨터 프로그래밍 공부에 투자한 시간이 무려 12년이나 된다는 데 주목하지 않으면 안 된다.[10)]

총재산 83조로 세계 부자 1위를 다투고 있는 빌 게이츠는 돈벌이에만 자신의 인생을 몰두하는 것이 아니라, 빌 게이츠 재단(총자산 200조 원)을 설립, 전 세계 어려운 처지에 있는 사람을 위하여 자선 활동을 전개해 위대한 경영자로 존중받고 있는 까닭이다.

이 재단에 빌 게이츠가 기부한 돈은 무려 100조 원이나 되고, 2014년 한 해 동안 빌 게이츠가 이 재단에 기부한 돈이 14조 원이나 된다. 정말로 최고의 따뜻한 인간성을 지닌 경영자라고 말하지 않을 수 없다.

사례 2

뉴욕 허드슨 강에 여객기 불시착 성공한 설렌버거 조종사

2009년 1월 15일, 미국 항공기 1대가 뉴욕 러과디아 공항을 이륙한 직후 새떼들과 충돌해 절체절명의 위기 순간을 맞았으나, 일반적인 통념인 육지에 불시착하는 것이 아니라, 뉴욕의 허드슨 강에 불시착에 성공한 설렌버거 조종사의 순간적인 지혜로운 판단에 의하여 사망자가 한 명도 없었다는 것은 놀라운 일이 아닐 수 없다.

설렌버거 조종사는 평소 철저하게 훈련받은 훌륭한 조종사로 무려 19,000시간의 비행 경력을 지닌 베테랑이었다. 설렌버거 조종사는 순간적 판단에 의하여 일반적 고정관념을 깨고 자칫 잘못하면 전원 사망할지도 모르는 허드슨강에 불시착했으나, 한 명의 사망자도 없이 가장 빠른 시간 안에 모두 탈출하는 데 성공한 것이다. 뉴욕 주의 소방관들도 5분 만에 출동한다. 완벽한 구조 시스템이었다.[11]

이러한 측면에서 본다면 창의력이나 창조력도 1만 시간의 법칙에 따른 혹독한 훈련으로 획득될 수 있다고 본다. 미국의 창의력 전문가인 밥 파이크 박사에 의하면, 학습 즉 체계적 노력에 의하여 창의력을 얼마든지 확보할 수 있다고 주장한다. 창의력이란 머리 좋은 사람들의 전유물이 아니라는 얘기다. 평범한 사람들도 1만 시간의 법칙에 따라서 체계적으로 노력한다면 창의적 아이디어를 자유롭게 만들어 낼 수 있다는 말이다.

사례 3

바이올리니스트와 1만 시간의 법칙

에릭슨 박사 등이 바이올리니스트를 3그룹으로 나누어서 연구한 결과에 의하면,[12)]

① 첫째 그룹은 엘리트로 장래 세계적 수준의 솔로 주자가 될 수 있는 학생
② 둘째 그룹은 그냥 '잘한다.'라는 평가를 받는 학생
③ 셋째 그룹은 '공립학교 음악 교사'를 희망하는 학생

3그룹에 속하는 학생들은 대략 5세 전후로 연주를 시작하여, 20세가 되었을 때까지 연습한 총시간을 조사한 결과,

① '엘리트' 학생들은 모두 10,000시간 연습하였으며,
② '그냥 잘하는' 학생들은 모두 8,000시간 연습하였으며,
③ 미래 '공립학교 음악 교사'는 모두 4,000시간 연습하였다.

사례 4

일본 스시 전문점 요리사

일본의 스시 전문 요리점의 요리사가 일본 전통 음식인 스시를 배우는 과정이 KBS 1TV를 통하여 방영된 바, 우리에게 시사하는 바가 크다고 하겠다. 일본 단기대학에서 조리과를 졸업한 어떤 남학생이 다음과 같은 스시 요리 코스를 밟는다.

1년 차 : 주방 청소만 한다
2년 차: 눈물 많이 나는 양파 까기 등 음식 재료 다듬기
3년 차 : 고기 손질하기
7년 차 : 초밥 짓기 시작

이처럼 새로운 스시 요리사가 탄생하기 위하여 7년 동안 혹독한 테스트와 훈련을 받는다. 일본 요리사들은 기본부터 철저히 배운다. 속성 과정이나 요령은 있을 수 없다. 이런 가게에서 일하는 젊은이들 중에는 우리나라의 전문대학 수준의 요리 학교 졸업생이 많다. 일본 전문 요리점에는 20년 이상 되는 경력자들이 수두룩하다.

일본 단기대학 조리과에 다니는 어떤 남학생이 학교 수업을 마치고 저녁 6시부터 10시까지 일식당에서 아르바이트를 한 후 귀가 도중 음식 재료를 구입, 새벽 12시 30분까지 요리 연습을 한다. 그야말로 에릭슨 박사가 주장하는 1만 시간의 법칙을 실천하는 것이다.

5. 재능보다 연습 역할이 더 크다

심리학자들이 재능이 뛰어난 사람들의 경력을 세밀히 관찰한 결과, 시간이 지날수록 '타고난 재능의 역할은 줄어들지만, 연습이 하는 역할은 점점 더 커진다'라고 밝혀냈다.

성취 = 재능 + 연습의 결과다. 성공 = 연습 + 기회 + 환경의 결합으로 이뤄진다.

어떤 환경에서 연습을 하다가 보면 기회를 잡아서 자신의 목표 달성이 가능해진다는 얘기다.

1만 시간의 법칙과 관련, 하버드대 교육심리학과 교수인 하워드 가드너 박사가 주장하는 '다중지능이론'을 상기하면 된다. 자신이 잘할 수 있는 분야에 시간을 투자하기 위해서는 가드너 박사가 얘기하는 8가지 능력 중에서 어떤 분야의 역량이 뛰어난지 그 가능성을 확인하는 것이 가장 먼저다.

10년 주기설

하루 10분이라도 작은 일에 시간을 투입하면 10년 뒤에는 유익한 소득이 발생할 것이다. 미래 예측은 곧 시간 예측이다. 미래 예측이 쉽지는 않지만 구체적으로 실행 가능한 시간 계획은 필요한 것이다. 그러므로 크게 봐서는 1만 시간 법칙의 총 준비 기간인 10년 단위에 맞춰서 개인이 시간에 대한 포트폴리오 작성을 하는 것이 중요하다.

특히 자신의 기나긴 인생 목표를 달성하는 데는 10년 주기설이 유효하다고 본다. 10년마다 10년 후 인생을 구체적으로 설계하고, 이를 위하여 시간을 집중, 실천적인 노력을 기울인다. 예를 들어, 학생 시절인 10대에는 20대 인생을 설계하고, 20대는 10년 후인 30대 인생 설계를 하고, 직장 시절인 30대는 40대 인생을 설계한다. 이렇게 10년마다 중간에 도달할 수 있는 목표를 명확히 설정하면 50대쯤 최종적인 인생 목표에 도달할 수 있다.

직장에 다니면서도 10년마다 자신의 위상을 다시 점검해야 할 것이다. 10년 동안 근무할 것인지 아니면 10년 안에 다른 직장을 찾아 떠날 것인지 예측하는 지혜가 필요하다.

전공 전환이나 직장 이직, 직장 뿌리내리기, 전체 인생살이 등도 10년 주기설에 의하여 준비하는 것이 필요하다. 미래학자의 미래 예측내용이 그대로 나 자신에게 명쾌하게 맞아떨어지지는 않는다. 미래 예측이 완전히 틀리거나 시간적인 지체, 혹은 예상보다 훨씬 빨리 나타날 수도 있으므로 종잡기 어렵다.

일반적으로 미래학자들의 미래 예측은 포괄적이거나 우리 현실과는 괴리가 있을 수도 있으며, 한국 전문가 예측은 적중률이 떨어지는 경우가 있다. 이렇다면 10년 주기설에 의하여 본인 스스로 미래를 준비하는 것이 적절하다. 왜냐하면 변화란 그 모습이나 작용 측면에서는 천지개벽처럼 느껴지지만, 그 근본 바탕 즉 프레임은 조금씩 이동할 뿐 순간적으로 모든 것이 한꺼번에 변하지 않는다. 그러므로 개인도 미래 예측을 어느 정도 할 수 있다.

한마디로 전공의 유효성도 최대한 10년이면 끝난다. 대학에서의 전공 영역도 10년 주기설에 대입하는 것이 가능하다. 과학 기술 분야의 지식이 3년 유효하다는 얘기가 있었다. 하지만 이제 과학 기술 분야의 지식은 이제 분초를 다투는 시점에 이른 것이다. 자고 일어나면 새로운 기술이 나타나기 때문이다. 자신이 공부하는 전공 영역도 평생 이어가는 가운데 10년 단위로 그 유효성을 생각하라는 얘기다. 대학에서도 10년 단위로 전공 학과의 명칭 변화에서부터 전공 교과목의 내용 변화에 이르기까지 다양한 변화의 조류를 확인할 수 있어야 한다.

자신이 학교에서 배운 전문 지식이라 하더라도 10년 이상 지나면 쓸모가 없어진다. 그러므로 전공 영역에서는 10년 후를 예측해서 준비하지 않을 수 없다. 우리나라의 경우, 전공 영역의 변화와 관련, 전문대학이 4년제 대학보다 더 자유롭게 변신을 거듭하고 있다. 필자도 33년 동안 전문대학 교수로 재직하면서 필자의 전공을 가르치던 학과가 폐과되는 경험을 했다. 전문대학 내에서도 학과가 사라지고 새로 생기는 경우를 흔하게 볼 수 있다.

이러한 원리에서 본다면, 자신의 인생을 10년마다 새로 바꾸는 계기를 스스로 마련하지 않을 수 없다. 10년 주기설에 의하여 자신의 인생을 스스로 위험에 대비하고, 위험이 닥치더라도 자신에게 미치는 손상이 적도록 철저하게 준비하라는 뜻이다. 시간 관리는 항상 위험에 대비하는 결정적인 도구가 될 수 있다.

시간 관리 어떻게 할 것인가?

1. 시간 관리

시간 관리는 규율이다. 시간 관리는 실천, 즉 실행이다. 시간 관리란 시간을 계획한 대로 잘 지키고 있는가를 확인하는 것이다.

2. 시간 관리 기술

단지, '해야 할 일 목록'을 작성하고, 그 이외는 거절하는 것이 아니라, 시간 관리는 계획 수립, 자기 평가(feedback)이며, 지속적 연습이나 훈련 및 개선이 필요하다.

3. 시간 활용

시간을 효과적으로 활용하는 사람들은 이익이 가장 높은 일에 시간을 할당한다. 비판적 관점에서 시간 이용, 명확한 계획 수립이 중요하다.

자신의 활동 관리도 중요하므로 최대한 불필요한 활동을 축소하는 노력이 필요하다. 브리지트 슐트(Brigid Schulte) 기자는 자신의 저서인 『타임 푸어』를 통하여 "우선순위를 결정하고 소중한 활동에 시간을 투자하라."고 강조한다.

4. [예] 1주일 시간 관리

1개월, 1분기, 1학기 시간 관리 등

1) 가장 중요한 활동에 집중하라

모든 활동이 아니라, 하나의 범주에 집중한다. 즉 하나의 목표 달성에 필요한 활동에 시간을 최대한 집중한다.

꼭 해야 할 일, 쉽게 할 수 있는 일, 가치가 적은 일, 쓸데없는 일 등의 구분이 필요하다.

2) 학교 수업뿐만 아니라, 개인 시간도 고려하라

시간 관리는 효율적인 업무 처리 · 공부뿐만 아니라, 인생에서 균형적인 삶을 살아가는 데 중요한 가치가 있으므로 자신의 정상적인 일과 더불어 개인 시간 활용에 대한 충분한 검토가 필요하다.

5. 타임 박스(Time Box) 기법

하루 일과를 구획하는 데 효과적인 일정 수립은 무엇인가? 아래는 하나의 예시로 각자의 성향에 맞도록 수정하는 것이 가능하다.[13)]

1) 해야 할 일의 목록 작성

① 달성해야 하는 목표 설정

② [예] 1일, 1주일, 1개월, 1분기 등과 같이 일정 기간 달성해야 할 모든 목록 열거함.

2) 목록의 범주화

① 해야 할 일 목록을 각 범주별로 구분 · 정리

② 예를 들어, 당신의 과제를 전략 · 사업 개발 · 일일 운영 · 사람 관리 등과 같이 직무 기능별로 구분

③ 개인 생활에도 그대로 적용 가능

3) 시간 기록

① 각각의 과제를 수행하는데 걸린 시간 기록

② 당신이 성취한 일 기록

③ 주말에 시간 기록, 피이드백(평가)

4) '시간 추정' 역량 강화

① 해야 할 일 목록에 나오는 각각의 항목을 수행하는데, 시간이 얼마나 필요한지 사전에 추정

② 평소 시간 관리 경험의 축적

③ 축적의 반복으로 인하여 '시간 추정'의 역량 강화

6. 자투리 시간 활용법

티끌 모아 태산

(1) 자투리 시간을 적극 이용하기

■ 자투리 시간 : 5분, 10분, 30분 등

(2) 어디에서든지 가능함

- 장거리 출장이나 KTX 열차 안, 여행
- 비행기, 선박
- 출퇴근 지하철, 버스 안
- 회의나 친구를 기다리는 시간 등

사례

일본의 이토추 상사 전 회장인 니와 우이치로는 일부러 자신의 집을 동경의 지하철 종점 인근에 마련하고, 사장이나 회장이 된 이후에도 지하철 종점 역에서 타고 회사 도착할 때까지 책을 읽었다고 한다. 그 결과 독서에 관한 책을 출판했다.

(3) 자투리 시간 사용처(예)

- 독서~ 신문, 잡지, 책, 만화
- 메모~ 수첩이나 휴대폰에 생각나는 대로 정리함
- 새로운 아이디어 정리
- 새로운 일 구상 등

사례

1970년대 일본에서 JAL기 한 대가 추락한 사건이 발생하여 탑승객 전원이 사망했다. 사고 수습 도중 비행기가 추락하는 순간 어떤 가장이 자신이 죽는다는 것을 알고 자기 가족에게 보내는 메모지가 발견되어 일본인들의 가슴을 크게 울린 적이 있다.

예시

'대학생 시간 관리 어떻게 할 것인가?'

▶ 평일 · 주말 · 방학 시간 관리

1. 평일 시간 관리
   - 독서, 과제 처리, 자격증 공부, 영어 회화 등
   - 1만 시간의 법칙 점진적 확대(50분→70분→90분→120분 등)

2. 주말(토 · 일) 시간 관리
   ① 토(24시간)+일(24시간)=총 48시간
   ② 수면 시간+기타 활동 16시간=32시간
   ③ (가용 시간)총16시간~ 4가지 영역에 각각 4시간씩 분배함
   - 여기에 80/20 법칙을 적용하여,
   - 한 가지 활동에 4시간(총 시간 25%) 배분, 80% 효과를 달성하면,
   - 전체 효율성~80%×4가지 활동=320% 달성

3. 방학(여름, 겨울) 시간 관리
   ① 대학 생활 중 방학은 인생에서 다시 없는 자유 시간
   ② 여름 + 겨울방학 일수 = 최소 150일(5개월)
   ③ 각자가 방학 중 활용할 수 있는 일수 확보와 시간 계획

▶ 중간 · 기말 고사 A+ 시간 관리

1. 자기 노트 만들기
   기말고사 2, 3주 전부터 이론 즉 필기시험에 대비하여, 모든 교과목에 걸쳐서 주요 내용을 자필로 정리함(기말고사 1차 준비)

2. 자기 노트 본격 공부하기
   기말고사 10일 전부터 집중적으로 자필로 정리한 노트를 반복적으로 공부함(기말고사 2차 준비)

3. 자기 노트 완전 격파하기
- 각 교과목 시험 하루 전 집중적으로 암기
- 매일 저녁 시험공부를 한 후 수면은 하루 최소한 4~5시간(기말고사 3차 준비)

4. 시험 당일 학교에서 최종 점검
- 오전 일찍이 학교도서관이나 조용한 교실에서 당일 시험공부 최종 마무리.
- 평소 공부도 필요함~ 시간이 많이 들어가는 어려운 교과목이나 영어 등 어학은 공부하는데 많은 시간과 노력이 들어가므로 평소 철저한 예 · 복습 체제로 완전하게 준비함.

공간관리

- 공간 정리가 절실하다
- 장소성이 중요하다
- 공간 치유 능력 시대가 온 것이다

정리하자면, 시간과 공간은 결코 분리할 수 없다. 시간과 공간을 벗어날 수 있는 사람은 아무도 없다. 때문에 시간 관리가 중요한 것처럼 공간에 있어서도 각자의 개인적 공간 관리가 똑같이 중요하다. 왜냐하면 공간이 인간의 심리에도 결정적 영향을 미치는 것으로 신경 건축학자들의 연구에 의하여 증명되었기 때문이다.

우리는 자신의 공간을 정리하여 실질적으로 제대로 소유하는 것이 필요하다. 즉 무질서한 공부방이나 작업 공간은 반드시 가지런히 정리할 필요가 있다. 샌디 블록에 의하면, "물건이 정돈되면 마음이 정돈된다."라고 말한다. 무질서한 공간은 효과적인 시간 활용을 방해하기 때문이다. 또 공간을 바꾸면 일의 효율성이 높아진다.

박태준 전 포철 회장은 1960년대 포항제철 건설 당시, 작업 현장을 수시로 방문하고, 건설에 필요한 여러 가지 건축 자재를 창고나 현장에서 정리 정돈하는 것을 강조했다. 만일 창고 안의 건축 자재가 널브러져 있는 것이 박 회장의 눈에 띄면 바로 불호령이 떨어졌다는 유명한 일화가 있다. 현장의 건축 자재가 잘 분류됨으로써 공사 시간을 단축하는 직접적인 요인이 되기 때문이다. 한편 미국에서도 '사무실 모든 물건에게 제자리 찾아주기' 위한 물건 정돈 사업이 등장했다.

에스더 M. 스턴버그의 저서인 『공간이 마음을 살린다』(서울 : 더퀘스트, 2013)라는 책에서는 '공간 치유 능력'이라는 말이 나온다. 이제 건축학이 공학이나 미학으로 존재하는 것이 아니라, 건축학 + 신경과학 = 신경건축학, 건축학 + 심리학 = 공간심리학(건축행복론)으로 새로이 탄생한다.

공간 치유 능력과 관련하여 주요 내용을 정리하면 다음과 같다.[14)]

① 사람들은 주변 장소, 즉 공간이나 건물과 밀접하게 연결된다.
② 장소(공간)에 대한 경험은 우리의 감각 기관에 형성되고 이것이 기억 속에서 자리 잡는다.
③ 장소에 대한 우리의 감정들은 뇌를 통하여 많은 양의 신경 전달 물질과 호르몬을 분비한다. 치유 가능한 면역 세포가 생산된다는 얘기다. 예를 들어, 숲속에 들어가서 삼림욕을 즐기면 면역 체계가 활성화되는 것이다. 또 식물을 통한 마음 치유인

식물 테라피(therapy)를 생각하면 된다. 공간 치유 능력이 곧 공간 테라피다.

최근 영국 의학자들의 연구 결과에 의하면, 1주일에 2시간만 숲속을 걸으면 건강에 상당히 긍정적 영향을 미치는 것으로 증명되었다. 1주일에 딱 2시간만 숲에서 맑은 공기와 자연을 호흡하면 그렇지 않는 사람보다 건강의 면역 체계에 많은 영향을 미치는 것으로 판단되었다.

④ 풍경 + 색깔 + 깊이 + 움직임 등이 결합되면 더 많은 신경세포가 활성화되는 것으로 나타났다. 자연 공간만이 아니라, 내가 살고 있거나 주로 활동하고 있는 공간의 재구성적 인식이 강력히 요구된다. 신경세포의 활성화는 건강의 청신호다. 이렇게 함으로써 치매 예방도 가능하다.

우리나라 사람들은 평생을 거의 똑같은 아파트 공간이나 특색 없는 사무실 공간에서 보낸다. 공간의 재구성을 위한 지혜를 모아야 하겠다. 건물 안에 사무실 가구라도 새로이 배치하면 심리적 영향을 미치게 된다. 이제 시각적으로 가치가 있는 창의적 건물의 건립도 강화되어야 한다. 건축 공간이 인간 행복 심리에 커다란 영향을 미치고 시대에 우리는 생활하고 있기 때문이다.

새로운 라이프 스타일

○○●○

인생 3모작 시대

우리나라는 1인당 국민소득이 미국 달러($) 기준으로 30,000$를 들락날락하고 있다. 완전히 3만 달러에 진입하기에는 뒷심이 부족한 것 같다. 국민소득 2만 달러에서 3만 달러로 진입하는 데 너무 많은 시간이 걸렸고, 그 사이에 빈부 격차가 더 심화되었다.

국민소득 10,000달러가 되면, 일상 생활상 가장 큰 변화는 폭발적인 자가용 증가다. 한국도 1980년대 말과 1990년대 초 사이에 이러한 변화를 맞이하였다. 국민소득 20,000달러가 넘어서면 외식산업이 폭발적으로 성장한다. 우리나라도 90년대 초 태어난 90년대생 아이들을 겨냥해서 소위 패밀리 레스토랑이 전국적으로 휩쓸었다. 인구수에 비례해서 본다면 한국의 프랜차이즈는 엄청난 과잉 경쟁에 시달리고 있다. 이제 신생아 출생의 절벽 현상으로 이런 프랜차이즈가 직격탄을 맞고 있다.

지금 한국은 모든 전문 분야에서 과잉 경쟁을 초래하고 있다. 한

때 전 세계적으로 한국에서 최초로 히트시킨 믹스 커피는 2005년 이후부터 불어닥친 원두커피 광풍에 맥을 못 추고 있다. 전국적으로 문을 연 카페가 무려 10만 개나 된다고 한다.

사회적으로 이러한 원두 커피 현상을 뜯어보면 한국 사람들의 독특한 성향이 그대로 반영되고 있다. 한마디로 한국 사회에서는 잘되는 분야에 너도나도 뛰어들어 남이 하면 나도 무조건 따라 하는 한국인의 획일적 성향(disposition)을 바꾸기가 쉽지 않다는 얘기다. 가진 자는 더 벌게 되고, 못 가진 자는 더욱더 못 벌게 되는 이른바 마태복음 현상이 나타나는 것이다.

특히 인공지능(AI) 시대를 맞이하여 이런 양극화 현상은 더욱 심화, 극소수의 사람만이 괜찮은 일자리를 차지한다고 보는 것이 지배적이다. 나머지 대부분 사람들은 이들의 착취 대상이 된다고 이스라엘 역사학자인 유발 하라리 교수가 주장한다.

바로 AI(인공지능) 시대가 국민소득 30,000달러에서 나타나는 현상이다. Z세대인 20대, 아니 지금의 10대는 부모 세대인 X세대나, 민주화 세대인 Y세대(1960~1969년생)인 소위 586세대와는 근본적으로 다르게 생각하지 않으면 안 된다. 지금 10대나 20대는 새로운 라이프 스타일의 인식으로 정답이 없는 성숙 사회에서 일자리를 만들어 대처하는 창의적인 자세가 필요한 까닭이다.

미국의 학자들이 주장하는 새로운 라이프 스타일을 설명하면 다음과 같다. 편의적으로 나이를 기준으로 3단계로 나누어 설명한다.

① 제1인생(1~28세)

- 고교나 대학을 졸업하고
- 군대도 제대하고, 본격적으로 취업을 준비하는 시기로
- 학생 신분을 대부분 유지함.
- X, Y세대도 이러한 과정을 거침.

② 제2인생(29~50세)

- 첫 직장
- 이직
- 명퇴가 시작됨

③ 제3인생(51~100세)

- 새로운 직업
- 새로운 사업(활동)
- 사회 봉사활동
- 완전한 은퇴

아름다운 공감(共感) 정신

1. 왜 공감이 필요한가?

필자는 미래 직업 사회에서 필요로 하는 3가지 덕목으로 창의력, 공감, 열정을 제시하고자 한다. 특히 공감 능력은 학교를 졸업한 후 사회에서 가장 중요한 개인적 역량이라고 생각한다. 왜냐하면 조직이나 사회 및 국가가 제대로 기능하기 위해서는 구성원의 개인적 역량과 더불어 남과 더불어 살아갈 수 있는 공감 능력도 중요하기 때문이다.

한국에서는 돈 중심의 물질주의가 세계 최고 수준에 이르고 있을

뿐만 아니라, 오로지 자신을 포함한 가족 중심의 개인주의가 최고조에 달하고 있지만, 남과 더불어 살아가거나 남과 고통을 나누는 사회적 희생정신은 아직도 부족한 상황이다. 욕심이 많아지고 물질적 가치가 높아지면서 오히려 공감은 줄어들고 있다. 그러므로 우리 모두 공감에 대한 사회적 합의가 절실한 까닭이다.

공감(共感)에 해당하는 영어는 common sense로 이것을 우리나라에서는 상식(常識)으로 번역하고 있다. 상식이란 엄밀한 의미에서 잘못된 번역이다. 원래 일본 학자들이 common sense를 상식(常識)으로 번역한 탓이다. 공감이란 문자 그대로 누구에게나 공통된 감각을 말한다.

이 세상에서는 나 혼자 살아갈 수 없으므로 공감이 필요한 것이다. 오직 자신만의 이익을 추구하는 시험 위주의 능력주의란 우리나라 교육의 잘못된 문제를 대체할 수 있는 유일한 대안이 바로 공감이요 공감 정신이다. 인공지능 시대 부족한 일자리를 서로 나누기 위한 전제 조건이 공감대 형성이다. 공감이 없으면 남을 배려할 수 없다. 남과 더불어 살아간다는 것은 바로 '민주 시민의식'이다.

한국 사회에서 가장 부족한 것이 '남과 함께 하는 정신'이다. 대부분 사람들의 관심은 자신이나 자신의 가족에 한정한다. 사회 전체 속에서 자신의 위상을 생각하지 않으려고 한다. 앞으로 시민의식이나 시민사회가 국가 발전의 근본이 될 것이다. 시민사회란 동질적 · 가족적 유대감을 형성하고 문화를 조성함으로써 공동체의 '사회적 자본'에 기여하는 것이다. 그래서 미국의 미래학자인 제러미 리프킨에 의하면, '호모 엠파티쿠스'(공감하는 인간)를 제시하는 까닭이다.

미국의 정치철학자인 마이클 샌델 교수에 의하면, 삶의 질적 수준 향상을 위해서는 공정성과 시민 덕성이 필요하다고 주장한다. 공정한 사회를 실현하는 데는 공동체 의식과 공공선 증진 및 시민 덕성 배양이 마련되어야 하는 까닭이다. 또 시민 덕성의 발전을 가져오기 위해서는 전체 이익을 추구하면서도 타인의 의견을 존중하고, 옳을 일이라면 기꺼이 자신에게 주어진 의무를 수용하거나 부당하다면 저항한다는 얘기다.

시민 덕성과 관련하여 칸트(I. Kant)의 도덕 법칙을 살펴보면 다음과 같다. 칸트는 도덕 법칙의 근간으로 인간성과 존엄성, 도덕성을 제시한다.

1) 인간성(人間性)

인간성은 누구나 가지고 있다. 인간성이란 '이성을 부여받은 존재'라는 사실에 근거한다. 인간성을 단지 수단으로 이용하지 말고 늘 목적으로 이용해야 한다.

2) 존엄성(尊嚴性)

칸트에 의하면 존엄성은 순수이성을 뜻한다. 필자는 존엄성 = 성품(性品) 혹은 진아(眞我)라고 말하고 싶다. 왜냐하면 존엄성은 악한 행동이나 나쁜 행동으로 줄지도 않고, 선한 행동이나 도덕적으로 옳은 행동으로도 늘지 않기 때문이다.

3) 도덕성(道德性)

인간은 도덕성을 통하여 최고의 자유를 실현한다. 인간은 자신을 '순수한 이성적 행위자'로 판단함으로써 인간은 스스로 세속적인 욕망이나 열정의 지배로부터 완전히 벗어나는 존재자가 돼야 한다.

2. 공감과 관련된 개념들

제러미 리프킨(Jeremy Rifkin)에 의하면, 그의 저서인 『공감의 시대』(서울 : 민음사, 2010)를 통하여 "나는 생각한다. 그러므로 나는 존재한다."에서 "나는 참여한다. 그러므로 나는 존재한다."로 대전환하면서 공감은 인간 역사의 중심에 놓인다고 주장한다. 우리가 참여적 세계에 살고 몸의 경험이 다른 사람과의 끊임없는 교분의 경험이라면, 공감은 서로의 삶에 깊이 들어갈 수 있는 수단이 된다. 공감은 또한 우리 자신의 공동의 현실을 만드는 수단이다.

제러미 리프킨은 공감(共感)과 관련된 다양한 개념을 제시한다. 즉 그는 공감, '공감한다는 것', 공감 의식, '공감적 감수성' 등과 같은 새로운 개념을 설명하고 있다.[1] 공감이란 공통된 감각으로 이를 통하여 상호 존중과 소통(communication)이 가능한 것이다.

'공감한다는 것'은 다른 사람의 존재를 긍정하는 것이고, 그들의 인생을 예찬하는 것이다. 달리 말하면 공감을 통하여 타인의 존재 가치를 인정한다는 뜻이다. '공감의 순간'이란 인생에 있어서 가장 밀도가 높은 생생한 경험을 말한다. 공감적 행위는 첫째, 신체적 한계를 초월하며, 잠시나마 시간의 제약을 받지 않고, 둘째, 주변 생활에 연결시켜 주는 비신체적 수준을 누릴 수 있기 때문에, 셋째, 누구나 자신이 살아 있다는 것을 더욱 실감한다.

공감 의식이 성숙할수록 삶의 참여도가 보편적으로 되고, 현실감이 더 깊어진다. 공감할 줄 모르는 사람은 경험적 제한으로 인하여 인생이 그만큼 충만하지 못한 것이다. 인생을 살아간다는 것은 다른 사람과 단단히 묶여 산다는 뜻이다. 공감을 모르는 사람은 뚝 떨어진 혼자만의 삶을 살아가야 하므로 부족한 삶일 수밖에 없다.

대니얼 골드먼은 비즈니스에 있어서 '공감적 감수성'을 강조한다. 공감적 감수성은 협동적 환경 관리의 필수 조건으로 리더의 임무는 협동적인 바, 관계 기술이 갈수록 중요하기 때문이다. 리더는 모든 사람이 정보를 쉽게 공유하고, 효율적으로 밀접하고 원만한 관계를 맺도록 해야 하는 책임을 지니고 있다. 이러한 공감적 유형을 친화적(affiliate)이라고 표현하는 바, '친화적이란 행동에 있어서 협력적 경쟁을 의미한다.'[2]

공감 의식은 외적으로 주어진 도덕률에 의존하는 것이 아니라, 교육적 환경에 의존한다. 인간의 성숙한 공감적 잠재력은 학습하고 실천하고 유익한 환경에서만 성장할 수 있다. 법과 사회 정책에 담겨 있는 도덕률은 지침과 기준을 배울 때 도움이 된다.[3]

삶의 질

한마디로 100세 시대와 인공지능 시대를 맞이하여 필자는 3가지 인생 아젠다(agenda)를 제시하고자 한다. 첫째는 일과 휴식 및 공부의 동시 추구이고, 둘째는 인생 3막이며, 셋째는 일과 성공 및 행복에 대한 독자적 개념 정의다.

이러한 인생 아젠다에 대하여 개인이 주체가 되어 독자적으로 고려하는 지혜가 필요하다고 생각한다. 왜냐하면 한국은 세계에서 가장 빠른 속도로 고령사회에 접어들었으며, 우리나라 사람 평균 수명이 80세를 넘기고 있기 때문이다. 더욱이 인간의 일자리가 컴퓨터 알고리즘이 조종하는 로봇으로 대체, 일할 수 있는 기회가 점점 줄어들고 있는 까닭이다.

지금 젊은 세대는 삶의 질적 수준을 강력히 희망한다. 2020년대 들어오면서 두드러지게 언급되는 말이 워라밸이라는 단어다. 즉 일과 삶의 균형을 의미한다. 소위 저녁이 있는 삶을 뜻한다. 국민소득 3만 달러 시대에서는 삶의 질을 우선한다는 것이다.

부모 세대인 산업화 세대들은 오직 돈을 버는 데 인생을 전력한 것이다. 산업화 세대 주역들은 학습과 일 및 휴식을 철저히 분리하면서 인생을 살아왔다. 부모 세대들은 제1인생인 학령기에는 오직 치열한 공부에만 몰입하고, 제2인생인 직장 생활을 하는 동안에는 오직 회사의 이익을 위하여 일생을 바친 것이다. 그러다가 정신적 물질적으로 준비 없이 갑자기 은퇴를 맞이한다.

최근에는 은퇴자 중심으로 새로운 모습이 감지되고 있다. 우리나라에서도 은퇴한 세대들이 혼자만의 즐거움을 추구하는 것이 아니라, 이른바 살롱 문화에 적극적으로 참여하고 있다는 얘기다. 은퇴자들이 특별한 취미를 중심으로 동아리를 만들어서 활동하고 토론을 벌인다는 뜻이다. 또 이러한 활동을 하는 데 돈을 아끼지 않는다. 은퇴 이후 새로운 인생을 창조한다는 말이다.

한편, 젊은 세대는 부모 세대와는 달리 상황에 따라서 학습(공부)

이나 일(노동), 그리고 휴식(가족)을 동시에 추구한다. 일은 노동이고, 휴식은 가족과 함께 한다. 여기서 공부란 자기 공부를 의미한다. 지금 세대는 상황에 따라서 셋 중 하나에 집중하면서도 나머지 둘도 병행한다는 얘기다. 예를 들어, 대학생이 주중에는 학교에서 공부를 하고, 주말에는 아르바이트를 하면서 틈틈이 시간을 내어서 휴식을 취한다면 공부 + 일 + 휴식의 동시 추구가 가능한 것이다.

특히 우리나라에서도 제도권 교육뿐만 아니라, 다양한 사회교육 시스템, 즉 평생 교육제도, 학점 은행제도 등에 의하여 누구든지 전문대학이나 4년제 대학에 준하는 학위를 받을 수 있고, 개인의 취향에 따라서 전문적 교육을 무료나 유료로 받을 수 있다.

태어나서 요람까지 언제든지 교육이 가능한 것이다. 때문에 평생교육이요 자기 교육이다. 제1인생 시기의 교육은 제도권 교육으로 거의 수익자 부담 원칙이다. 제1인생 이후 공부는 비제도권 교육에서 이뤄진다. 그래서 제1인생 이후의 교육은 공부하는 자신이 필요에 따라서 교육을 주체적으로 받아야 하는 까닭에 자기 교육인 것이다.

더욱이 2019년 말부터 전 세계적으로 불어닥친 팬데믹, 즉 대전염병으로 인하여 우리나라에서도 대기업 중심으로 재택근무가 일상화되고 있다. 회사에 출근하지 않고도 집에서 일을 하고 휴식을 취할 수 있다. 학생들도 학교에 가지 않고 집에서 온라인 학습에 참여한다. 과거에는 상상도 못한 일이다. 이렇게 팬데믹이 세상을 완전히 바꿔놓고 있다. 코로나가 일과 휴식 및 공부란 공간 영역의 구분도 무너뜨리고 있는 터다. 회사에 출근하지 않고 집이나 호텔 사무실이나 혹은 회사가 마련해준 공유 공간에서 온라인으로 업무를 보는 세상이 온 것이다. 학생들도 마찬가지다. 학교에 가지 않고 집이나 스터디 카페나 학원에서 온라인 학습에 참여한다.

다른 한편으로 필자가 일과 행복 및 성공에 대한 핵심적 얘기를 정리하자면 다음과 같다. 우리가 잘 알고 있는 일과 성공 및 행복에 대하여 새로운 개념 정의를 시도하지 않으면 안 된다. 21세기 성숙 사회에서는 성공 · 행복 · 일에 대한 과거의 고정관념에서 탈피하는 것이 급선무다. 이는 성공, 행복, 일에 대하여 남이 아니라, 인생을 주체적으로 살아가는 자기 자신이 정의를 내리는 것이 중요하기 때문이다.

왜 일하는가? AI 시대 일자리가 계속 존재할 것인가? 천직이란 무엇인가? 한마디로 모든 사람의 한결같은 소망은 '좋은 일자리'다. 그러나 컴퓨터 · 자동화 · 스마트 팩트리와 생산성 향상 시대에서는 과거와는 달리 양질의 일자리를 구한다는 것은 실로 어렵다. 더욱이 일자리가 생기더라도 고임금 일자리는 극소수에게만 기회가 주어지고, 대부분 사람들에게는 저임금이나 계약직 혹은 단기 일자리에 불과하다. 우리는 과거부터 우리 뇌에 입력된 '좋은 일자리'에 대한 허상을 과감하게 깨뜨리지 않으면 안 된다.

도대체 우리는 무엇을 위해 일하는가? 일본의 교세라 창업주인 이나모리 가즈오에 의하면, "일은 삶의 가치를 발견하는 데 가장 중요한 행위이므로 일을 통하여 사람의 마음을 연마하고 인간성을 키워준다."라고 말한다. 미국 보스턴대 저널리즘 교수인 엘렌 러펠 셸은 그의 저서인『일자리의 미래』(서울 : 예문아카이브, 2019)를 통하여 이제 일의 정체성은 고용주가 아니라, 일하는 자기 자신에게서 찾아야 한다고 주장한다.[4] 이것은 소위 맞춤 직업 시대를 맞이하여 스스로 일의 의미를 찾아야 한다는 뜻이다.

스티브 잡스는 미국 스탠포드대 졸업식 연설을 통하여 자신이 사랑하는 일을 찾기를 강력히 촉구하였다.[5] 일에 대한 사랑은 일에 대한 만족인 일의 긍정성을 뜻한다. 일에 대한 불만족은 일의 부정성을 의미한다. 자신이 사랑하는 일이 있다면 이것은 나중에 천직이 될 가능성이 높다. 천직이란 장인 시대에만 존재하는 것이 아니라, 자신이 필요한 직업을 스스로 만들어가야 하는 맞춤 직업 시대에서도 다시 그 존재 가치는 충분하다고 본다. 고대 그리스 철학자인 아리스토텔레스는 천직과 관련, "당신의 재능과 세상의 필요가 교차하는 곳에 당신의 천직이 있다."라고 주장한다. 다른 말로 하면, 이것은 수요와 공급의 원리하고 하겠다. 로먼 크르즈나릭은 "천직이란 천천히 만들어진다."라고 말한다. 천직은 갑자기 생겨나는 것이 아니다. 천직은 찾는 것이 아니라 스스로 키워나가는 것이다.[6]

한편 성공 개념에 대한 새로운 정의도 필요하다고 본다. 일자리 감소가 무고용시대를 앞당길 수 있는 바, 고정관념적인 성공의 개념에 대한 인식 변화가 필요하다. 미국의 소설가이며 저널리스트인 크리스토퍼 몰리(Christoper Morley)는 "자기식대로 자기 삶을 살아갈 수 있는 것, 그것만이 유일한 성공이다."라고 주장한다. 자기가 좋아하는 일을 하는 것이 자기식대로 살아가는 것을 의미한다.

토마스 프레이 박사에 의하면, "작은 이정표(里程標)라도 성공일 수 있다."라고 말한다. 이것은 인생의 목표 설정과 관련이 있다. 아리스토텔레스는 "누구나 좋은 인생을 추구해야 할 목표가 있어야 한다. 그 목표는 앞으로의 모든 생동과 관련된다."라고 주장한다. 요약하자면, 나 자신이 어제보다 조금이라도 더 나은 오늘을 보낸다면 작은 성공에 가까이 다가갈 수 있다는 의미다.

또 다른 한편, 행복의 진정한 의미를 되새겨봐야 하겠다. 흔히들 행복은 성적순이 아니라고 말한다. 더욱이 돈으로도 우리가 바라는 행복을 얻을 수 없다. 마이클 아가일에 의하면, 행복에 영향을 미치는 삶의 조건으로 일과 여가 및 인간관계를 제시한다. 그런데 절대적, 상대적 부는 행복에 큰 영향을 미치지 않는다고 말한다.

행복이란 물질이 아니라 가치 추구에 그 본질이 있는 것이 아닌가 한다. 행복은 정신적 만족에 달려 있다. 그래서 긍정심리학을 주창하는 숀 아처는 "지금 당장 행복하다고 믿어라."고 강조한다. 일이 성공이나 행복을 가져다주는 것이 아니라, 우리 자신이 '지금 당장 행복하다.'라고 믿으면 우선 뇌 세포가 활성화되어 업무 능률, 즉 생산성이 향상된다고 말한다.[7]

예를 들어, 명상이나 감사하게 생각하기 등과 같은 '긍정적인 습관'을 지속적으로 연습함으로써 뇌 기능의 활성화로 행복감이 높아진다는 것이다. 이러한 긍정심리학은 불교적으로 말하자면, 일체유심조(一切唯心造) 사상이다. 일체유심조(一切唯心造)란 모든 일은 오직 마음먹기에 달려 있다는 뜻이다.

성공적 노화를 위한 치료 레크리에이션(TR)

사람은 태어나서 죽을 때까지 움직이지 않을 수 없다. 늘 활동을 한다는 의미다. 정상적인 환경에서 사람이 활동하지 못한다는 것은 곧 죽음을 뜻한다. 그렇기 때문에 사람은 정신적으로 육체적으로 생생하게 살아 움직이는 것이 무엇보다 중요한 까닭이다.

인생2막, 3막, 더 나아가서 4막 시대에 치료 레크리에이션(TR)을 잘 이해하고, 실제 생활에서 적절하게 활용한다면 인생을 그만큼 풍요롭게 보낼 수 있다. 여기서 활동이라 함은 정서적 · 심리적 · 인지적 활동이나, 육체적 활동, 사회적 활동 등을 모두 포함한다. 이런 활동 중 어느 하나가 부족하면 다른 활동에 영향을 미치게 된다. 예를 들어, 나이 든 사람이 건강상 이유로 집밖에 자유롭게 못 나갈 경우에는 사회적 활동이 줄어들게 되고, 이에 따라서 인지적 활동이 줄어든다. 그 다음에는 정서적 활동이나 심리적 활동에도 영향을 미치게 된다. 어떠한 상황에서도 사람의 정상적인 움직임, 즉 활동이 대단히 중요하다는 얘기다.

육체적, 정신적으로 건강한 정상인이나 환자 모두에게 공통적으로 필요한 내용이 바로 치료 레크리에이션이다.

1. 치료 레크리에이션(TR)이란?

치료 레크리에이션(TR, Therapeutic Recreation)이란 고객(환자, 노인, 정상인 등)이나 육체적 · 정신적 장애자에게 치료 서비스와 레크리에이션 서비스를 제공하는 것을 말한다.

2. 치료 서비스의 목적

정상적인 고객이나 환자, 장애자가 정신적 · 육체적 · 행동적 문제로 야기되는 병적 증세를 완화하거나 제거시켜 육체적, 정신적, 인지적, 정서적, 사회적 기능을 회복하여 다른 사람의 도움 없이 스스로 판단하고 혼자 힘으로 행동할 수 있도록 도와준다.

3. 레크리에이션 서비스의 목적

고객(정상적으로 건강한 사람), 환자, 노인, 장애자 등에게 개인의 성향을 충분히 고려한 다양한 활동(activity) 프로그램을 제공해 건강과 사회적 복지를 증진시킨다.

4. 치료 레크리에이션(TR)의 역할

TR은 고객, 환자, 노인, 장애자 등이 타인의 도움 없이 '독립적 생활 능력'을 확보하는데 촛점을 맞춰서 평소 정상인을 포함해 어려운 환경에 놓여 있는 모든 사람들에게 다양한 활동(activity) 프로그램을 제공, 건강과 관련된 예방 활동을 강화해 획기적인 '의료비 절감'을 도모하고, 돈이나 명예가 아니라, 건강을 통한 인간의 총체적인 '삶의 질'(quality of life)을 증진시킨다.

5. 치료 레크리에이션(TR) 효과

1) 만성적, 퇴행성 이상에 대한 증상 감소

관절염, 골다공증에 의한 통증이나 뻣뻣함의 감소, 이동성 · 근육의 힘을 증가시킨다.

2) 육체적 건강 개선과 건강 위험 요인 감소

심장혈관 질환 개선, 체중 · 체지방 감소, 혈압 감소와 유연성 · 힘 · 보행 동작 범위를 증가시킨다.

3) 인지 기능 개선

인지적으로 손상당한 노인들에게 오리엔테이션, 혹은 지남력(사람, 장소, 시간 등에 대한 인지 능력)과 감각을 자극시켜 그들의 주변에 대한 경계와 인식이 증가한다.

4) 심리 사회적 지원과 심리적 건강 개선

외로움, 우울증 감소와 언어적 상호작용, 타인과 협력을 증가시키고, 사기 증진, 생활 만족 개선, 개인적 통제, 능력에 대한 인식을 고양시킨다. 그리고 휴식, 스트레스 관리 능력을 증가시킨다.

6. 활동 참여에 의한 뇌 세포 활성화

지적 활동, 두뇌 활동 등과 같은 뇌를 자극하는 의식적 시도는 뇌 세포 사이의 시냅스 연결을 강화하여 뇌 세포의 활성화를 가져온다.

- 새로운 정신적 도전 : 새로운 학습, 독서, 글쓰기 등과 같은 활동으로 뇌의 망상 조직의 성장을 촉진시킨다.

- 새로운 상황 경험 : 새로운 여행 · 음식 맛보기 · 취미 활동, 양손 사용 등

7. 성공적 노화를 위한 실천적 활동(activity)

1) 육체적 활동

노인에게 적절한 운동, 즉 육체적 활동은 관절 경직 · 균형 감각 등과 같이 노화로 발생하는 문제점을 개선하고 골격 · 심장동맥에도 긍정적 효과가 있다.

지속적인 육체 활동 · 유산소 운동은 뇌 세포 활성화에 의한 인지 · 인식 능력 향상으로 알츠하이머나 치매에 걸릴 확률이 1/3로 낮아진다.

육체적 활동은 내분비 항우울제인 엔돌핀의 순환으로 우울증이 없어지거나 감소된다.

2) 정신적 활동

노인에게 정신 활동 즉 지적 활동(다양한 TR 프로그램)에 참여함으로써 알츠하이머 · 치매 걸릴 확률이 1/3로 낮아진다.

지적 활동이란 독서, 그림 그리기, 조각 그림 맞추기, 퍼즐, 목공예, 뜨개질, 강연회와 음악회에 참석하는 것이다.

노화가 진행되는 가운데 노인 스스로 평생 학습(성인 교육, 사회 교육)을 통하여 삶의 질을 개선시키고자 하는 강력한 의지가 중요하다.

평생학습, 즉 지속적인 학습에 의하여 다양한 정신 활동을 실천해 생산 활동 촉진이나 육체적 건강에 커다란 영향을 미친다.

3) 사회적 활동

삶의 과정에서 새로운 활력을 불어 넣기 위한 타인과의 사회적 상호 작용을 통하여 건강한 삶을 유지할 수 있다.

은퇴 후 새로운 사회적 만남을 통하여 자신보다 젊은 친구를 사귀는 것이 한층 더 '즐거운 삶'을 누릴 수 있다. 특히 봉사활동에 적극 참여하고, 타인에게 베풂으로 삶의 성취감을 고취할 수 있다.

창의적 자선활동을 통하여 자신의 삶인 경험과 지혜 및 열정을 후배들에게 전해줄 수 있다.

마음 다스리는 심리경영

- 명상 치료 -

이스라엘 출신의 세계적 역사학자인 유발 하라리는 혁신적 기업가들이 인공지능(AI) 시대 빅데이터 알고리즘에 집중적으로 투자하고 있으나, 이에 반하여 인간 의식에 투자하는 것은 거의 없다고 비판한다. 왜냐하면 인공지능만 강조하다가 보면 디지털 독재가 우려될 뿐만 아니라, 빅데이터 알고리즘을 악용한다면 인류적 대재앙을 초래할 수 있기 때문이다. 인간 의식이나 정신, 달리 말하면 인간 마음을 다스리는 것에도 과감한 투자와 더불어 전 인류적 관심이 필요한 까닭이다.

한마디로 시대를 초월해서 인간의 탐욕은 늘 문제가 되고 있다. 기업 측면에서는 인간 마음을 다스리는 심리경영이 화두로 떠올랐다. 심리경영이 잘 되면 노동자들의 생산력이 증대되고, 창의력의 발현이 가능하기 때문이다. 문제는 인간적 탐욕을 어떻게 버리느냐는 것이다. 인간 욕심을 하루아침에 버린다는 것은 말만큼 쉽지 않기 때문이다.

사람의 욕심 버리기에 대한 새로운 장치로 등장한 것이 바로 명상이다. 명상이란 문자 그대로 마음을 조용하게 가라앉히는 것을 말한다. 마음이 고요하면 적어도 소욕이나 과욕, 즉 적은 욕심을 낼 수 있다. 명상은 또한 통증 완화는 물론 생산력 향상, 그리고 창의력 발휘에도 커다란 도움이 되는 것으로 의학적으로 규명된 바다. 명상으로 그만큼 행복감이 높아진다는 얘기다. 사람이 명상을 통하여 소위 행복 호르몬이라고 부르는 세로토닌이 몸에서 분비된다는 얘기다. 그렇다면 명상의 생활화가 필요한 것이다.

서양에서는 명상이 마음챙김, 즉 MBSR(Mindfulness Based Stress Reduction)로 널리 알려진 가운데 기업체나 개인이 이를 실천하고 있다. 명상으로 인간적 탐욕이나 분노 그리고 어리석음을 잘 다스릴 수 있다는 얘기이다.

한마디로 선불교의 관점에서는 명상의 근원지는 한국이라고 해도 과언이 아니다. 불교나 선불교의 근원이 그대로 전해지는 곳은 한국이 전 세계에서 유일무이하기 때문이다. 근원적으로 명상이 불교의 참선과 바로 맞닿아 있는 것이다. 참선의 바로 밑의 단계가 명상이다. 그러나 미국의 의학자인 존 카밧진 등이 티베트 불교의 교리를 수용하면서 불교라는 말만 모두 삭제한 후 마음챙김(MBSR)으로 재구성해 의학적으로 명상의 효과를 증명한 것이다. 이것이 서양 명상의 실체다.

■ 미국에서 기업 혁신 주도하는 심리경영 프로그램

- 미국 대기업들이 명상, 요가, 선, 영성 등 심리경영 프로그램 운영[8]
- 미국의 『IBM』, 『쓰리콤』, 『시스코』, 『선 마이크로 시스템즈』 등 100여 개 기업에서 9,000명 이상 명상 참여
- 『아스트라 제네카』(제약 회사)는 5,000명 직원들에게 명상 제공 『애플』, 『구글』, 『야후』 등도 명상 활동 지원

■ 미국 CEO(최고경영자)의 명상 활동

- 『텍사스 인스트루먼트』, 『에이시온』, 『노텔』, 『네트웍스』는 경영자들에게 명상 강의
- 『메도트로닉』의 CEO 빌 조지는 명상을 통한 창의적 이아이디어 획득
- 『바이오제닉스』의 CEO 크리스 칼라는 힌두교 경전인 바가바드 기타 탐독[9]

1. 명상(冥想)의 근원적 의미

① 명상은 일시적으로 마음이 고요해진 상태를 말한다.

② 마음이란 생각의 다발이다.

③ 생각이란 바로 알음알이(識, 식), 즉 학습된 지식을 뜻한다.

- 생각에 포함되는 것이 7정(희노애락애오욕)이다.
- 생각이 망상(妄想)이요 망심(妄心)이다.

[정의] "명상(冥想)이란 인위적 노력에 의하여 망상(妄想)을 잠시 동안 억누르고 있는 것을 말한다."

2. 명상(冥想)은 정신적 작용이다

① 명상에는 정신적 작용인 심상(心相)이 수반된다.

② 심상이란 마음의 작용을 뜻한다.

③ 명상은 대상이 있는 객관적 행위이다.

- 명상은 대상에 마음을 모으거나 한 생각에 집중하는 것을 말한다.
- 명상은 잡념(雜念)에서 일념(一念)으로 향한다.
- 명상은 주체와 대상을 분리하므로 간접적 방법이다.
- 명상은 잡다한 생각을 없애는데 소극적 효과를 지닌다.

3. 궁극적 명상은 참자아(眞我) 탐구

① 궁극적 명상에는 마음을 내면으로 돌린다.

② 궁극적 명상인 참자아 탐구, 즉 명상의 최종 상태에서는 집중하는 수행자의 마음과 대상이 결코 분리되지 않는다.

③ 궁극적 명상은 참자아 탐구, 즉 깨달음을 뜻한다.[10)]

- 참자아 탐구란 성품을 아는 것, 즉 지성(知性)을 의미한다.
- 참자아를 통하여 일념(一念)에서 무념(無念)의 세계로 들어간다.

[정의] "궁극적 명상이란 한 생각이라도 완전히 사라진 진아(眞我), 즉 성품(性品)에 계합하는 것을 말한다."

4. 참자아(眞我)란 무엇인가

① 참자아란 생각이 영원히 소멸된 상태를 뜻한다.

② 생각이 완전히 없으므로 참자아는 참나, 즉 진아(眞我)이며, 이 진아는 성품(性品)의 다름 아니다.

- 참자아에는 알음알이인 망상(妄想)이 전혀 없으므로 우리는 진심(眞心)이라고 부른다.

③ 참자아는 우리 모두에게 공평하게 주어져 있다.

[성경] '하나님도 너희 안에 있고 동시에 밖에 있다.'

- 너도 부처고 다른 사람들도 부처란 뜻이다.
- 현자와 범부 모두 참마음, 즉 진아(眞我)를 지니고 있다는 말이다.

[불교] 일체중생실유불성(一切衆生悉有佛性)

- 모든 중생은 불성을 가지고 있다.

5. 참자아(眞我)란 순수한 의식

① 참자아란 순순한 실재, 순순한 의식이다.

② 순순한 의식이 되기 위해서는 집착을 버려야 한다.

③ 항상 '나는 누구인가'를 탐구함으로써 자신의 진정한 본성을 아는 것이 해탈이요 완전한 자유다.

6. 깨달음이란?

① 깨달음에서는 이미 있는 것을 회복한다.

② 깨달음이란 늘 존재한다. 생각의 다발, 즉 무지라는 장막을 완전히 제거하면 된다.

③ 생각(妄想) 활동이 사라진 상태가 진아(眞我)다.

- 참자아를 아는 것이 살아 있는 것(삶, 生)이요, 참자아를 모르면 죽음(死)이다.

명상 관련 용어들

명상

깨달음의 전 단계

참자아

- 명상의 궁극적 목적은 참자아 탐구
- 망상을 완전히 제거하면 참자아가 나타난다.

깨달음

오직 진아(眞我) 안에서만 가능하다.

요가

- 생각을 억압하는 것
- 생각의 흐름을 통제하는 방법을 가르친다.

호흡 조절

- 마음을 가라앉히는 데 도움이 된다.
- 마음을 완전히 사라지게 할 수는 없다.
- 마음이 조절되면 호흡은 자동적으로 조절된다.

주(註)

Part1 우리에게 미래란 무엇인가?

미래 예측의 어려운 문제

1) 리처드 서스킨드, 대니얼 서스킨드, 위대선 옮김, 『4차 산업혁명시대, 전문직의 미래』, 미래엔, 2017, 2장 '최첨단에서 벌어지는 일'(77-140쪽) 참고. 이 책에서는 직업의 미래와 관련, 빅데이터, 인공지능, 기술 혁신이 가져올 새로운 전문직 지형도를 분석하는데, 앞으로는 어떠한 시스템이 인간의 일을 대체하므로 전문가 시대의 종말, 이를테면 변호사의 종말을 예측하면서, 전문직에 대한 새로운 비판을 시도함.

직업 종말과 인공지능 시대

1) 테일러 피어슨, 방영호 옮김, 『직업의 종말: 불확실성의 시대 일의 미래를 준비하라』, 부키, 2017, 24-25쪽.

미래 학자들의 견해

1) 야마구치 슈, 김윤경 옮김, 『철학은 어떻게 삶의 무기가 되는가: 불확실한 삶을 돌파하는 50가지 생각 도구』, 다산북스, 2019, 320-322쪽.
2) 상게서, 323-324쪽.
3) 유발 하라리, 전병근 옮김, 『21세기를 위한 21가지 제언』, 김영사, 2018, 120-122, 125-127쪽.

AI 시대 미래 교육

1) [손태장]인터뷰. '이코노미조선 글로벌 콘퍼런스' 기조 강연자 손태장 미슬토 회장, 이코노미조선, 269호, 2018.10.10, 12-15쪽.

Part2 세대 차이와 세대 불평등은 무엇인가

'세대 구분' 어떻게 할 것인가

1) 이철승, 『불평등의 세대: 누가 한국 사회를 불평등하게 만들었는가』, 문학과지성사, 2019, 109, 130쪽.
2) 상게서, 335-336쪽.
3) 나탈리 카나보르, 장진영 옮김, 『더미를 위한 비즈니스 글쓰기』, 2판, 시그마북스, 2018, 46-47쪽.

청년 일자리 창출의 돌파구는?

1) 리처드 서스킨드, 대니얼 서스킨드, 전게서, 참고. 이 책에서는 저자들이 장기적 관점에서 미래 직업을 예측하는 데, 구체적으로 새로운 노동 모형을 제시하면서 재구성되는 전문가 업무와 새로운 분업 방식에 의한 준전문가의 등장을 예고하고, 특히 전문가 업무는 직업이 아니라 작업 기준에 의한 분해를 강조한

다. ; 린다 그래튼, 조성숙 옮김, 『일의 미래: 10년 후, 나는 어디서 누구와 어떤 일을 하고 있을까』, 생각연구소, 2014, 참고. ; 구본권, 『로봇시대, 인간의 일: 인공지능 시대를 살아가야 할 이들을 위한 안내서』, 어크로스, 2016, 참고.

Part3 대학생이 반드시 알아야 할 10가지 개념

학문론

1) 여기까지 학문론과 관련, 이천효, 『창의적 독서, 서평, 초록의 길잡이』, 시그마프레스, 2007, 119-129, 241-246쪽 ; 남권희 · 이천효 · 노진구 · 유인순, 『학술정보조사법』, 정림사, 1999, 13-27, 29-32쪽.
2) 2021년 8월 9일(월) 오전 10시부터 11시 30분까지, 문화체육관광부 산하 기관인 「한국문화관광연구원」이 여론 조사 기관인 「(주)현대리서치연구소」에 의뢰, 『인간정신문화 프로그램 개발을 위한 전문가 좌담회』(줌 회의)에 참석한 전문가들은 이성우(한국문화관광연구원 박사), 윤은기(한국협업진흥협회장), 홍정민(휴넷 에듀테크 연구소장), 이천효(한국인재개발컨설팅 인문학연구소장) 등으로서, 필자가 개인적으로 이 좌담회 내용을 요약한 것임.
3) 조지 앤더스, 김미선 옮김, 『왜 인문학적 감각인가』, 사이, 2018, 152쪽.
4) 상게서, 57-58쪽.
5) 상게서, 134쪽.
6) 상게서, 26-27, 36, 217쪽.

공부론

1) 여기까지 공부론과 관련, 이천효, 전게서, 214-215, 220-223, 132-133쪽. ; 남권희 · 이천효 · 노진구 · 유인순, 전게서, 27-28쪽.

수업론

1) 워치, 한양대 사회인지발달연구모임 역, 『비고츠키』, 정민사, 1999, 80-81쪽.
2) 여기까지 수업론과 관련, 이천효, 전게서, 223-226쪽.

주체성

1) 에노모토 히로아키, 신정길 등역, 『나를 찾아 떠나는 자기분석여행』, 시그마북스, 2012, 6-7, 22-23, 28-29, 40-43, 54-55, 60-67, 78-79, 154-161쪽.
2) 이천효, "유교 철학의 자아 개념," 동부산대 논문집, 제36집(2017), 264쪽.
3) 『국어대사전』, 3판, 민중서림, 1996, 3522쪽.
4) 『한한대사전』, 동아출판사, 1994, 917쪽.
5) 허태균, "나는 누구냐? 그 답이 행동을 결정한다." 조선일보, 2014.5.31.
6) 이천효, "동양 심학의 인성 개념," 동부산대 논문집, 제33집(2014), 30쪽.

개념

1) 르네 데카르트, 이현복 옮김, 『방법서설: 정신지도자를 위한 규칙들』, 문예출판사, 1997, 168-169쪽
2) 상게서, 50-51, 247-249, 256-257쪽. ; 이천효, 전게서, 55-62쪽.

3) 문정복, 『언어와 논리』, 형설출판사, 1988, 57-58쪽. ; 이천효, 전게서, 51-52쪽.
4) 박도순, "수능 성적표 도착? 수능 창시자 '이런 수능 할 필요 없어'," 한겨레 신문, 2020.12.23.
5) 전재원, 『10개의 키워드로 이해하는 아리스토텔레스 철학』, 역락, 2012, 5, 7-8쪽.
6) 전재원, 『로고스와 필로소피아』, 경북대출판부, 2014, 49-50쪽.
7) 상게서, 55-56쪽.
8) 이철승, 전게서, 276쪽.
9) 로버트 바움, 전재원 역, 『비형식논리학』, 이문출판사, 2016, 300-315쪽.
10) 상게서, 322-327쪽.

독서론

1) 매리언 울프, 전병근 옮김, 『다시, 책으로』, 어크로스, 2019, 126-129, 202-203쪽.
2) 여기까지 독서론과 관련, 이천효, 전게서, 228-229, 234-241쪽.

글쓰기

1) 셰퍼드 코미나스, 임옥희 옮김, 『나를 위로하는 글쓰기』, 홍익출판사, 2018, 17-19쪽.
2) 헨리에트 앤 클라우저, 안기순 옮김, 『종이 위의 기적, 쓰면 이루어진다』, 한언, 2004, 9-10쪽.
3) 김용택 등저, 『내 인생의 글쓰기』, 나남, 2008, 92-93쪽.
4) 브렌다 유랜드, 이경숙 옮김, 『참을 수 없는 글쓰기의 유혹』, 다른생각, 2014,
5) 김용택 등저, 전게서, 47쪽.
6) 로버타 진 브라이언트, 승영조 옮김, 『누구나 글을 잘 쓸 수 있다』, 예담, 2004, 27, 82, 111쪽.
7) 전재원, 전게서(2014), 57쪽.
8) 아트 마크먼, 박상진 옮김, 『스마트 씽킹』, 진성북스, 2012, 93쪽.
9) 나카지마 다카시, 최영봉 · 손인 옮김, 『성공하는 글쓰기 전략』, 산지니, 2007, 21쪽.
10) 상게서, 16쪽.
11) 상게서, 80쪽.
12) 게리 스몰, 조현욱 옮김, 『메모리 바이블』, 김영사, 2003, 234쪽.
13) 이천효, 전게서, 49-50쪽.
14) 앨리스 플래허티, 박영원 옮김, 『하이퍼그라피아』, 휘슬러, 2006, 107-108쪽.
15) 김대식, 『공부혁명』, 에듀조선, 2003, 169-184쪽.

뇌 과학

1) 시냅스 가소성, 즉 뇌 가소성 이론과 관련, 이케가야 유지, 이토이 시게사토, 박선무 · 고선윤 옮김, 『해마』, 은행나무, 2003, 156, 137-138, 208-209쪽. ; 김대식, 전게서, 31-33, 110-113, 122-125, 132-133쪽. ; 에릭 R. 캔델, 전대호

옮김, 『기억을 찾아서』, 랜덤하우스, 2009, 228-230, 252-254쪽. 이 책의 끝에 수록된 용어설명(478-495쪽)을 먼저 읽은 후 본문이나 다른 뇌 과학책들을 읽으면, 시냅스 가소성을 이해하는 데 결정적으로 도움이 될 수 있다고 본다. ; 하워드 가드너, 김동일 옮김, 『지능이란 무엇인가』, 사회평론, 2016, 119-129쪽. ; 매리언 울프, 전병근 옮김, 『다시, 책으로』, 어크로스, 2019, 43-47쪽.
2) 에릭 R. 캔델, 전게서, 2009, 231-233쪽.
3) 상게서, 302-303쪽.
4) 문용린, 『지력혁명』, 비즈니스북스, 2004, 54-56, 61, 197-199쪽. ; 하워드 가드너, 전게서, 413-416, 466쪽. 이 책의 2부를 통하여, 언어 지능, 음악 지능, 논리수학 지능, 공간 지능, 신체운동 지능을 집중적으로 설명하면서, 개인적 지능으로서 인간친화 지능과 자기성찰 지능을 강조한다.
5) 스콧 배리 카우프만, 정지인 옮김, 『불가능을 이겨낸 아이들』, 책읽는수요일, 2014, 388쪽.
6) 상게서, 468-471쪽.
7) 상게서, 388쪽.
8) 매리언 울프, 이희수 옮김, 『책 읽는 뇌』, 살림, 2009, 291-293쪽.
9) 상게서, 18, 201-203쪽.
10) 이천효, 전게서, 71-89쪽.

시간 · 공간 관리

1) 브리짓 슐트, 안진이 옮김, 『타임푸어』, 더퀘스트, 2015, 286쪽. ; "24시간 열심히 사는데 우린 왜 항상 죄책감에 시달릴까; '타임푸어' 저자 브리지트 슐트가 말하는 시간 강박 벗어나는 법." 조선일보, 2015.2.14.
2) 브리짓 슐트, 전게서, 426쪽
3) 스티브 테일러, 정나리아 역, 『제2의 시간: 당신의 삶을 지배하는 건 심리적 시간이다』, 용오름, 2012, 19-44쪽.
4) 미하이 칙센트미하이, 노혜숙 옮김, 『창의성의 즐거움』, 북로드, 2004, 141-151쪽.
5) 리처드 코치, 공병호 옮김, 『80/20』, 21세기북스, 2000, 63쪽.
6) "백화점은 '8대 2 법칙'이 지배한다," 조선일보, 2009.5.20.
7) 리처드 코치, 전게서, 105쪽.
8) 상게서, 104쪽.
9) 안데르스 에릭슨, 로버트 풀, 강혜정 옮김, 『1만 시간의 재발견』, 비즈니스북스, 2016, 177-183쪽.
10) 말콤 글래드웰, 노정태 옮김, 『아웃라이어』, 김영사, 2009, 72-73쪽.
11) ['아웃라이어' 저자 말콤 글래드웰] 인터뷰, "1만 9000시간의 비행 경험이 '허드슨강의 기적' 이뤄," 조선일보, 2009.2.14.
12) 말콤 글래드웰, 전게서, 54-55쪽.
13) 하버드 비즈니스 프레스 엮음, 이상욱 옮김, 『시간 관리의 기술』, 한스미디어, 2008, 45-48쪽.

14) 에스더 M. 스턴버그, 서영조 옮김, 『공간이 마음을 살린다: 행복 공간을 위한 심리학』, 더퀘스트, 2013, 26-29쪽.

새로운 라이프 스타일

1) 제러미 리프킨, 이경남 옮김, 『공감의 시대』, 민음사, 2010, 206-207쪽.
2) 상게서, 675-676쪽.
3) 상게서, 221-222쪽.
4) 엘렌 러펠 셸, 김후 옮김, 『일자리의 미래』, 예문아카이브, 2019, 142-147, 185-191, 318-321쪽.
5) 상게서, 152-153쪽.
6) 로먼 크르즈나릭, 정지현 옮김, 『인생학교: 일, 일에서 충만함을 찾는 법』, 쌤앤파커스, 2013, 215-219쪽.
7) 숀 아처, 박세연 옮김, 『행복의 특권』, 청림출판, 2014, 30-32, 68-71쪽.
8) 패트리셔 애버딘, 윤여중 역, 『메가트렌드 2010』, 청림출판, 2006, 214-215쪽.
9) 상게서, 44, 49쪽.
10) 라마나 마하리쉬, 이호준 옮김, 『나는 누구인가』, 청하, 2006, 80, 136-137, 171쪽.

참고문헌

[국내외 단행본]

가다머, 한스 게오르크; 손승남 옮김. 교육은 자기 교육이다. 서울 : 동문선, 2004.

가드너, 하워드; 김동일 옮김. 지능이란 무엇인가. 서울 : 사회평론, 2016.

가즈오, 이나모리; 신정길 옮김. 왜 일하는가: 이나모리 가즈오가 성공을 꿈꾸는 당신에게 묻는다. 서울 : 서돌, 2010.

가즈히로, 후지하라; 임해성 옮김. 완벽하지 않은 스무 살을 위한 진짜 공부. 경기 파주 : 21세기북스, 2016.

각산. 멈춤의 여행. 서울 : 나무옆의자, 2018.

감산; 오진탁 옮김. 감산의 장자풀이. 서울 : 서광사, 1990.

겐이치, 다케무라; 신금순 옮김. 마흔 혁명: 멋진 후반생을 위한 유쾌한 자기 발견. 서울 : 넥서스북스, 2003.

구본권. 로봇시대, 인간의 일: 인공지능 시대를 살아가야 할 이들을 위한 안내서. 서울 : 어크로스, 2016.

국어대사전. 3판. 서울 : 민중서림, 1996.

그래튼, 린다; 조성숙 옮김. 일의 미래: 10년 후, 나는 어디서 누구와 어떤 일을 하고 있을까. 서울 : 생각연구소, 2014.

그린필드, 수전; 정병선 옮김. 브레인 스토리. 서울 : 시호, 2004.

글래드웰, 말콤; 노정태 옮김. 아웃라이어. 경기 파주 : 김영사, 2009.

김대식. 공부혁명. 서울 : 에듀조선, 2003.

김병호 강의; 김진규 구성. 아산의 대학 강의. 부산 : 소강, 1996.

__________; 김진규 기록. 아산의 중용 강의. 부산 : 소강, 1996.

김영민. 공부란 무엇인가. 서울 : 어크로스, 2022.

김용택 등저. 내 인생의 글쓰기. 경기 파주 : 나남, 2008.

김재연. 대학사용법. 서울 : 세종서적, 2014.

김준섭. 철학개론. 서울 : 박영사, 1988.

김학주 역. 대학 · 중용. 서울 : 명문당, 1995.

나덕열. 앞쪽형 인간: 잠자는 CEO, 당신의 앞쪽 뇌를 깨워라. 서울 : 허원미디어, 2008.

남권희 · 이천효 · 노진구 · 유인순. 학술정보조사법. 대구 : 정림사, 1999.

노치허 편저. 선심사가론. 서울 : 학자원, 2019.

노치허. 누가 왕마힐 · 소동파 · 소강절의 청의미를 보았는가. 서울 : 학자원, 2018.

_____. 누가 장자의 무하유에 소요하는가. 서울 : 학자원, 2018.

_____. 선객 소동파. 서울 : 명문당, 2015.

_____. 장자직해. 서울 : 학자원, 2018.

다카시, 나카지마; 김활란 옮김. 20대, 공부에 미쳐라. 서울 : 랜덤하우스, 2008.

_____________; 최영봉 · 손인 옮김. 성공하는 글쓰기 전략. 부산 : 산지니, 2007.

데이먼, 윌리엄; 정창우 · 한혜민 옮김. 무엇을 위해 살 것인가. 서울 : 한국경제신문, 2012.

데카르트, 르네; 이현복 옮김. 방법서설, 정신지도자를 위한 규칙들. 서울 : 문예출판사, 1997.

라일리, 패트릭 G.; 안진환 옮김. The One Page Proposal: 강력하고 간결한 한 장의 기획서. 서울 : 을유문화사, 2003.

리스, 샘; 정미나 옮김. 레토릭: 세상을 움직인 설득의 비밀. 서울 : 청어람미디어, 2014.

리프킨, 제러미; 이경남 옮김. 공감의 시대. 서울 : 민음사, 2010.

리프킨, 제레미; 이영호 옮김. 노동의 종말. 서울 : 민음사, 1996.

마크먼, 아트; 박상진 옮김. 스마트 씽킹. 서울 : 진성북스, 2012.

마키아벨리, 니콜로; 강정인 · 김경희 역. 군주론. 제3판. 서울 : 까치글방, 2008.

마하라지, 니사르가다타; 허철 역. 아이 앰 댓: 나는 무엇인가 상, 하. 서울 : 늘푸름, 1993.

마하리쉬, 라마나; 이호준 옮김. 나는 누구인가. 서울 : 청하, 2006.

마하리쉬, 스리 라마나; 정창영 역. 있는 그대로. 서울 : 한문화, 2000.

문용린. 지력혁명. 서울 : 비즈니스북스, 2004.

문정복. 언어와 논리. 대구 : 형설출판사, 1988.

바움, 로버트; 전재원 역. 비형식 논리학. 대구 : 이문출판사, 2016.

박문호. 뇌, 생각의 출현. 서울 : 휴머니스트, 2008.

베일런트, 조지; 김한영 옮김. 행복의 완성. 서울 : 흐름출판, 2011.

___________; 이덕남 옮김. 10년 일찍 늙는 법, 10년 늦게 늙는 법. 서울 : 나무와 숲, 2004.

___________; 이덕남 옮김. 행복의 조건: 그들은 어떻게 오래도록 행복했을까?. 서울 : 프런티어, 2010.

브라이언트, 로버타 진; 승영조 옮김. 누구나 글을 잘 쓸 수 있다. 서울 : 예담, 2004.
브람, 아잔; 지나 옮김. 아무것도 남기지 않기: 아잔 브람의 위빠싸나 명상강의. 서울 : 불광출판사, 2018.
삼벽자 절저; 노치허 역해. 누가 공자의 참마음을 보았는가: 육경촬요. 서울 : 학자원, 2017.
샌델, 마이클; 안진환 · 이수경 옮김. 왜 도덕인가. 서울 : 한국경제신문, 2010.
__________; 이창신 옮김. 정의란 무엇인가. 경기 파주 : 김영사, 2010.
서스킨드, 리처드 · 서스킨드, 대니얼; 위대선 옮김. 4차 산업혁명 시대, 전문직의 미래. 서울 : 미래엔, 2017.
성백효 역주. 논어집주. 서울 : 전통문화연구회, 1997.
__________. 대학 · 중용집주. 서울 : 전통문화연구회, 1997.
__________. 맹자집주. 서울 : 전통문화연구회, 1996.
셸, 엘렌 러펠; 김후 옮김. 일자리의 미래. 서울 : 예문아카이브, 2019.
쇼리스, 얼; 이병곤 · 엄정아 옮김. 희망의 인문학: 클레멘트 코스, 기적을 만들다. 서울 : 이매진, 2006.
쉬르마허, 프랑크; 정혜경 옮김. 고령사회: 다가올 미래에 대비하라. 서울 : 나무생각, 2005.
슈, 야마구치; 김윤경 옮김. 철학은 어떻게 삶의 무기가 되는가: 불확실한 삶을 돌파하는 50가지 생각 도구. 경기 파주 : 다산북스, 2019.
슐트, 브리짓; 안진이 옮김. 타임푸어. 서울 : 더퀘스트, 2015.
스몰, 게리; 조현욱 옮김. 메모리 바이블. 서울 : 김영사, 2003.
스턴버그, 에스더 M.; 서영조 옮김. 공간이 마음을 살린다: 행복 공간을 위한 심리학. 서울 : 더퀘스트, 2013.
신오현. 자아의 철학. 서울 : 문학과 지성사, 1987.
실리그, 티나; 이수경 옮김. 스무 살에 알았더라면 좋았을 것들. 서울 : 엘도라도, 2010.
아이바라, 터미니아; 김성수 · 김기웅 옮김. 터닝 포인트, 전직의 기술. 서울 : 세종서적, 2003.
아처, 숀; 박세연 옮김. 행복의 특권. 서울 : 청림출판, 2014.
애버딘, 패트리셔; 윤여중 역. 메가트렌드 2010. 서울 : 청림출판, 2006.
앤더스, 조지; 김미선 옮김. 왜 인문학적 감각인가. 서울 : 사이, 2018.
앤서니, 미치; 이주형 옮김. 은퇴혁명. 서울 : 청년정신, 2004.
에릭슨, 안데르스 · 풀, 로버트; 강혜정 옮김. 1만 시간의 재발견. 서울 : 비즈니스북스, 2016.

와라이치, 하이더; 홍지수 옮김. 죽는 게 두렵지 않다면 거짓말이겠지만. 서울 : 부키, 2018.
왕필 지음; 임채우 옮김. 왕필의 노자: 無의 철학을 연 왕필의 노자 읽기. 서울 : 예문서원, 2001.
운암 현엽 편역; 벽치병노 모해. 선리(禪理)로 읽는 채근 130目. 서울 : 학자원, 2018.
울프, 매리언; 이희수 옮김. 책 읽는 뇌. 경기 파주 : 살림, 2009.
__________; 전병근 옮김. 다시, 책으로. 서울 : 어크로스, 2019.
워치; 한양대 사회인지발달연구모임 역. 비고츠키: 마음의 사회적 형성. 서울 : 정민사, 1999.
유랜드, 브렌다; 이경숙 옮김. 참을 수 없는 글쓰기의 유혹. 서울 : 다른생각, 2014.
유지, 이케가야 · 시게사토, 이토이; 박선무 · 고선윤 옮김. 해마. 서울 : 은행나무, 2003.
이동진 등저. 퇴사준비생의 도쿄. 서울 : 더퀘스트, 2017.
이민수 역해. 장자(내편). 서울 : 혜원출판사, 2000.
이시형. 에이징 파워: 나이듦의 희망을 이야기한다. 서울 : 웅진씽크빅, 2007.
이재규. 노년의 탄생. 경기 고양 : 사과나무, 2009.
이정동. 축적의 길. 서울 : 지식노마드, 2017.
이천효. 창의적 독서, 서평, 초록의 길잡이. 서울 : 시그마프레스, 2007.
______. 행복을 찾아 떠나는 공자여행. 경기 일산 : 르상스, 2008.
______. 현대문헌비평의 해부. 서울 : 영미서적, 1996.
이철승. 불평등의 세대: 누가 한국 사회를 불평등하게 만들었는가. 서울 : 문학과 지성사, 2019.
이한. 정의란 무엇인가는 틀렸다. 서울 : 미지북스, 2012.
일연; 이재호 옮김. 삼국유사 2. 서울 : 솔, 1997.
자일로스카, 리디아; 조현주 · 김선일 · 조향미 · 김찬우 옮김. ADHD를 위한 마음챙김 처방: 주의력 강화와 정서 관리, 목표 성취를 위한 8단계 프로그램. 서울 : 북스힐, 2016.
자프란스키, 뤼디거; 김희상 옮김. 지루하고도 유쾌한 시간의 철학: 시간이 우리에게 주는 것, 우리가 시간으로 하는 일. 서울 : 은행나무, 2016.
장현갑. 심리학자의 인생 실험실. 서울 : 불광출판사, 2017.
전재원. 10개의 키워드로 이해하는 아리스토텔레스 철학. 서울 : 역락, 2012.
______. 로고스와 필로소피아. 대구 : 경북대출판부, 2014.

젤린스키, 어니 J.; 홍민경 옮김. 퇴직을 즐기는 1001가지 방법. 경기 안양 : 물푸레, 2004.
주희 집주; 임동석 역. 사서집주언해 논어. 서울 : 학고방, 2004.
________; 임동석 역. 사서집주언해 맹자. 서울 : 학고방, 2004.
________; 임동석 역. 사서집주언해 중용 · 대학 · 총색인. 서울 : 학고방, 2004.
체트필드, 톰; 정미나 옮김. 인생학교: 시간, 디지털 시대에 살아남는 법. 경기 파주 : 쌤앤파커스, 2013.
최재천, 안희경. 최재천의 공부. 경기 파주 : 김영사, 2022.
최재천. 당신의 인생을 이모작하라: 생물학자가 진단하는 2020년 초고령사회. 서울 : 삼성경제연구소, 2005.
최재희. 철학개론. 증보판. 서울 : 박영사, 1988.
칙센트미하이, 미하이; 노혜숙 옮김. 창의성의 즐거움. 서울 : 북로드, 2004.
카, 니콜라스; 최지향 옮김. 생각하지 않는 사람들. 서울 : 청림출판, 2010.
카나보르, 나탈리; 장진영 옮김. 더미를 위한 비즈니스 글쓰기. 2판. 서울 : 시그마북스, 2018.
카밧진, 존; 엄성수 옮김. 존 카빗진의 왜 마음챙김 명상인가?. 서울 : 불광출판사, 2019.
카우프만, 스콧 배리; 정지인 옮김. 불가능을 이겨낸 아이들. 서울 : 책읽는수요일, 2014.
캔델, 에릭 R.; 전대호 옮김. 기억을 찾아서. 서울 : 랜덤하우스, 2009.
케이건, 셸리; 박세연 옮김. 죽음이란 무엇인가: 예일대 17년 연속 최고의 명강의. 서울 : 엘도라도, 2012.
코미나스, 셰퍼드; 임옥희 옮김. 나를 위로하는 글쓰기. 서울 : 홍익출판사, 2018.
코치, 리처드; 공병호 옮김. 80/20. 서울 : 21세기북스, 2000.
크르즈나릭, 로먼; 정지현 옮김. 인생학교: 일, 일에서 충만함을 찾는 법. 경기 파주 : 쌤앤파커스, 2013.
클라우저, 헨리에트 앤; 안기순 옮김. 종이 위의 기적, 쓰면 이루어진다. 서울 : 한언. 2004.
테일러, 스티브; 정나리아 역. 제2의 시간: 당신의 삶을 지배하는 건 심리적 시간이다. 서울 : 용오름, 2012.
펄롱, 메리 S.; 정지혜 · 이연수 옮김. 시니어마켓을 선점하라: 시니어 세대를 겨냥한 새로운 마켓 포지셔닝 전략. 서울 : 미래의 창, 2007.
폴란, 스테판 M. · 레빈, 마크; 조영희 옮김. 2막. 서울 : 명진출판, 2003.

플래허티, 앨리스; 박영원 옮김. 하이퍼그라피아. 서울 : 휘슬러, 2006.
피시먼, 테드 C.; 안세민 옮김. 회색 쇼크: 고령화, 쇼크인가 축복인가. 서울 : 반비, 2011.
피어슨, 테일러; 방영호 옮김. 직업의 종말: 불확실성의 시대 일의 미래를 준비하라. 서울 : 부키, 2017.
하기락. 철학개론. 서울 : 합동교재사, 1990.
하라리, 유발; 전병근 옮김. 21세기를 위한 21가지 제언. 경기 파주 : 김영사, 2018.
하버드 비즈니스 프레스 엮음; 이상욱 옮김. 시간 관리의 기술. 서울 : 한스미디어, 2008.
한국신문협회. 대학생 글쓰기 가이드. 서울 : 한국신문협회, 2010.
한동일. 한동일의 공부법. 경기 고양 : EBS, 2021.
한병철; 김태환 옮김. 시간의 향기: 머무름의 기술. 서울 : 문학과 지성사, 2013.
_____; 김태환 옮김. 피로사회. 서울 : 문학과 지성사, 2012.
한정원. 명사들의 문장 강화. 서울 : 나무의 철학, 2014.
헤이트, 조너선; 권오열 옮김. 행복의 가설. 경기 안양 : 물푸레, 2010.
히로아키, 에노모토; 신정길 등역. 나를 찾아 떠나는 자기분석여행. 서울 : 시그마북스, 2012.
(동아) 漢韓大辭典. 서울 : 동아출판사, 1994.
Buettner, Linda and Fitzsimmons, Suzanne. Dementia Practice Guideline for Recreational Therapy: Treatment of Disturbing Behaviors(Alexandria, VA : ATRA, 2003)

[논문]

노규현. "유학신강, 상." 삶과 인식. 창간호(1986.5). 1-26.
이천효. "근원에서 사유하는 독서." 도서관 · 정보학연구(경북대학원 문헌정보학과), 제2집(1992). 51-89.
_____. "노자 도덕경의 무위자연 사상." 동부산대 논문집, 제25집(2006). 75-91.
_____. "논어 학이편 소관 일고." 동부산대 논문집, 제21집(2002). 523-529.
_____. "대학의 수심에 관한 고찰." 동부산대 논문집, 제20집(2001). 263-274.
_____. "동양 심학의 인성 개념." 동부산대 논문집, 제33집(2014). 23-46.
_____. "맹자의 진심장 소관 일고." 동부산대 논문집, 제18집(1999). 183-194.

______. “서평의 문화적 기능.” 오늘의 문예비평, 창간호(1991, 4). 193-220.
______. “역 계사전상의 도학적 분석.” 동부산대 논문집, 제30집(2011). 43-58.
______. “유교 철학의 자아 개념.” 동부산대 논문집, 제36집(2017). 257-278.
______. “장자의 도학적 분석.” 동부산대 논문집, 제26집(2007). 1-14.
______. “중용에 나타난 성(誠)의 본의.” 동부산대 논문집, 제22집(2003). 349-357.
______. “한국 유학의 서평적 서설.” 경북대학교 문헌정보학과 창립20주년 기념논문집(1994). 577-599

[신문]

강신주. “지금은 철학이 필요한 때.” 동아일보, 2011.5.11, A29면.
도정일. “나는 누구인가•••그 답, 인터넷에는 없습니다.” 조선일보, 2014.3.11, A25면.
박도순. “수능 성적표 도착? 수능 창시자 ‘이런 수능 할 필요 없어’.” 한겨레신문, 2020.12.23.
허태균. “나는 누구냐? 그 답이 행동을 결정한다.” 조선일보, 2014.5.31, C7면.
“백화점은 ‘8대 2 법칙’이 지배한다.” 조선일보, 2009.5.20, B4면.
“우선순위 정하고, 미루지 않으면 누구나 ‘시간의 주인.’” 중앙일보, 2009.8.19, S8면.
“24시간 열심히 사는데 우린 왜 항상 죄책감에 시달릴까.” 조선일보, 2015.2.14, C3면.
“1만 9000시간의 비행 경험이 ‘허드슨강의 기적’ 이뤄.” 조선일보, 2009.2.14, C4면.
“1만 시간 훈련, PGA 뛰겠어.” 조선일보, 2012.5.1, A27면.
“침대엔 덩그러니 곰 인형이…서재 책상위엔 ‘나는 누구인가’ 육필 원고.” 조선일보, 2009.2.19, A5면.
“학습장애아에서 예일대 박사로…천재는 따로 없다.” 중앙일보, 2014.12.6, 27면.
[손태장]인터뷰. ‘이코노미조선 글로벌 콘퍼런스’ 기조 강연자 손태장 미슬토 회장, 이코노미조선, 269호, 2018. 10. 10, 10-15쪽.

[특강]

이천효. “뇌 과학 관점에서 글쓰기 효용.” 동부산대, 글쓰기 특강, 2016.4.28.
______. “부모와 아이들을 위한 명상 치료.” 기장군 아토피케어푸드센터, 아토피 아이 부모를 위한 명상 치료 특강, 2018.6.8.

______. "성공적 노화를 위한 치료 레크리에이션(TR)." 부산대학교, 평생교육원 특강, 2004.11.25.

______. "인생 100세 시대 시간 관리." 동부산대, 시간 관리 특강, 2016.11.8.

______. "'행복이 성공이다' : 만남, 일, 명상." 부산학교영양사회, 직무연수 특강, 2017.1.17.

■ KBS 1TV. '일요 스페셜'

2006년 KBS 1TV. 일요 스페셜 5부작.

(제목) '마음, 몸을 지배하다.'(명상 프로그램)

1편. 2006.1.15(일)

2편. 2006.1.22(일) "생각하는대로 이뤄진다"

3편. 2006.1.29(일) "무의식 세계에서 마음을 깨우다"

4편. 2006.2.05(일) "기억을 버려라"

5편. 2006.2.12(일) "편안한 마음이 좋습니다"

■ KBS 1TV. 특별 강연

2015년 4월 26일(일)부터 5월 3일(일)까지 3차례 걸쳐 KBS 1TV에서 방영된 ≪광복 70년 미래 30년 '오늘 미래를 만난다'≫라는 대주제 아래에서,

미래학자인 토마스 프레이 박사가

"토마스 프레이 박사의 미래 혁명,"

"미래에 대한 시선,"

"대한민국의 미래 전망, 2030년 대한민국의 미래"

등의 제목으로 강연한 내용.

지은이 | **이천효**

[현재]

- 케이팜스 인문학 · 사회문제 연구소장
- 참조은CJ글로벌 인문학연구소장
- 「구포일심요양병원」 이사
- 「플라잉엔젤선원센터」(영국성공회) 운영위원
- 「플라잉엔젤친구회」(선원센터 후원) 회장
- (전)동부산대학교 문헌정보과 · 호텔외식조리과 교수

[학력]

- 경북대학교 문헌정보학과 석사
- 경북대학교 철학과 석사과정 수료
- 경북대학교 도서관 사서
- 경북대학교 문헌정보학과 졸업
- 경북사대부고 졸업
- 경북 의성 출생

[저서]

『현대문헌비평의 해부』

『학술정보조사법』(공저)

『창의적 독서, 서평, 초록의 길잡이』

『행복을 찾아 떠나는 공자 여행』

[연구 분야]

- 문헌비평, 동양철학(유학, 불교, 선), 명상치료
- 인문학경영, 독서경영, 미래직업

대학 사용 상세 설명서

2023년 7월 20일 초 판 인쇄
2023년 7월 31일 초 판 발행

저 자 이 천 효
발행인 한 인 환
발행처 도서출판 **기 문 사**
등 록 1978. 8. 9. NO. 6-0637
주 소 서울시 동대문구 안암로 50-1(용두동) 홍신빌딩 3층
전 화 02) 2265-7214/922-8662~8663
팩 스 02) 922-8772

homepage : www.kimoonsa.co.kr
e-mail : book@kimoonsa.co.kr

ISBN : 978-89-7723-955-5 03370

저자와의 협의하에 인지생략

정가 : 18,000원